SÉ LA PERSONA QUE QUIERES SER

John J. Emerick, Jr.

Sé la persona
que quieres ser

U R A N O

Argentina - Chile - Colombia - España
Estados Unidos - México - Venezuela

Título original: *Be the Person You Want to Be*
Editor original: Prima Publishing, Rocklin, California.
Traducción: Rosa Arruti

© 1997 *by* John J. Emerick, Jr.
© de la traducción, 1998 *by* Rosa Arruti
© 1998 *by* Ediciones Urano, S. A.
   Aribau, 142, Pral. - 08036 Barcelona
   www.mundourano.com
   www.edicionesurano.com

ISBN: 84-7953-219-X
Depósito legal: B. 11.863 - 2002

Fotocomposición: Ediciones Urano, S. A.
Impreso por Romanyà Valls, S. A. - Verdaguer, 1 - 08786 Capellades (Barcelona)

Impreso en España - *Printed in Spain*

Índice

Agradecimientos

Expreso mi más sincero reconocimiento a las muchas personas especiales que han ayudado a dar vida a este libro. Aunque yo asumo plena responsabilidad sobre cualquiera de sus imperfecciones, reconozco que su mérito se basa en gran medida en la aportación e inspiración de quienes me rodean.

En orden alfabético (más o menos):

Un agradecimiento especial para Sally Bronner, por su apoyo y su entusiasmo. Su incuestionable confianza en mi capacidad me ayudó y me inspiró en mis momentos de duda.

Agradecimiento especial a Richard Bandler. Tus enseñanzas, publicaciones y dedicación a la PNL me han ayudado a inspirarme para continuar explorando este campo. Tu creatividad ha constituido una fuente de inspiración permanente para mí. Gracias también a John Grinder y a otros muchos que han desempeñado un papel en la creación de la PNL.

Agradecimiento especial a Mahni Dugan, por tus útiles conocimientos, por tu colaboración y dedicación desinteresada para ayudar a que este libro sirva a aquellos a quien va dirigido. Aprecio las contribuciones que has hecho a este proyecto.

Agradecimiento especial a Myra Becnel, Wiltz Goutierrez y Dee y Omer Kursat. Vuestra amistad y apoyo me facilitaron el entorno perfecto en el empeño de hacer realidad este libro.

Agradecimiento especial a Suzette Haden Elgin, por tu libro *The Gentle Art of Verbal Self-Defense* (El delicado arte de la autodefensa verbal), el primero que me incitó a estudiar PNL.

Agradecimiento especial a Dolores Emerick y Ann Guffey, por vuestra fe y confianza constantes en la dirección que he emprendido.

Agradecimiento especial a Georgia Hughes, Debra Venzke y el

resto de personas de Prima Publishing, por vuestra confianza, apoyo y significativa contribución. Habéis convertido el proceso de publicación de este libro en una alegría absoluta. Ha sido un honor contar con un grupo de profesionales de tanto talento con quienes trabajar.

Agradecimiento especial a Jan y John Marszalek. Vuestra orientación y formación me ayudó no sólo a aprender la mayoría de información incluida aquí sino también a que mi vida fuera enormemente más satisfactoria.

Agradecimiento especial a Charles Posey. No sólo me enseñaste a aplicar estas técnicas a la vida cotidiana, sino que también continuaste demostrándome lo importante que una amistad profunda y duradera puede ser.

Agradecimiento especial a Julie Silverthorn y John Overdurf, por el amable apoyo que me ofrecisteis con el corazón abierto.

Agradecimiento especial a Jeff Sullivan, por tus comentarios atentos y sustentadores. La claridad de tu pensamiento y vuestra generosidad al compartirlos conmigo llenó una función muy importante a la hora de dar forma a este libro.

Agradecimiento especial a Esther Szegedy. Tus generosos esfuerzos han pasado a formar parte de este libro tanto como el texto.

Agradecimiento especial a Wendy Zhorne. Eres una compañera genuina en el esfuerzo de llevar a otros este libro.

Agradecimiento especial a Desi Danielson, Yazmina Lakshanni, Sue Sowders y Kari Zabinski por vuestros comentarios útiles y sustentadores en las primeras fases de este libro.

Agradecimiento especial a Connie Rae Andreas, Steve Andreas, Robert Dilts, el difunto Todd Epstein, Christina Hall y Tad James. Los cursillos que he seguido con vosotros me han motivado a continuar mi exploración de la PNL.

Y un agradecimiento especial a quienes no he mencionado o tal vez haya olvidado. Gracias por vuestra comprensión.

A cada uno de vosotros, os ofrezco mi más afectuoso agradecimiento.

1

¿Eres la persona que quieres ser?

¿Qué clase de persona quieres ser? ¿Quieres ser una persona feliz? ¿Alguien que ilumina una habitación cuando entra en ella, que contagia buen ánimo y encanto a todos quienes tienen la fortuna de estar allí? ¿Te gustaría ser una persona competente, alguien que consiga todo lo que se propone? ¿Alguien capaz de afrontar una crisis sin perder la calma, que sea el sostén de quienes albergan temores y preocupaciones? ¿Qué tal ser una persona con la que todo el mundo quiera pasar el rato? ¿Alguien que desarrolle relaciones profundas y sea un amigo leal y solidario? ¿Quieres ser una persona seria de la que la gente se pueda fiar, que cumpla siempre, en cuya palabra se pueda confiar? ¿Y qué tal un amante afectuoso, solícito, apasionado, siempre con la palabra adecuada en la boca, conocedor en todo momento de la manera perfecta de transformar cualquier situación en un interludio romántico? Piensa por un momento en la clase de persona que te gustaría ser.

Con este ideal en mente, imagínate a ti mismo en el trabajo un día por la tarde. Son las tres y sólo faltan un par de horas para empezar dos semanas de vacaciones, esos días de fiesta para los que has estado trabajando durante los últimos seis meses. Necesitas el descanso que te proporcionarán estos días y esperas con ilusión el momento de relajarte en el avión. Pero estas dos últimas horas se están transformando rápidamente en un caos. Has trabajado toda la semana para tener las cosas organizadas y así no tener que preocuparte por el trabajo una vez que te hayas ido, pero aún te quedan varias cosas por hacer. En cuanto te pones manos a la obra con alguna de ellas, suena el teléfono, alguien irrumpe en tu despacho o empiezan a ir mal cosas ajenas a ti.

Tras una llamada angustiosamente larga, se cuelan dos personas más en tu despacho con preguntas que plantearte. A principios de semana, a nadie le preocupaba que te marcharas, pero hoy todo el mundo tiene dudas y nadie recuerda nada de lo que has estado repitiendo durante tantos días.

Surge otra emergencia, y esta vez se trata de una cuestión delicada. Si no te ocupas de ella, las cosas irán a peor. Es muy importante que el ambiente se calme —la gente depende de ti—, y además es tu trabajo. Pero ¿por qué ahora que estás a punto de marcharte?

Y entonces recuerdas que aún tienes que confirmar las reservas del avión y encargar una comida especial para el vuelo. La gente a la que se supone vas a visitar ni siquiera sabe en qué vuelo llegas.

Tu cónyuge está en casa preparando el viaje. Habías planeado volver pronto para ayudarla, pero ni siquiera vas a tener tiempo para meter tus cosas en la maleta.

No hay tiempo para pensar en eso ahora. Tu despacho está sumido en el caos y Lloyd y Sue van a divertirse muchísimo con todo esto. Cada vez que te ausentas durante más de unos días, Lloyd fomenta algún gran problema en tu departamento y se asegura de que todo el mundo se entere. Siempre hace que parezca que has sido tú el causante de todo y desacredita tu reputación y tu departamento. Cuando por fin enderezas las cosas, a nadie le importa la verdad; tus colegas siguen aferrados a la impresión perdurable de que eres un dejado con tu trabajo.

Sue piensa que tus vacaciones son el momento perfecto para tomar las riendas de tu departamento. Cambia todo lo que puede y se esfuerza a conciencia para que los cambios se consoliden lo más rápido posible. Cuando regresas del viaje todo el mundo se ha acostumbrado a las nuevas normas y a los nuevos procedimientos.

Lo más importante que tienes que hacer es escribir el informe mensual. Tu jefe cuenta contigo, has prometido entregarlo, pero el informe supone mucho más trabajo del que habías calculado. No puedes quedarte a trabajar hasta más tarde porque perderías el avión. Pero tampoco puedes dejar colgado a tu jefe.

En cuanto empiezas, entra Mary Jo llorando. Sabe que tienes prisa, pero necesita el apoyo de su mejor amigo en ese preciso momento. Nunca te ha pedido nada, pero hoy es el día. Tienes que ayudarla.

En cuanto empieza a contar su historia, tu cónyuge, después de todo un día haciendo recados para ti, te llama por teléfono. Hay unas cuantas cosas sin resolver y debes ayudarla. Es más, esta llamada tiene que ver con la necesidad de esta maravillosa persona que hay en tu vida de saber que la amas y apoyas. Pero se está agotando el tiempo: dos personas más hacen cola fuera de tu despacho y tu preocupado jefe llama por otra línea para asegurarse de que has acabado el informe.

Con la crisis que hay fuera, con Lloyd y Sue que traman la forma de desacreditarte, treinta personas que te piden ayuda, Mary Jo sufriendo una crisis existencial, tu esposa que te necesita y tu jefe intentando conseguir ese informe que aún no has redactado —y el hecho de que todas tus vacaciones se vayan al traste si no haces algunas llamadas telefónicas lo más rápido posible—, ¿qué puedes hacer? ¡Ya son casi las cuatro y el avión no esperará!

Y bien, en este nuevo contexto, considera otra vez el tipo de persona que te gustaría ser. ¿Quieres ser una persona competente? ¿Una persona con la que siempre puede contar un amigo en apuros? ¿Una persona cumplidora? ¿Un amante positivo, afectuoso, solícito, apasionado? ¿Qué tipo de persona serás esta tarde cuando salgas corriendo de tu despacho con rumbo a unas vacaciones cada vez más esquivas?

Volvamos por un momento a tu salida del despacho. Has logrado finalizar la mayoría de tareas, incluso entregar a duras penas a tu jefe un informe no demasiado presentable. Pero la actividad es frenética y habrá algún percance. Cuando por fin tomas la autopista sientes que respiras un poco más aliviado. Todos los problemas de la oficina quedan al menos a dos semanas de distancia.

Tienes que conducir a casa a toda velocidad, por supuesto, porque se está haciendo muy tarde. El tráfico está muy mal a esta hora del día, así que intentas tomar un atajo, pero la jugada no sale bien y te encuentras en medio de un atasco. Piensas en pararte y llamar a casa, pero te das cuenta de que aún no has telefoneado a la compañía aérea. Y, por supuesto, todavía no te has puesto en contacto con las personas que vais a visitar.

Después del trayecto a casa más largo del año, sin casi acabar de aparcar el coche, te abalanzas hacia la puerta. Entras deprisa y corriendo en casa y te encuentras al amor de tu vida intentando frenéticamente meter lo que cabría en tres maletas de equipaje en una única bolsa de viaje y otra de mano. La bienvenida a casa se transforma en un fuego rápido de gritos enfurecidos que van desde «¿Qué demonios estás haciendo?» y «¡Vamos a perder el avión!» a «¿Te has acordado de llamar y avisar de la hora de llegada de nuestro vuelo?».

De modo que vuelves a considerar el tipo de persona que quieres ser. ¿Quieres ser una persona feliz? ¿Una persona competente? ¿Una persona con la que siempre puede contar un amigo en apuros? ¿Una persona cumplidora? ¿Un amante positivo, afectuoso, solícito, apasionado? ¿Qué tipo de persona te gustaría ser mientras los dos intentáis hacer el trabajo de cuatro horas en los siguientes sesenta minutos?

Probablemente, tú también habrás interpretado escenas parecidas en alguna ocasión. Llevamos vidas muy ajetreadas en una sociedad ajetreada y, así de sencillo, no tenemos tiempo para pensar en cómo sacar el mejor partido de nosotros mismos.

En el caso de una situación como la tarde que acabamos de imaginar, considera de nuevo hasta qué punto te mostrarías feliz y alegre. ¿Serías ese sostén para tus compañeros de trabajo? ¿Cómo crees que te comportarías con tu cónyuge? ¿Acabarías con los nervios rotos, enfurecido y tenso por la locura general? ¿Dedicarías el tiempo que Mary Jo necesitaba para ayudarla a superar la situación o le ofrecerías simplemente unas palabras amables, superficiales y te la sacarías de encima? ¿Cumplirías tu palabra y presentarías el informe o dejarías tirado a tu jefe? ¿Lo harías como es debido o entregarías una chapuza para salir del paso? ¿Serías un cónyuge comprensivo, paciente y cariñoso, o lo empeorarías todo perdiendo los estribos? ¿Marcarías el tono de tus vacaciones con un poco de romanticismo o empezarías con preocupación e irritación?

¿Y cómo te quedarías contigo mismo cuando te dieras cuenta tres días después de que no te aproximaste ni de lejos a la persona que querías ser aquella tarde de tensión?

Buenas noticias

Si alguna vez has caído en la cuenta de que no estás siendo la persona que quieres ser debido a las circunstancias en las que te encuentras, tengo buenas noticias y malas noticias que darte.

Las malas noticias son que no tienes tiempo para leer este libro. Tienes un montón de cosas que hacer, nunca encontrarás el momento tranquilo, sin interrupciones, que necesitas y, de cualquier modo, tampoco te gusta demasiado leer. Además, estás tan cansado que prefieres vegetar frente al televisor e intentar escapar del mundo.

Las buenas noticias son que probablemente cuentas con más tiempo para ti del que imaginas y leer este libro puede ayudarte a aprender a disponer de más tiempo. Este libro es de lectura fácil y rápida; lo podrás leer casi por completo durante el tiempo que pasas viendo uno o dos partidos de baloncesto o leyendo unas cuantas revistas.

Una noticia aún mejor es que este libro también puede ayudarte a ganar más tiempo del que nunca hayas tenido... durante el resto de tu vida. Dedícale algunas horas, como primera medida, y considera este tiempo como una inversión. Es como invertir dinero en una gran operación, obtener buenos beneficios y emplear los intereses en reforzar tus ingresos para el resto de tu vida. Te garantizo que sólo con emplear parte de la información de este libro descubrirás que dispones de más tiempo para ti, tal vez más del que hayas tenido antes. Incluso serás capaz de disfrutarlo más. Y la mejor noticia de todas es que ya has empezado a hacerlo.

La compensación de hacerlo realidad

No hace muchos años me encontraba siempre a mí mismo en situaciones como la que acabo de describir. Me sentía como si no tuviera control sobre mi vida. El trabajo era una pesadilla frustrante y, pese a obtener resultados positivos que podían constatarse (como resolver problemas técnicos complicados, ahorrar grandes cantidades de dinero a la empresa, etc.), me daba cuenta de que tenía problemas serios. La gente saboteaba mis esfuerzos, era difícil realizar cosas y, sencillamente, no conseguía que los proyectos marcharan de la manera que yo quería. No conseguía aumentos de sueldo ni ascensos. Peor aún, todo el proceso hacía que me sintiera fatal. Cada día parecía una serie inacabable de sucesos difíciles, frustrantes y desalentadores, uno después de otro. Pese a considerarme a mí mismo una persona fuerte emocionalmente, la situación empezaba a abrumarme.

Mi vida personal no iba mucho mejor. Mantenía una serie de relaciones que sabía que no eran convenientes para mí, pero continuaba con ellas. Todo esto tenía un precio emocional para mí, y mi dedicación al trabajo dificultaba aún más la posibilidad de cultivar amistades. Las pocas personas con las que pasaba el rato eran meros conocidos. Mis antiguos amigos se distanciaban cada vez más ya que apenas disponía de tiempo para ellos. Se puede decir que no dedicaba nada de tiempo a mi desarrollo personal, ni tenía aficiones de las que hablar, aparte de jugar un poco al tenis de vez en cuando. Pasaba los días o bien yendo de bares o descansando, pues mentalmente me sentía agotado. Mi vida espiritual en realidad era inexistente; de hecho, nunca concedía un momento de atención a ese aspecto de mi vida. Mi vida parecía muy ajetreada, pero lo cierto era que no me quedaba tiempo para nada gratificante.

A medida que mi vida se complicaba, mi respuesta era trabajar cada vez más duramente y esforzarme más. Me resultaba difícil llevar a término algún proyecto con otras personas, así que me limitaba a hacer las cosas yo solo. Pero tampoco eso funcionaba y me sentía muy solo y agobiado. La vida me resultaba cada vez más dura y cada vez me sentía peor. No tenía ni idea de cuál era el problema ni de cómo resolverlo. Yo era un tipo listo con buen corazón que se esforzaba mucho, pero, pese a todo, las cosas no me iban bien. No era la persona que quería ser, ni mi vida era la que quería tener.

Mi salud emocional se desmoronaba y, por primera vez, mi salud física sufrió un serio deterioro. Esto constituyó una llamada de atención y finalmente me detuve a pensar. Así que empecé a buscar respuestas en serio.

En esta búsqueda encontré la Programación Neurolingüística

(PNL). Parecía algo fortuito, pero comprendí que no lo era. Nunca lo es. Mi deseo genuino de cambiar de vida me permitió coger lo que el mundo me ofrecía. En este caso, el mundo me ofrecía la PNL.

Hoy en día, mi vida es muy diferente. No es el tipo de vida llamativa de los ricos y famosos que aparecen en las revistas de sociedad, pero para mí es absolutamente perfecta. Cada día me despierto, miro alrededor de mí y valoro sobre manera estar vivo y disfrutar de una vida maravillosa. Paso la mayor parte del tiempo feliz, lleno de energía, motivado, y soy simpático y agradecido con los demás. El tipo de dificultades que solía encontrar en mi trabajo se han transformado en sentimientos de sosiego y seguridad. Me he ocupado de lo que antes era una carencia en mí —el nivel de habilidades comunicativas— y lo he convertido en mi facultad más valiosa. Esta facultad me ha ayudado a cambiar todos los aspectos de mi vida.

He recuperado el equilibrio. Mi salud vuelve a ser buena y me siento mejor que nunca antes. He atraído a mi vida a gente maravillosa y la calidad y profundidad de mis amistades jamás había sido tan buena. Siento una mayor cohesión espiritual que en cualquier otro momento y he incorporado esa cohesión a cada aspecto de mi experiencia vital. Tengo más dinero que nunca, y lo he obtenido haciendo las cosas con las que disfruto. Emocionalmente me siento en plenitud de recursos y positivo. En muchos aspectos, sé que mi vida es mejor ahora que nunca, y que sigue mejorando. Continúo a diario por el camino gratificante que representa ser la persona que quiero ser.

He *aprendido* el proceso de transformarme a mí mismo, y en este libro comparto una buena parte de ese proceso de transformación contigo. Tal vez, al igual que yo, lo único que te hacía falta era saber cómo.

Una instantánea de tu propia vida

Fueron muchos años de ansiedad hasta que me di cuenta por fin de que las cosas no me iban demasiado bien. Cuando recuerdo el pa-

sado, pienso que me hubiera gustado que alguien me hubiera hecho caer en la cuenta de lo que estaba sucediendo y me hubiera
hecho saber que había una alternativa mejor.

El proceso real de cambio fue fácil. Fue más difícil el proceso
de percatarme de que quería cambiar, el de despertar y prestar
atención a mis problemas. No disponía de una instantánea de mi
vida, pero desde luego me hubiera ayudado. De modo que permíteme que llame tu atención sobre algunos aspectos de tu vida para
darte la oportunidad de crear tu propia instantánea.

He enumerado algunas preguntas que tal vez te gustaría plantearte. También he puntuado las respuestas correspondientes. Puedes sumar los puntos para ver cómo te sitúas en la evaluación que
sigue a las preguntas. Sé objetivo y no seas demasiado duro contigo mismo. Ten presente que todas estas cuestiones se abordarán en
este libro.

**1. *¿Tienes la impresión de que buena parte de tu vida y lo que su-
cede durante la jornada se escapa a tu control?***
Rara vez (3); en algunas ocasiones (2); a menudo (1)

**2. *¿Crees que tienes que trabajar cada vez más tiempo sólo para
responder a las expectativas que recaen sobre ti?***
Rara vez (3); en algunas ocasiones (2); a menudo (1)

3. *¿Critica la gente tus buenas ideas?*
Rara vez (3); en algunas ocasiones (2); a menudo (1)

**4. *¿A veces una conversación te hace sentir peor que antes de em-
pezarla?***
Rara vez (3); en algunas ocasiones (2); a menudo (1)

5. *¿Te interrumpen cuando te gustaría seguir hablando?*
Rara vez (3); en algunas ocasiones (2); a menudo (1)

**6. *¿Sientes rabia o frustración de forma rutinaria cuando te rela-
cionas con otras personas?***
Rara vez (3); en algunas ocasiones (2); a menudo (1)

7. ¿Sabes cómo conocer de verdad lo que quiere una persona?
A menudo (3); en algunas ocasiones (2); no estoy seguro (1)

8. ¿Adviertes cuándo la gente te manda mensajes con doble sentido y sabes cómo tratarlos?
A menudo (3); en algunas ocasiones (2); no estoy seguro (1)

9. ¿Te sientes poco valorado por gente importante en tu vida?
Rara vez (3); en algunas ocasiones (2); a menudo (1)

10. ¿Con qué frecuencia sientes que te pones a la defensiva cuando estás en grupo o en reuniones?
Rara vez (3); en algunas ocasiones (2); a menudo (1)

11. ¿Tienes la impresión de que la gente obtiene lo que quiere de ti en las conversaciones?
Rara vez (3); en algunas ocasiones (2); a menudo (1)

12. ¿Cómo valorarían los demás tus habilidades interpersonales?
Excelentes (3); regulares (2); deficientes (1)

13. ¿Tienes un éxito similar en cada una de las siguientes áreas: profesión, finanzas, familia, salud, relaciones sentimentales, amistad, desarrollo personal y espiritualidad?
Hay equilibrio (3); hay bastante equilibrio (2); no hay equilibrio (1)

14. Cuando inicias una conversación, ¿tienes generalmente una idea de lo que te gustaría conseguir con ella o simplemente te conformas con lo que sale?
Sabes lo que quieres (3); algo de las dos cosas (2); te conformas con lo que sale (1)

15. Cuando negocias o acuerdas algo con otras personas, ¿te concentras más en satisfacer tus objetivos o en satisfacer los suyos?
Por un igual los tuyos y los suyos (3); sobre todo los tuyos (2); sobre todo los suyos (2)

16. Cuando no estás de acuerdo con alguien ¿eres capaz de persuadirle para que vea las cosas desde tu punto de vista?
A menudo (3); en algunas ocasiones (2); rara vez (1)

17. ¿Se siente la gente motivada después de hablar contigo?
A menudo (3); en algunas ocasiones (2); rara vez (1)

18. ¿Eres capaz de percibir cuándo alguien te ofende verbalmente?
Sí (3); más o menos (2); no mucho (1)

19. ¿Tienes la impresión de que cambiar y mejorar requiere mucho tiempo?
En algunas situaciones (3); en muchas situaciones (2); en la mayoría de situaciones (1)

20. ¿Trabajas con gente para lograr más cosas de forma sinérgica o trabajas básicamente solo?
Sobre todo trabajo de forma sinérgica con los demás (3); algo de las dos cosas (2); básicamente a solas (1)

21. ¿Sientes que tus emociones se escapan a tu control?
Rara vez (3); en algunas ocasiones (2); a menudo (1)

22. ¿Por qué estás leyendo este libro?
Tengo mis motivos (3); parece algo bueno que hacer (2); por los motivos de otra persona (1)

23. ¿Sabes qué estás haciendo cuando intentas comunicarte y persuadir a los demás?
A menudo (3); en algunas ocasiones (2); rara vez (1)

PREGUNTAS CON TRIPLE VALOR

24. ¿Estás triunfando en la vida?
Sin duda (9); no tanto como deberías (6); en absoluto (3)

25. ¿Qué impresión tienes de ti mismo?
Te sientes espléndidamente y orgulloso (9); bastante satisfecho (6); desanimado (3)

PREGUNTAS CON CUÁDRUPLE VALOR

26. ¿Crees que tienes la capacidad de conseguir que tu vida sea de la manera que tú quieres?
Completamente (12); en gran parte (8); parcialmente (4)

Si decidiste asignar puntuación a tus respuestas, suma los puntos y determina dónde te sitúas en la siguiente escala:

Más de 92: *Extremadamente eficaz.* Con toda probabilidad tienes éxito y estás satisfecho con tu vida. Tu libertad emocional es considerable y dispones de tiempo para ti, estás ya en el camino de ser la persona que quieres ser. Desde luego no necesitas ninguna ayuda en lo que haces, pero seguramente eres el tipo de persona que saca gran partido de libros como éste, que puede ayudarte a mejorar tu capacidad de comprensión y a que seas más consciente de tus habilidades. Esa mayor comprensión y esa conciencia te servirán en esas ocasiones singulares en las que no estás seguro de cómo afrontar una situación. Además, sabrás apreciar los comentarios sobre aspectos específicos de PNL, ya que te proporcionarán material nuevo que te enriquecerá. ¡Buen trabajo y a disfrutar!

76-92: *Eficaz.* Probablemente tienes éxito, pero te sería de provecho aprender algunas habilidades. Es posible que ya apliques tus habilidades «naturales», en las que confías, pues te han servido de mucho, pero te das cuenta de que no son tan amplias como te gustaría. También es posible que disfrutes de una cantidad razonable de libertad emocional y de tiempo para ti, pero aun así podrías sacar partido tanto en lo referente al éxito externo (las finanzas, por ejemplo) como del éxito interno (tu estado mental). Presta especial atención a las secciones dedicadas a las habilidades verbales y de atención de este libro. Estas nuevas habilidades te aportarán una importante capacidad de comprensión que te ayudará a lograr esas mejoras sutiles que marcan la diferencia. Tus oportunidades surgirán de tu capacidad para realizar cambios sutiles pero importantes.

62-75: Relativamente eficaz. Es probable que experimentes éxito en algunas parcelas de tu vida, pero te enfrentas a retos en otras. Es posible que dispongas de las actitudes mentales y creencias necesarias para ser competente, pero no necesariamente cuentas con las habilidades específicas. Tal vez sólo alcances la plenitud de recursos emocionales de forma esporádica y no siempre tengas un verdadero control sobre las circunstancias de tu vida. Presta buena atención a las secciones dedicadas a las habilidades verbales y de atención, así como a cualquier otra sección que te parezca que tiene que ver con un punto vulnerable. Sabrás dónde están tus oportunidades, de modo que sólo es cuestión de ocuparse de ellas. Seguramente disfrutarás con este proceso.

46-61: *Poco eficaz.* Probablemente se te planteen retos significativos (externos, internos o de ambas clases) al menos en una parcela de tu vida y tal vez en varias. Es posible que tengas dificultades para obtener la libertad emocional que precisas y tal vez percibas que vives con el piloto automático en vez de hacerlo con plena conciencia de sus maravillas. Si estás abierto a aplicar las habilidades explicadas en este libro, puedes beneficiarte de todas las secciones. Se presentan ante ti oportunidades tremendas y puedes realizar cambios significativos con mucha rapidez. Presta especial atención a la sección sobre actitudes mentales; establecerán la base necesaria para aplicar las aptitudes que se explican a continuación. Pese a presentar signos de éxito externo, tal vez te enfrentes a desafíos internos. No te engañes, el éxito interno forma parte del éxito tanto como el éxito externo y lo puedes alcanzar perfectamente.

Por debajo de 46: *Nada eficaz.* Es probable que estés experimentando problemas significativos en muchas parcelas de tu vida. Tal vez tengas la sensación de que no controlas tu vida y de que la gente o las organizaciones presentes en ella hacen que las cosas sean especialmente difíciles para ti. Aceptar tus propias responsabilidades será probablemente el mayor reto al que debas enfrentarte. Tu oportunidad principal probablemente residirá en las actitudes mentales que escojas para vivir y en tu aceptación incondicional de la mentalidad de responsabilidad. No será fácil aceptar estas actitudes mentales de inmediato, pero asúmelas y recogerás muchos frutos. Eres quien más tiene que ganar con este libro. Te mostrará cómo hacer los cambios necesarios en tu vida, pero tus intenciones serán los medios para lograr el triunfo. Celebro tu perseverancia y admiro tu voluntad de avanzar.

Cómo: la diferencia que marca la diferencia

Nos ha tocado vivir en un mundo frenético y tal vez te encuentres inmerso de lleno en él. ¿Cómo lo puedes ralentizar? ¿Cómo puedes lograr cierto control? ¿Cómo afrontar y manejar las múltiples exigencias que recaen sobre ti y disponer aún de la plenitud de recursos emocionales que necesitas? Éstas son las cuestiones que este libro abordará.

Hace unos días mantuve una conversación con un ejecutivo de gran éxito y experiencia. Me explicaba la importancia de escuchar a sus empleados y la necesidad de aplicar más esta fórmula. A medida que hablábamos, empezamos a comentar la importancia de motivar a los empleados. Aproveché la oportunidad para aportar una pequeña porción del contenido de este libro. Compartí con él algunas ideas sobre la importancia de escuchar y de crear soluciones *win-win* (es decir, ganador-ganador), pero también le especifiqué maneras de conseguirlo. Cuanto más hablábamos, más boquiabierto se quedaba.

Le expliqué que muchos directivos, después de trabajar con gente durante años, nunca aprovechaban la oportunidad de descubrir qué era lo más importante para sus empleados. ¡Piensa un momento en ello!

Para entonces, mi interlocutor tenía la boca abierta de par en par. Se me quedó mirando y dijo:

—¿Sabe?, he sido un directivo bastante bueno durante muchos años, pero ni se me había ocurrido que podía o debería hablar con mis empleados para descubrir qué era lo importante para ellos… Tengo mucho trabajo ahora mismo, pero prefiero seguir hablando un poco más, ya que esta conversación es mucho más importante que cualquier trabajo que esté a punto de hacer.

Reservó el resto de su atareada tarde simplemente para hablar más a fondo sobre el tema de la motivación. Y sólo arañamos la superficie de lo que se incluye en este libro.

Para un directivo es importante saber qué es importante para sus empleados. Eso es obvio. Y ayudar a la gente a satisfacer sus valores representa un papel primordial en la motivación. Eso también es obvio. Pero puesto que rara vez nos enseñan algo sobre estos procesos, por lo general no tenemos oportunidad de sacar partido de ellos. ¿Cuánto mejor sería tu vida laboral si tu jefe supiera exactamente lo que quieres de tu trabajo e intentara ofrecértelo cada día? ¿Cuánto mejor sería tu vida si pudieras hacer lo mismo con cada uno de tus empleados, amigos, amantes y miembros de tu familia?

Existen innumerables libros, cintas y seminarios que ofrecen información valiosa sobre la manera de vivir una vida más gratificante. Te enseñan cosas como controlar las emociones, adoptar acuerdos ganador-ganador, escuchar lo que tengan que decir los demás, ser un líder y así sucesivamente. Estos libros tienen buenas cosas que enseñarte y, siguiendo sus consejos, es probable que mejores tu calidad de vida.

No obstante, muy pocos libros, cintas o seminarios proporcionan la información incluida en este libro, sobre todo en la forma en que se presenta. Este libro te dice, de un modo que probablemente no has conocido antes, *cómo* hacer lo que haces. Y quiero decir el verdadero cómo, no *más-cosas-que-hacer*. Es posible que hayas oído muchas veces que controlar el mal genio constituye un elemento importante a la hora de relacionarse con eficacia con los demás, pero eso es todo. ¿Cómo controlas realmente tu enfado? ¿Recitas mantras? ¿Respiras profundamente? ¿Te visualizas a ti mismo siendo feliz? O, mejor aún, en vez de «controlar» la rabia, sencillamente, ¿cómo cambias tu estado emocional? ¿Por qué no evitas ponerte furioso antes que nada? Entonces no tendrías que controlar nada. ¿Te han enseñado alguna vez cómo emprender alguna de estas acciones?

Tal vez ya conozcas el valor y la importancia de adoptar acuerdos ganador-ganador en la vida. El libro superventas de Stephen Covey *The Seven Habits of Highly Effective People* dedica todo un capítulo al pensamiento ganador-ganador. El concepto ganador-ganador se convirtió durante algunos años en la palabra favorita en círculos ejecutivos de todo el mundo y constituye un aspecto muy valorado en una buena gestión. ¿Pero te han explicado alguna vez la importancia de inducir valores específicos en la persona con la que estás negociando? ¿Qué preguntas concretas puedes hacer para ayudar a los demás a descubrir qué quieren de verdad? ¿Qué palabras deberías usar y cuáles evitar porque interrumpen el proceso? ¿Te ha dicho alguien alguna vez que la mayoría de la gente no sabe realmente lo que quiere? Resulta interesante el hecho de que en muchos casos la gente desconoce qué sería para ellos un resultado favorable; de modo que pretender una solución ganador-ganador es como intentar acertar un blanco sin saber dónde está la diana. ¿Cómo puedes asegurar una victoria para otra gente si ni tú ni ellos sabéis lo que queréis?

Si tienes edad suficiente para saber cómo leer este libro estoy seguro de que te han hablado, o has hablado, de la importancia de ser un buen oyente. Es tan importante como ser buen amante, amigo, empleado, jefe o padre. Los tradicionales consejos acerca de «cómo ser...» un buen oyente te dicen que hagas preguntas, que estés atento, que muestres interés y evites interrupciones, que procures poner en claro lo que oyes con más preguntas y así sucesivamente. Pero ¿cómo debes hacer de verdad estas cosas?

Instrucciones como «plantea más preguntas» no te proporcionan las herramientas necesarias para adquirir esa destreza. ¿Te han enseñado alguna vez *qué clase* de preguntas hacer? ¿A qué cosas específicas debes *prestar más atención*? ¿Cuándo es *mejor* interrumpir la conversación? ¿Te han explicado alguna vez en concreto qué escuchar y cuándo escucharlo? Si un amigo te llama esta noche, ¿sabrías qué preguntas específicas hacer para descubrir qué es lo que le motiva a seguir siendo tu amigo? Poca gente lo sabe.

Estos mismos principios se aplican a otros consejos bien intencionados. Considera conceptos como ser un líder, comunicarte eficazmente, pensar de manera positiva, defenderte a ti mismo, marcar límites y considerar las cosas de modo diferente. Lo que tal vez no sepas es que cada una de estas conductas puede entenderse, codificarse, simplificarse, enseñarse a otras personas, aprenderse y dominarse. No necesariamente estas conductas son dones que poseen tan sólo unas pocas personas: son conductas que puedes aprender.

Este libro ofrece instrucciones específicas sobre cómo hacer muchas de estas cosas. Aprenderás series específicas, concretas, de habilidades.

Cuando leas acerca de cómo ser un buen oyente, aprenderás algo más que a oír con tus oídos. Aprenderás a percibir (con tus ojos) y aprenderás a dar sentido a los mensajes confusos, entremezclados, que la gente te manda de forma no verbal. Aprenderás acerca del papel de las emociones y de cómo afectan a los mensajes que se comunican. Aprenderás qué preguntas hacer para poder determinar las cosas que una persona valora más sobre cualquier situación dada, inclusive qué palabras específicas son las más importantes para recordar. Aprenderás a determinar qué respuestas son superfluas y cuáles tienen una importancia vital. Y aprenderás todo esto dentro de un marco de integridad, comprensión y respeto por la otra persona.

Cuando leas sobre la manera de comunicarte verbalmente, aprenderás sistemas específicos para asegurar qué mensaje se oye, palabras específicas que pueden dar más fuerza a tu mensaje. Aprenderás técnicas paso por paso para que tus palabras sean aceptadas más fácilmente y para encaminar las conversaciones por el buen camino. Aprenderás a afrontar situaciones delicadas para que tengas éxito, destaques y obtengas la máxima satisfacción en cada interacción que surja.

Se trata de aptitudes que necesitas para mejorar tu calidad de vida. Si no eres la persona que quieres ser, las circunstancias de tu vida probablemente te pondrán las cosas difíciles. Cambia esas circunstancias para que sean más de tu gusto y descubrirás que lo mejor de ti surgirá de forma deslumbrante. Tu capacidad para cambiar las circunstancias de tu vida está directamente relacionada con tu nivel de eficacia a la hora de relacionarte con la gente.

Así pues, el propósito de este libro no es explicarte más cosas que puedes hacer. El objetivo es decirte cómo hacer alguna de las cosas que tal vez llevas años intentando y que nunca has sabido cómo hacer. Este libro trata de enseñarte a superar algunos retos comunes a los que tal vez te estés enfrentando en este momento, y procura también proporcionarte métodos específicos para crear éxito. Y, además, te facilitará una base sólida de principios, integridad y mentalidad ganador-ganador que apoyará más tu éxito.

Cuando te descubras comunicándote mejor, controlando tu vida y manejando situaciones delicadas con gracia, vivirás y experimentarás el mundo como la persona que quieres ser de verdad.

2

Prepárate para el cambio

Si estás leyendo este libro porque alguien te ha dicho que lo hicieras, vas a disfrutar de lo lindo. Si lo estás leyendo para entender la información que ofrece, entonces prepárate para algo más. Si lo estás haciendo para poder utilizar estos conocimientos para «impresionar» a los demás con tu inteligencia, entonces te llevarás una sorpresa. Tal vez estos motivos te animen a leer, pero una vez conozcas el contenido empezarás a leer con el vigor y la excitación de un niño que abre un regalo. Para ti, este libro será un regalo.

Mi esperanza es que este libro sea algo más que una simple lectura que provoque en ti entusiasmo. Quiero enseñar algo más que conceptos interesantes, intelectuales. Y mi objetivo es hacer mucho más que darte algunas ideas para demostrar lo ingenioso que eres. He concebido este libro para que te guíe a la hora de conseguir mejoras reales en tu manera de funcionar en el mundo.

Programación Neurolingüística (PNL)

El grueso de la información que recoge este libro procede del campo de la Programación Neurolingüística o PNL. La PNL tiene sus orígenes en campos diversos, incluida la terapia, la lingüística y la hipnosis. He descubierto que la PNL es un campo extraordinario, con un gran potencial aún por explorar. Atribuyo buena parte de mi desarrollo personal a mi experiencia con ella.

Como puedes imaginar, se escogió una denominación que

fuera descriptiva del campo. *Programación* hace referencia a una serie específica de instrucciones que tienen el objetivo de producir un resultado. *Neuro* hace referencia al sistema nervioso, incluido el cerebro y los procesos de pensamiento. *Lingüística* se refiere al lenguaje o, desde un punto de vista más holista, al proceso de crear significados a partir de información sensorial. En conjunto, estas tres palabras tienen que ver con las conductas específicas que los humanos emplean cuando están pensando, hablando y comportándose para provocar resultados específicos.

La PNL se estableció como escuela independiente a principios de los años setenta a través de la colaboración de sus dos creadores, Richard Bandler y John Grinder. Estos hombres pretendían determinar con exactitud las razones que permitían a ciertas personas destacar de las demás. Combinaron sus estudios con información de campos diversos, entre ellos los de la lingüística y la hipnosis, y publicaron algunos de sus modelos iniciales en cuatro libros editados entre 1975 y 1977: *The Structure of Magic* (La estructura de la magia) volúmenes 1 y 2, y *Patterns of Hypnotic Techniques of Milton H. Erickson, M. D.* (Modelos de técnicas hipnóticas del doctor Milton H. Erickson), volúmenes 1 y 2.

Hoy en día, el conjunto de la información a la que se denomina PNL abarca no sólo ese trabajo original, sino que también incluye material adicional. Bandler y Grinder han ampliado su obra original y buena parte de su material ha sido analizado más a fondo, incluido el trabajo del lingüista Alfred Korzybski. Además, Bandler y Grinder instruyeron directamente a varias personas más, que constituyeron la primera generación de monitores y colaboradores en PNL. A medida que la PNL fue madurando, surgieron nuevas generaciones de monitores que han seguido sumándose a este campo de manera significativa.

Durante muchos años, la PNL se orientó básicamente hacia el contexto terapéutico y, por lo tanto, ni era conocida ni entendida por el gran público. En unos pocos casos, otros libros y monitores introdujeron aspectos de PNL en tendencias ya aceptadas, gracias sobre todo al libro superventas de Tony Robbins *Unlimited Power* (Poder sin límites). Robbins fue la primera persona que recurrió al enorme potencial de compartir la PNL con la gente de la calle para su uso en situaciones cotidianas.

Hoy en día, se ha empezado a aplicar la PNL a muchos campos, incluido el mundo de los negocios, y monitores de todo el mundo difunden un conjunto ampliado de información que continúan llamando PNL.

Y ¿por qué aprender PNL? ¿Qué tipo de PNL estás a punto de aprender? ¿Hay diferentes clases de PNL?

Uno de los principios fundamentales de PNL es la creencia de que «el mapa no es el territorio».[1] En términos sencillos, esta frase significa que una descripción (el «mapa») de un objeto (el «territorio») es en esencia diferente del objeto en sí. Es más, si intentamos representar ese objeto o cosa con un «mapa», necesariamente hacemos alteraciones.

Por ejemplo, si vas a la Big Island de Hawaii, tal vez te gustaría alquilar un coche para moverte por la isla; y para hacerlo de manera efectiva, lo más seguro es que te hagas con un mapa. No obstante, el mapa quizá no muestre todos los caminos, tal vez no identifique las elevaciones del terreno, quizá no describa el estado de las carreteras. En efecto, el mapa habrá *borrado* parte de la información sobre la propia isla.

Por otro lado, es posible que el mapa resalte varios puntos de interés, como la ubicación de hoteles, restaurantes y atracciones para turistas. Pero para conseguir que todo esto se ajuste al mapa y que la información sea fácil de entender, tal vez sea necesario *distorsionar* distancias y situaciones relativas.

También es muy probable que el mapa incluya publicidad, descripciones, leyendas y dibujos. Por supuesto, la isla no lleva rotulado ningún nombre (si la sobrevuelas no verás las letras H-A-W-A-I-I escritas sobre las montañas), por consiguiente, el mapa incluye ciertas *distorsiones*.

Por añadidura, muchos mapas están realizados con propósitos específicos y pueden ser muy distintos de otros mapas del mismo lugar. Muchos mapas de esta isla hawaiana están concebidos sobre todo para mostrar la ubicación de los complejos hoteleros. Otros están diseñados para ayudar a la gente a orientarse cuando conduce por la isla, o quizá para visitar el volcán. Para cumplir su objetivo, cada mapa mostrará una imagen distorsionada del territorio y se diferenciará de otros mapas que tengan otros propósitos.

Por lo tanto, aunque cada mapa sea una descripción muy útil de algunos aspectos de la isla, los mapas a menudo son muy distintos unos de otros y siempre difieren de la isla en sí. ¡No puedes conducir por el mapa!

De forma parecida, la descripción que se emplea más a menudo para la PNL es la de mapa. Está llena de técnicas, frases, definiciones y terminologías específicas; es relativamente similar en todo el mundo, sin tener en cuenta quién imparte el programa. No obstante, otros mapas de la PNL son diferentes. Tony Robbins tenía un propósito específico en mente cuando creó su mapa de PNL y, como resultado, su mapa varía significativamente de los mapas tradicionales. El mapa que voy a presentar aquí difiere bastante del tradicional y, asimismo, del de Tony Robbins.

Mi mapa de PNL es resultado de mi comprensión y de la utilización personal de la PNL. Aunque muchos de los términos y procedimientos son muy similares a los de la PNL tradicional, otros proceden del material aportado por mi experiencia y del desarrollo personal del programa.

Cuando comencé a estudiar PNL, buena parte del material estaba ideado como ayuda para convertirme en mejor terapeuta. Sin embargo, yo no era psicólogo ni tenía intención de convertirme en terapeuta. De modo que cuando empecé a emplear esta información en el contexto de mi vida cotidiana tuve que hacer ciertas interpretaciones y adaptaciones. Conforme pasaba el tiempo, empecé a obtener resultados excelentes sólo con estas técnicas adaptadas y, por consiguiente, seguí desarrollándolas y adaptándolas aún más.

Explico esto para que sepas exactamente qué es lo que estás a punto de aprender y qué no vas a aprender. La información que expongo presenta las suficientes semejanzas con el material de origen como para que pueda denominarse con toda confianza PNL, pero también está lo bastante modificada como para que algunos aspectos de la misma parezcan diferentes a la PNL tradicional. Se trata de un mapa diferente.

Mi mapa de la PNL se centra básicamente en los siguientes objetivos:

- Aumentar tu conocimiento sobre lo que es posible en el mundo.
- Potenciar tu capacidad de obtener resultados.
- Ofrecer actitudes mentales que apoyen tu éxito en la utilización de la información.
- Eliminar percepciones comúnmente erróneas que obstaculizan el éxito.
- Mejorar tu capacidad para comunicarte.
- Ayudarte a lograr el máximo impacto en tu vida.
- Crear ese impacto con la mínima cantidad de esfuerzo.
- Mantener el proceso de aprendizaje fácil y divertido.

Condiciones necesarias para que se produzca el cambio

Si quieres que alguna cosa sea diferente en tu vida, entonces debes hacer cambios. Por lo general, el cambio se inicia en nuestro interior, y luego se manifiesta exteriormente. En otras palabras, tienes que cambiarte a ti mismo y luego hacer lo que te corresponda para conseguir que el mundo que te rodea se ajuste a tus cambios internos.

Un modelo usado habitualmente en PNL afirma que para que se produzca ese cambio deben darse tres requisitos:

1. Debes *querer* hacer el cambio.
2. Debes *saber cómo* hacer el cambio.
3. Debes tener la *oportunidad* de hacer el cambio.

Además de estas tres condiciones, he añadido las siguientes:

4. Debes estar *dispuesto* a hacer el cambio.
5. Debes tener *voluntad para hacer lo que sea preciso* para que el cambio se produzca.

Los puntos 1 y 5 aluden a la *motivación*. ¿Cúan motivado estás para hacer el cambio? Si no te va bien en tu relación, la primera pregunta que te puedes plantear es: «¿De verdad *quiero* esta relación?» (punto 1). Si la respuesta es afirmativa, entonces la siguiente pregunta sería: «¿Estoy dispuesto a hacer lo necesario para que esta relación funcione?» (punto 5). Si no respondes que sí a ambas preguntas, entonces los retos que te plantea tu relación pueden tener que ver con la motivación.

El punto 2 tiene que ver con el conocimiento. Si tienes dificultades para ganar suficiente dinero, podrías preguntarte lo siguiente: «¿Si alguien me pusiera una pistola en la cabeza y me dijera que tengo que ganar suficiente dinero, sería capaz de hacerlo?». Si la respuesta es afirmativa, entonces el impedimento está relacionado con la motivación o disposición, pero si la respuesta es no, entonces el obstáculo tiene que ver con el conocimiento (*cómo*).

El punto 3 se refiere a las circunstancias que son difíciles de controlar y que pueden controlarse más de lo que crees. Si quieres ser presidente de Estados Unidos y eres ciudadano francés, las leyes estadounidenses te prohíben que seas presidente. Esta sería una limitación de *oportunidad*. Este requisito impide que te conviertas en presidente de Estados Unidos y, como consecuencia, deberás limitarte al papel de secretario de Estado, el puesto que ocupó Henry Kissinger, de origen alemán. Como consejero de política exterior de cuatro presidentes, fue una de las personas más influyentes en el gobierno de Estados Unidos durante muchos años.

Si quieres jugar a baloncesto en la NBA, pero mides sólo metro veinte y tienes una sola pierna, no reunirás los requisitos físicos razonables. También en este caso hablaríamos de una limitación de *oportunidad*. No obstante, como demostró el jugador de metro sesenta Mugsy Bogues, de los Charlotte Hornets, los requisitos físicos de la NBA son menos restrictivos de lo que la mayoría de la gente imagina.

El punto 4 hace referencia al sistema inconsciente de creencias y valores. Si quieres correr una milla en cuatro minutos, pero el sistema de creencias arraigado en ti establece que es físicamente imposible que lo consigas, entonces con toda probabilidad nunca serás capaz de hacerlo. Carecerás de la disposición para hacerlo. Si tenías intención de ganar más dinero, pero la única manera que conocías era atracar un banco, entonces tu sistema de valores te impedirá hacerlo. Una vez más, carecerás de la *disposición* para hacerlo con tu nivel presente de conocimientos.

Estos cinco puntos cobran importancia cuando empiezas a considerar qué es posible en tu vida. Si consideras los objetivos que puedes marcarte, como por ejemplo ganar más dinero, disfrutar de una relación satisfactoria o del triunfo profesional, descubrirás que si aún no has logrado esas cosas el problema casi siempre tiene que ver con uno de estos puntos.

Esto explica la enorme popularidad de oradores motivadores como Tony Robbins. Ellos consiguen mucho más que motivar a la gente (que *quieran* y *hagan lo preciso*): ayudan a la gente a cambiar sus creencias sobre lo que es posible (*disposición para*). En muchas ocasiones, el simple hecho de ayudarte a caer en la cuenta de lo que es posible y motivarte para emprender las acciones precisas son las únicas cosas que necesitas para alcanzar tus objetivos.

En especial, este libro se centrará primero en tus creencias sobre lo que es posible (*disposición a*) y luego te enseñará los pasos que puedes tomar (*cómo*) para que tus objetivos se hagan realidad. En casi todos los casos, descubrirás que ya cuentas con la *oportunidad* y los *requerimientos físicos* necesarios y, por lo tanto, lo único que faltará será la voluntad de *hacer lo preciso*. Esta última surge con mucha más facilidad cuando sabes cómo hacerlo y encuentras apoyo a lo largo del proceso.

Conoce tu objetivo

A menudo me encuentro a mí mismo en la situación de entrevistar a personas y decidir sobre su contratación o no. En las entrevistas, una de las primeras preguntas que hago a la persona que solicita un trabajo es: «¿Qué es lo que busca?». Se trata de una pregunta sencilla. No obstante, por muy sencilla que parezca, te sorprenderías de la variedad de respuestas que obtengo.

Aproximadamente el 70 por ciento de los solicitantes no tienen respuesta a esta pregunta. Consideremos esto por un momento. La mayoría de gente se toma muchas molestias para solicitar un empleo. Redactan currículos, escriben cartas de presentación, se compran ropa nueva, preparan citas para las entrevistas y se toman tiempo de su trabajo para acudir a la entrevista. Sin embargo, después de tanto tiempo y esfuerzo, muchos ni siquiera saben expresar lo que buscan en un empleo.

La mayoría de la gente no sabe qué quiere. De hecho, muchas personas pasan toda su vida sin preguntarse jamás a sí mismas qué es lo que quieren. De los pocos que se plantean esta pregunta, muchos nunca dan con una respuesta clara. De la escasa minoría que tiene una respuesta, sólo unos pocos, los menos, manifiestan sus respuestas en términos que permitan alcanzar sus objetivos.

La mayoría de las personas no consiguen sus objetivos en la vida porque no son *conscientes* de lo que en realidad quieren. Es como si un día se despertaran sorprendidos de lo viejos que son y se preguntaran por qué su vida es como es. A muchos nunca se les ocurre pensar que se han esforzado para llegar exactamente a donde se encuentran, sin siquiera haber tenido idea de adónde querían llegar. En las sesiones de formación de PNL se oye con frecuencia este comentario: «Si no estás seguro de adónde quieres ir, ahí es donde vas a acabar».

SUMARIO EN TRES PASOS DE PNL

Uno de los motivos de que la PNL sea tan efectiva es la atención que dedica a los objetivos. Si resumiéramos la PNL en tres pasos básicos, éstos serían:

Paso 1 Conoce el objetivo.
Paso 2 Sé consciente del progreso que estás haciendo en lo que a tu objetivo se refiere.
Paso 3 Con el propósito de lograr tu objetivo, varía tu conducta como respuesta a la reacción que obtengas en el paso 2.

En este libro, y en PNL en general, estos pasos son las piezas para construir virtualmente todos los procesos y técnicas, a veces de manera sutil y a veces con mayor obviedad.

1er paso   2do paso

conoce tu objetivo   permanece atento
para saber qué
progresos haces

3º paso
varía de comportamiento

..."creo que Fido aún tiene hambre"

3

La actitud mental de la responsabilidad

En una ocasión me contaron una historia sobre el cambio. Una mujer acudió a un asesor y describió su situación como decepcionante y frustrante. Le explicó al detalle todos los cambios y problemas a los que se enfrentaba y preguntó al consultor si podía ayudarla. Éste le respondió:

—Sí, estoy seguro de que podré ayudarla.

Luego le mostró varios pasos que la mujer debía seguir.

Pero mientras le explicaba estos pasos, la mujer empezó a poner pegas. Dijo que le era imposible hacer todo aquello. El consultor sabía que lo que él pedía sí era posible, así que continuó:

—¿Tiene alguna limitación física que le imposibilite hacer estas cosas?

Ella contestó que no.

—¿Hay algún agente o fuerza externos que le impidan hacerlo?

Otra vez respondió que no.

—¿No consigue entender por qué es así? ¿Se siente confundida?

Una vez más, ella dijo que no y, llegados a este punto, él preguntó:

—Entonces, ¿cuál es el problema? ¿Por qué dice que no puede hacer estas cosas?

La mujer respondió:

—El problema es que si lo hago dejaría de ser yo misma.

El consultor, lleno de júbilo, contestó:

—¡Exactamente! El objetivo del cambio es hacer algo distinto de lo que haría usted misma ¡De otro modo no habría ningún cambio![1]

A veces, nuestros principales obstáculos para conseguir lo que queremos no proceden del mundo exterior, sino del mundo interior. Estos obstáculos toman formas de creencias, percepciones y actitudes mentales. Si todo ello te impide cambiar tus conductas, entonces aprender «cómo» comportarte de modo diferente no te hará ningún bien. Para obtener frutos, hace falta tener un marco de creencias, percepciones y disposiciones mentales que te sirvan de apoyo. En el ejemplo anterior, el obstáculo de la mujer radicaba en su creencia sobre quién era ella misma.

En los siguientes capítulos vamos a considerar algunas técnicas de suma eficacia. Aprenderás a escuchar de maneras que ni sabías que existieran. Aprenderás a ser elocuente con las palabras y a estimular a la gente a ser más receptiva cuando hablas. Aprenderás a atraer la atención de los demás y a mantenerla el tiempo suficiente para expresar tu punto de vista. Aprenderás los fundamentos de la persuasión y los puntos básicos para ayudar a los demás a comprender y aceptar tu opinión. Aprenderás a dar malas noticias con tacto y a obtener resultados positivos de situaciones negativas en potencia. Aprenderás a disentir elocuentemente y a ofrecer comentarios constructivos que sean valorados y puestos en práctica.

Pero aprender *cómo* hacer estas cosas no quiere decir necesariamente que vayas a *hacerlas*. El conocimiento es poder sólo si se usa. El poder que no se utiliza es *poder en potencia* y todos estamos dotados de mucho más potencial del que podamos imaginar.

Considera por un momento los efectos que puede tener una creencia. Durante años, las escuelas de formación de directivos han estado de acuerdo con el «efecto Pigmalión». *Pigmalión*, obra escrita por George Bernard Shaw en 1912, reavivó un concepto que se remonta a la mitología griega. (Se popularizó gracias al musical de Broadway de 1956 titulado *My Fair Lady*.) En la obra, dos caballeros de clase alta ponen en práctica un experimento para determinar si pueden transformar a una florista *cockney* de clase baja en una dama de clase alta. Después de recibir la formación adecuada, la muchacha es presentada a un grupo de personas de clase alta que la aceptan como una de ellos. No obstante, para sorpresa de sus mentores, la muchacha hace algo más que engañar a esta gente; su cambio es tan profundo que su propia identidad se transforma por completo para convertirse en una genuina dama de clase alta.

En los círculos empresariales, el «efecto Pigmalión» hace referencia a la influencia que las creencias de un director pueden tener en el rendimiento e incluso en la propia identidad de quienes trabajan bajo sus órdenes. Abundan los ejemplos documentados en los que las creencias negativas de los directivos influyen en los empleados de tal manera que rinden por debajo de las expectativas, mientras que las creencias positivas de los directivos inspiran a los empleados a rendir a niveles superiores y con capacidades superiores.

Consideremos la historia de Roger Gilbert Bannister, el corredor inglés que marcó un hito histórico el 6 de mayo de 1954 cuando se convirtió en la primera persona que corrió una milla en menos de cuatro minutos. Durante años, antes del logro de Bannister, tanto los médicos como los corredores creían que recorrer una milla en cuatro minutos era físicamente imposible. Al parecer, esta creencia había sido motivo suficiente para que nadie lo consiguiera, ya que después de que Roger Bannister lo lograra, John Landy estableció un nuevo récord (3 minutos, 58 segundos) justo 46 días después, mientras que Bannister conseguiría una nueva mejor marca el 7 de agosto del mismo año. Una vez descartada la idea de que correr una milla en cuatro minutos era algo imposible, la «barrera» se convirtió en un objetivo alcanzable y las millas se corrieron en cuatro minutos con cierta regularidad.

Tal es el poder que tienen las creencias de influir en la realidad. Tanto si tus creencias te llegan a través de fuentes externas (las de otras personas) o a través de fuentes internas (tus propias creencias), pueden tener un impacto dramático sobre tu éxito, tu eficacia y tu vida. Si sostienes creencias limitadoras, crearás barreras y obstáculos que respaldarán estas creencias, estableciendo de esta manera limitaciones verdaderas. No obstante, cuando abrigas creencias capacitadoras te concedes el poder de conseguir que estas creencias se hagan realidad, así como el potencial para una vida más plena.

La PNL da gran importancia a las creencias y al sistema de

creencias. Muchas sesiones de formación de PNL empiezan describiendo una serie clave de creencias del programa, a las que se refiere como «presuposiciones de la PNL». Aunque los monitores varían en ocasiones el contenido, la mayoría de las presuposiciones se siguen al pie de la letra. Las presuposiciones son uno de los aspectos fundamentales que definen lo que es y lo que no es PNL.

Además, los monitores de PNL a menudo comienzan sus sesiones de formación con algo a lo que se refieren como «establecer marcos». Se trata de terminología de PNL para pedirte que des sentido a tus experiencias de la forma que te sugieren los monitores. En efecto, te piden que adoptes, aunque sólo sea temporalmente, actitudes mentales que afecten tu manera de responder a la formación y a la información. En muchos casos, los participantes aceptan finalmente las presuposiciones y los marcos como parte de sus sistemas personales de creencias y realizan contribuciones significativas a su crecimiento personal.

Un marco común utilizado en PNL es el marco «como si». Sostiene que puedes potenciar en gran medida tu capacidad para beneficiarte de nuevas ideas adoptando temporalmente sesgos complementarios. En el marco «como si», se te pide que aceptes la información que te aportan «como si» fuera verdadera, que suspendas temporalmente cualquier creencia que contradiga la nueva información y que «sigas el juego» a las nuevas creencias durante el tiempo que dediques a la formación. Este marco te permite tener experiencias y evaluar tus resultados mientras «pruebas» las nuevas creencias. Este proceso potencia enormemente tu capacidad para beneficiarte de nuevas ideas.

Uno de los obstáculos más grandes en el proceso de aprendizaje es el rechazo del material antes de llegar a comprenderlo. Se puede discutir virtualmente cualquier concepto e idea de este libro, o de cualquier otro. Si te empleas a fondo, podrías encontrar la manera de estar en desacuerdo con casi cualquier cosa, incluso con esta frase. Pero el proceso de discrepar antes de entender (empleo el término «entender» de modo general, como comentaremos más tarde) te impide aprovechar el beneficio de la información. Al suspender temporalmente tus creencias contrarias, te concedes la oportunidad de «llegar a conocer» las nuevas creencias y determinar por ti mismo cuáles son las partes, si existe alguna, que tienen valor para ti. Conforme obtienes más experiencia con tus nuevas creencias, acumulas evidencias que tal vez las sustenten; de este modo, resulta más fácil incorporar todas o algunas de las creencias como tuyas, si así lo decides.

Creo que gran parte del desarrollo personal que tiene lugar en la gente, sea mediante PNL u otros procedimientos, depende de la adopción de creencias diferentes que te hagan más capaz. En mi opinión, el cambio en tus creencias es el más profundo que puedes crear para ti mismo, pues parecerá que tu mundo externo cambia como respuesta a tus nuevas creencias.

Empecemos nuestro proceso de desarrollo personal examinando un conjunto de actitudes mentales que te harán más competente. Estas actitudes mentales tal vez ya formen parte de tu sistema de creencias, tal vez ni siquiera seas consciente de cómo te están ayudando. Si aún no tienes estas creencias, puedes ponerlas a prueba empleando este marco «como si». Experimenta cada actitud mental siendo consciente de que el núcleo de tus creencias y valores se encuentra sano y salvo. Mientras consideras cada actitud mental y la adoptas temporalmente, abstente de intentar determinar lo negativo de cada una de ellas; por el contrario, haz lo posible por aceptarlas primero y luego concéntrate en discurrir qué tienen de verdaderas. Procura entender cada actitud mental desde un punto de vista que la haga cierta y real y ponla a prueba durante cierto tiempo. Tal vez descubras que algunas de ellas son creencias que querrás consolidar firmemente como propias.

Tu vida es el resultado de tus acciones o de tus omisiones. La mentalidad de la responsabilidad

La actitud mental de la responsabilidad quizá sea la más activa y poderosa de todas. Sostiene que eres responsable de tu vida. Tu vida, y todo en ella, es resultado de tus acciones o de tus omisiones.

Esto es exactamente lo contrario a la actitud mental de víctima, que consiste en culpar a los demás de la propia situación en la vida. Quienes se sirven de la mentalidad de víctima nunca cambian de vida, ya que creen que son los demás quienes ejercen el control sobre ellos. Cuando aceptas la actitud mental de la responsabilidad comprendes que tú mismo has creado tu vida para que sea de la manera que es; por lo tanto, te concedes la facultad de cambiarla.

Este concepto no siempre se acepta de la noche a la mañana y con frecuencia se rebate con ejemplos que lo cuestionan. Al fin y al cabo, ¿somos responsables del enfrentamiento en Oriente Medio? ¿Somos responsables de las estrellas del firmamento? Por supuesto que no. De hecho, es relativamente fácil dar con ejemplos que rebatan la mentalidad de la responsabilidad. Pero, por desgracia, estos ejemplos sirven para que la gente generalice en exceso los límites de su influencia. Si no eres responsable del conflicto de Oriente Medio ni de las estrellas del firmamento, probablemente serán muchas las cosas de las que no eres responsable en este mundo, ¿conforme?

Por desgracia, esta generalización puede empujar a la gente a un estado mental victimista, de impotencia. ¿Eres responsable cuando eres víctima de un delito? ¿Eres responsable de que tu empresa reduzca plantilla y te deje en la calle? ¿Eres responsable de que la gente te entienda mal? Si partes de la idea de que casi todo lo que sucede en el mundo se escapa a tu control, entonces es fácil pensar que este tipo de experiencias cotidianas también están más allá de tu control.

¿Eres responsable de la hora en que te levantas cada día? Puedes pensar que la hora de levantarte depende de tu trabajo, pero, en realidad, ¿no es decisión tuya? ¿Eres responsable del número de amigos que tienes y de la calidad de tus amistades? ¿Eres responsable de la relación sentimental que mantienes y de la calidad de esa relación? ¿Eres responsable de tu salud personal? ¿Eres responsable de tu espiritualidad? ¿Eres responsable de tus relaciones familiares? ¿Eres responsable de tus propias emociones? ¿Tienes control sobre alguno de estos aspectos de tu vida?

La actitud mental de la responsabilidad te pide que contestes que sí y que aceptes la responsabilidad sobre estas y otras muchas cuestiones. Te pide que generalices en dirección opuesta. Sabes que en tu vida hay cosas de las que eres plenamente responsable, cosas que están bajo tu control, por lo tanto la mentalidad de la responsabilidad te pide que generalices esa observación y la apliques al resto de tu vida.

Recuerda, pon a prueba este concepto durante un tiempo para ver de qué manera podría ser cierto.

La mentalidad de la responsabilidad te mantiene más capaz. Tal vez no seas responsable del conflicto de Oriente Medio, pero eres responsable de tu reacción ante el mismo, de cuánta atención y consideración le dedicas, de la importancia que le concedes. Eres responsable de tus propias respuestas emocionales.

La mentalidad de la responsabilidad te
ayuda a tomar el control de tu vida
y tu respuesta emocional hacia ella.

Considera por un momento lo que esta manera de pensar puede hacer por ti. Si tu jefe te ofende delante de otras personas, una posible respuesta sería criticar a tu jefe y sentirte desanimado. Pero también podrías seguir la mentalidad de la responsabilidad. Podrías optar por creer que la acción abusiva de tu jefe fue provocada por tus acciones o tus omisiones.

Esta actitud mental te capacita, te permite considerar lo que quizá hayas dejado de hacer para permitir que ese abuso se produzca. ¿No has sido capaz de defenderte? ¿Fuiste tú quien atacó primero en cierto modo que aún no comprendes? ¿No has conseguido comunicarte de modo eficaz en un encuentro previo? ¿No has logrado establecer con anterioridad una buena relación con esa persona?

Sean cuales sean las respuestas, has dirigido tu atención hacia cosas que están bajo tu control. Has dirigido tu energía hacia cosas que puedes cambiar. Has aumentado tu nivel de capacitación y has aumentado tu facultad para responder a la situación.

Considera los posibles efectos secundarios de un encuentro conflictivo con tu jefe. Tus compañeros y colegas de trabajo posiblemente se acercarán a ti con mentalidad de víctima y te hablarán sobre lo impresentable que es tu jefe. Tal vez alguien exprese la opinión de que este tipo de comportamiento que ha mostrado contigo es un aspecto de su carácter imposible de cambiar y que no puedes hacer nada, sólo lamentarte. Puedes conseguir que tus compañeros de trabajo, amigos y familiares se indignen con tu jefe por ser tan cretino. Si de verdad lo quisieras, podrías dedicar cierto esfuerzo a difundir esta opinión y aumentar el nivel general de animosidad y frustración en tu vida. Esto sería una respuesta *destructiva* a la situación.

Con la actitud mental de la responsabilidad, optas por creer que el hecho de que tu jefe se comportara como un impresentable es resultado de tus acciones o de tus omisiones. Así, buscarás maneras de cambiar tus acciones para que los próximos encuentros sean más de tu gusto. Al fin y al cabo, ¿habría actuado tu jefe de ese modo si se dirigiera a la reina de Inglaterra? ¿O al presidente de Estados Unidos? ¿O a un niño pequeño? ¿O a Gandhi? Si estas personas se situaran temporalmente en tu cuerpo, ¿cómo responderían a esta situación? ¿Conseguirían que las cosas resultaran de otro modo? ¿Cómo lo lograrían? Cuando te planteas este tipo de cosas, empiezas a descubrir formas *constructivas* de responder a este tipo de situaciones.

Las actitudes que asumas en todas las interacciones que suceden en tu vida influyen en el resultado de esas interacciones. La reina y el presidente son seres humanos exactamente iguales que tú, pero lo más probable es que fueran capaces de hacer algo para que la situación se desarrollara de modo diferente. Tú también puedes.

Cuando obtienes una respuesta inconveniente, eso significa que tu conducta no produce los resultados que deseabas y que es hora de cambiar esa conducta. (Recuerdas el paso 3 de la PNL: «Con el propósito de lograr tu objetivo, varía tu conducta como respuesta a la reacción que obtengas en el paso 2».) La actitud mental de la responsabilidad dice que eres responsable de las conductas que incitas en otros. La comunicación no es una responsabilidad que se comparta al cincuenta por ciento, es tuya al ciento por ciento. Cuando parece que alguna circunstancia se escapa a tu control, actúa como si desempeñaras cierto papel en su creación y como si los sucesivos pasos del proceso también dependieran de ti. Busca sistemas para que tu próxima experiencia sea más de tu gusto. Busca maneras de responder, en vez de culpables.

Algunas personas encuentran dificultades al principio para aplicar esta mentalidad. ¿Cómo es posible llegar a pretender que las cosas que suceden alrededor de nosotros son resultado de nuestras acciones u omisiones?

Te servirá de ayuda dejar de pensar en si esta actitud mental es segura y concentrarte en cambio en qué es lo que te aporta los mejores resultados en la vida. ¿Qué mentalidad te permite llevar una vida mejor, más productiva y más gratificante? Una amplia gama de personas, incluido yo, ha descubierto que esta mentalidad es la clave del desarrollo personal, de la realización emocional y de una gran eficacia personal. No es ninguna exageración. Esta actitud mental es excepcionalmente poderosa y activa.

Una y otra vez, la firme aceptación y aplicación de esta mentalidad ayuda a la gente a recuperar el control y a crear vidas satisfactorias y capacitadas. A lo largo de este libro, seguiré refiriéndome a esta disposición mental. Si aún no la has incorporado a tu sistema de creencias, te animo a revisar este apartado cada vez que me refiera a ella en este libro. El primer paso hacia su aceptación es entenderla.

EJERCICIO DEL ANDROIDE

En una ocasión me pidieron un trabajo escrito en un curso de desarrollo personal. El trabajo era como sigue:[2]

Nos dieron un plazo de noventa minutos para redactar el trabajo y nos pasaron una nota que decía:

> Hasta este punto de tu vida, creías que eras una persona y que el resto de nosotros éramos otra gente. Creías que tenías tu vida, que todos nosotros teníamos las nuestras y que cada cual seguía su camino. Esto es mentira.
>
> Lo cierto es que tú eres el único ser humano en este planeta. El resto de nosotros somos androides y tú nos programaste. Creaste nuestros programas de modo que tuvieran presente el mínimo detalle y luego hiciste lo necesario para que tú pudieras olvidar todo esto. Lo que hemos hecho hasta este momento lo planeaste y programaste así. Hemos seguido tus instrucciones a la perfección.
>
> Me programaste para que te ofreciera esta información en este momento de tu vida. Me diste instrucciones para que te pidiera que dedicaras los siguientes noventa minutos a escribir las respuesta a estas preguntas:
>
> - ¿Por qué programaste a los androides que hay en tu vida para que hicieran las cosas que han hecho?
> - ¿Por qué escogiste estos androides en concreto para tus interacciones más frecuentes?
> - ¿Por qué nos programaste para hacer lo que hemos hecho de la manera que lo hemos hecho?

Busca tiempo para hacer este ejercicio. A mí me permitió incorporar la mentalidad de responsabilidad a mi experiencia y transformar un concepto en una parte viva de mi sistema de creencias. Si no tienes tiempo para hacer el ejercicio ahora, te animo a que busques un momento para ello en los días siguientes. Acepta la responsabilidad de tu vida hasta el punto en que seas capaz de crear noventa minutos para este ejercicio.

Sustituye la culpa por un proceso más funcional

Al asumir la actitud mental de la responsabilidad, servirás mejor a tu salud y bienestar cuando reemplaces, al mismo tiempo, los actuales sentimientos de culpa, autocensura y vergüenza por procesos más saludables y útiles. Ser responsable de tu vida no significa que te tortures con tus fracasos. Queremos que dispongas de más poder, no que te martirices.

Mucha gente tiene la impresión de que el sentimiento de culpa sirve para evitar hacer todo tipo de cosas malas, mezquinas y desagradables. Pero reflexionemos sobre ello un momento. ¿Qué es lo que hace que te abstengas de robar? ¿Es el sentimiento de culpa o es la impresión de que es importante ser una persona íntegra? ¿Qué es lo que te impide engañar a tu cónyuge? ¿Es el temor a sentirte culpable o es el valor que atribuyes a tu relación y el hecho de que no quieras hacer nada que la comprometa? Por supuesto que es lo segundo. La culpa puede atraer tu atención hacia esa cuestión, pero es tu *integridad* lo que determina tus acciones.

Cuando consideras las cosas más a fondo, comprendes que tu concepto de la moralidad es la verdadera inspiración de tu decisión de actuar o comedirte. Cuando actúas violando alguno de tus principios no significa que seas una mala persona, más bien que eres incapaz de resolver un problema difícil en tu vida. Si te encuentras en ese tipo de situaciones, no te hace falta sentir vergüenza, lo que te hace falta es apoyo.

Los juegos de control basados en la culpa y la consecuente historia de abusos han proporcionado motivos legítimos para cuestionar el valor de este sentimiento. Pero ¿qué sucede con ese proceso emocional natural con el que mucha gente está tan familiarizado? ¿Qué ocurre cuando decides no hacer algo porque te sentirías culpable?

La culpa es una emoción vinculada a valoraciones de lo que está bien y lo que está mal. Es una llamada de atención que te hace saber cuándo tus acciones o tus omisiones no se alinean con valores. Hace que te plantees la cuestión antes de actuar. En su aspecto positivo, la culpa suprime el potencial para actuar de un modo perjudicial; pero en su aspecto negativo, también dificulta la respuesta para *corregir* un problema. La gente que sucumbe a los sentimientos de culpa a menudo permite que ésta se adueñe de la situación y entonces no logra responder de manera productiva ante situaciones conflictivas.

Además, los sentimientos de culpa traen el recuerdo de ocasiones anteriores en que se han experimentado y crean una situación que desemboca en autocondena, una autocrítica y una baja autoestima injustificada. En la mayoría de casos estas emociones y acciones no son adecuadas para la situación y se convierten en agentes destructivos. El aspecto debilitador habitual de la culpa es algo que no tiene sentido y que se debería evitar. No es saludable y, de hecho, te *impide* resolver los problemas.

Otro problema con el sentimiento de culpa consiste en que hay personas que se aprovechan de él para evitar las acciones de otros, sobre todo de niños y seres queridos. Es un hábito tan arraigado que la gente normalmente no es consciente de él. ¿Cuántos padres han dicho a sus hijos que «deberían sentirse avergonzados»? Si observas las interacciones entre parejas o familias hoy en día, todavía puedes ver los mecanismos de manipulación y represión basados en la culpa que surgen a menudo bajo la forma de «sólo bromeaba». Muchas de las veces la gente sencillamente no se da cuenta de lo que hace, así que unos y otros recurren a hacerse reproches mutuos, una forma de manipulación que produce sentimientos de culpa.

Cuando se aplica de modo responsable, la culpa es una señal de aviso a corto plazo que ayuda a reconocer un problema. Respondes a ella y luego la desconectas. Si se usa de forma perniciosa se convierte en un mecanismo de control, o bien se pierde el control y provoca malestar innecesario, sin que sirva a ningún objetivo útil.

Por ejemplo, imagina la siguiente situación. Dudas entre ir a casa de tu madrastra para la comida de Acción de Gracias o disfrutar de cierto tiempo a solas con tu cónyuge durante todo un día de descanso. Las dos cosas no pueden suceder de forma simultánea, por lo que tienes que pensártelo para tomar una decisión.

Te planteas no asistir a la comida, pero te das cuenta de que tu ausencia será una verdadera decepción para tu madrastra. Entonces aparece el sentimiento de culpa y te sientes fatal.

Así que te planteas ir a la comida, pero comprendes también que necesitas disfrutar de cierto tiempo en privado con tu cónyuge. Hace demasiado tiempo que prestas poca atención a vuestra relación y es importante para ti. La culpa vuelve a atacar y te sientes fatal.

Aún más grave, el sentimiento de culpa no ha hecho más que empezar. No sólo te sientes mal por la idea de no asistir a la comida sino que también recuerdas todas las veces en que no has sido agradable con tu madrastra y aún te sientes peor por ello. Al mismo tiempo, conjuras todas las ocasiones que puedes recordar en la que le fallaste a tu esposa y te sientes aún peor.

El resultado final es que te sientes fatal con todo. Aún estamos a principios de noviembre, así que continúas con esta tortura durante varias semanas. Pero, al menos, tras toda esta tortura, puedes tomar una decisión, ¿no es así? Al menos, estos sentimientos horribles han ayudado a resolver el problema, ¿de acuerdo? Por desgracia, no ha sido así. De hecho, has reprimido tu capacidad para emprender alguna acción del tipo que sea y tu tortura te ha llevado a evitar el tema por completo. Como resultado, no logras darle una resolución.

En el último minuto, tomas una decisión, con el pleno convencimiento de que, decidas lo que decidas, el sentimiento de culpa se ha adueñado de la situación y te sentirás fatal hagas lo que hagas. Incluso podrías optar por enredar aún más las cosas decidiendo satisfacer a una de las dos personas e inventando luego una *mentira* para justificarte ante la otra. ¿No es esto lo que acaba haciendo mucha gente? ¡Y esto también hace que se sientan culpables! Tal es el poder destructivo de la culpa.

La alternativa es reemplazar la culpa por un proceso funcional, práctico, que te ayude a resolver los problemas, no a empeorarlos. Cuando exploras el conflicto directamente, sin emociones negativas que te abrumen, eres más capaz de determinar la fuente del problema y luego idear una solución. Permítete abordar el problema desde un estado de ingenio, liberando recursos útiles como la creatividad, la motivación, la iniciativa y el orgullo.

Supón que en nuestro ejemplo de la comida de Acción de Gracias decidiste plantearte el problema desde esta perspectiva: ir a la comida de tu madrastra es importante porque quieres mejorar la calidad de tu relación con ella. Pasar más tiempo con tu cónyuge es importante porque valoras esa relación y quieres demostrar que la apoyas. Estas son las cuestiones pertinentes. Una vez que las has identificado, en vez de sentirte despreciable, puedes centrar tu atención en resolver el problema sabiendo que tienes pleno acceso a tus recursos positivos. Podrías incluso salir reforzado en la medida en que te das cuenta de que tus principios te hacen una persona comprensiva, cariñosa, atenta.

Durante el proceso de resolución del dilema, tal vez descubras que no puedes satisfacer las exigencias de todos tus principios al mismo tiempo, pero serás capaz de ver qué medidas debes tomar para abordar cada uno de ellos. Tal vez optes por apoyar tu matrimonio y te decidas por vivir unos momentos intensos con tu cónyuge. Para ocuparte de la otra exigencia, haz saber a tu madrastra cuánto valoras tu relación con ella enviándole flores o escribiéndole una carta sentida. Decidas lo que decidas, opta por una acción que de alguna manera te ayude a satisfacer tus valores. El resultado final es que estás actuando de manera responsable para satisfacer tus valores y, mientras lo haces, consigues sentirte bien contigo mismo. Yo diría que así se supera definitivamente el sentimiento de culpa.

Hacia el final de este libro examinaremos algunos procesos que permiten alcanzar un gran control emocional. Serás capaz de decidir qué emociones sentir en un momento dado. Quizá por primera vez en tu vida serás capaz de elegir sentirte culpable o no. Este proceso puede ser asombroso.

Sin embargo, también explicaré que aunque las emociones que llamamos «negativas» tal vez no te hagan sentir bien, pueden tener de todos modos un propósito práctico. El sentimiento de culpa te alerta para que analices un conflicto entre una acción y algún aspecto de tu sistema de valores. Es útil contar con indicadores de este tipo. Pero una vez prevenido, necesitarás todos tus recursos para abordar y resolver el conflicto y lo podrás lograr de manera constructiva y saludable. Pienso que en plenitud de recursos se analizan mucho mejor los problemas y se obtienen mejores soluciones.

La opción ganador-ganador es la única real

La actitud mental ganador-ganador (*win-win*) es algo que creo que debería estar presente en todos los aspectos de las relaciones humanas; es la única opción realista. Mediante esta actitud, se valoran las acciones o las acciones potenciales para determinar si son aceptables y deseables para todas las partes implicadas. La manera más sencilla de valorar si una acción es ganador-ganador es determinar si todas las partes se sienten satisfechas de forma congruente y se benefician con el resultado final (según su idea de lo que es beneficioso, no necesariamente la tuya). El proceso ganador-ganador se basa en la creencia de que las interacciones humanas son cooperativas en vez de competitivas. Por ejemplo, quiero conseguir un aumento de sueldo y tú quieres que me haga responsable de un proyecto complicado. Si tengo ganas de encargarme de ese proyecto y a ti te satisface concederme el aumento por mi esfuerzo, entonces con toda probabilidad eso constituiría una opción ganador-ganador.

Aunque la expresión ganador-ganador sólo tiene dos palabras, ten presente que también incluye el bienestar de otras partes que no están implicadas directamente. El proceso ganador-ganador es holista y debe tener en cuenta las necesidades y deseos de toda la gente que podría verse afectada por tus acciones o tus omisiones. En PNL, es común referirse al punto de vista holista como «ecología».

El proceso ganador-ganador como opción única es un planteamiento ligeramente diferente a otros que hayas podido conocer en el pasado. Por ejemplo, en su excelente libro *The Seven Habits of Highly Effective People* (Los siete hábitos de las personas altamente eficaces), Stephen Covey sugiere que el mejor planteamiento en relación a los demás es intentar un acuerdo ganador-ganador considerando que la alternativa es «no hay trato». Aunque es probable que Covey y yo estemos de acuerdo conceptualmente en esta cuestión, prefiero una semántica diferente para ilustrar una cuestión importante: toda acción u omisión tiene un efecto sobre el mundo que nos rodea, de manera que incluso la opción «no hay trato» puede valorarse desde el punto de vista ganador-ganador. «No hay trato» es una respuesta adecuada sólo cuando crea opciones ganador-ganador. La omisión es la ausencia de acción y debería valorarse con los mismos criterios con los que se valora la acción.

Si tú y tu pareja vivís en un hogar que a tu pareja le provoca problemas de salud, lo más probable es que los dos emprendáis alguna acción. Si tu pareja ansía comprar una casa nueva en las montañas y tú preferirías alquilar una casita en la playa, estáis empezando con criterios relativamente diferentes. Si no conseguís poneros de acuerdo sobre dónde trasladaros, el hecho de no llegar a un acuerdo significaría no trasladarse a ningún sitio. No obstante, tu pareja saldría perjudicada con una propuesta como esta ya que su problema de salud persistiría. La opción ganador-ganador como única posible exige continuar buscando un arreglo apropiado hasta que todas las partes satisfagan sus necesidades y deseos.

El sentido holista del planteamiento ganador-ganador requiere que tengas en cuenta no sólo tus necesidades y deseos y los de tu cónyuge, sino también los del resto de personas que puedan verse afectadas por tus acciones. Tal vez los dos os pongáis de acuerdo acerca de un hogar específico y decidáis trasladaros, pero esa opción implica compromisos financieros, a los que deberías hacer frente con los recursos que habías destinado para la educación universitaria de tus hijos. Esto podría afectar las necesidades y deseos de tus hijos y, probablemente, no sería una solución ganador-ganador. O tal vez el terreno en el que quieres construir la casa se asienta en el cementerio de los indios nativos de la zona. Esto afectaría necesidades espirituales muy arraigadas en esta gente y, una vez más, probablemente tampoco sería una opción ganador-ganador.

El concepto ganador-ganador es relativamente fácil de entender. No obstante, la aplicación del concepto a veces no es sencilla. Por ejemplo, ¿cómo sabes cuándo alguien sale ganando con algo? ¿Quién te da derecho a tomar esa determinación en nombre de otro? ¿Cómo sabes a quién tomar en consideración por cada acción que tomas? Son preguntas difíciles con respuestas complicadas.

En este libro presentaré habilidades y técnicas para explorar las respuestas a estas preguntas. Descubrirás que muchas veces la gente estará conforme con una solución y creerá que saldrá ganando con ella, pero no se percatará hasta más tarde de que con esta propuesta saldrá perdiendo. Una vez más, esto es resultado en muchos casos de no estar en contacto directo con los valores centrales. Se llega a un acuerdo con conocimiento de causa (una aprobación externa), pero posteriormente, cuando por fin se percatan de que el acuerdo no recibe su aprobación interior (no concuerda con su sistema de valores) tal vez se sientan manipulados, ultrajados o engañados. Tus mejores intenciones pueden verse frustradas por una ejecución deficiente.

Al reforzar la mentalidad ganador-ganador con la mentalidad de responsabilidad y emplear las técnicas expuestas en este libro, te pido que hagas algo más que tomar la responsabilidad de convenir que la opción ganador-ganador es la única. También te pido que asumas la responsabilidad de dejar pasar la información necesaria para asegurar que la solución final es la opción ganador-ganador que todo el mundo piensa que es. Una vez más, al abrazar la actitud mental de la responsabilidad, aceptas la responsabilidad de asegurarte evitar acuerdos ganador-perdedor en tu vida, pese a que la otra gente esté dispuesta a aceptar acuerdos con los que salgan perdiendo.

Ten presente que las ideas, mentalidades, estrategias y técnicas que se ofrecen a lo largo de este libro te ayudarán a alcanzar la excelencia. Y ten presente que las palabras *eficacia*, *éxito*, *logro*, *realización*, *satisfacción*, *capacitación*, *influencia*, *persuasión* y otras relacionadas incorporan una trama basada en la filosofía ganador-ganador. Ninguna persona triunfa a expensas de otros. Yo lo considero un abuso. Nadie es eficaz mediante manipulaciones y coacciones. Lo considero un fracaso. Ninguna persona es líder cuando dirige a los demás a lugares a los que no quieren ir. Considero eso una injusticia.

El verdadero éxito y la eficacia no se alcanzan mediante procesos individualistas, sino por procesos holistas. Todas las partes involucradas forman parte del logro.

La gente es el bien más importante: la actitud mental de sinergia

La sinergia es el proceso por el que varias partes independientes funcionan conjuntamente para producir mejores resultados que los que se hubieran logrado si cada parte funcionara de manera independiente. La sinergia es la característica que la gente procura cuando trabaja en equipo.

En deporte, es de dominio general que el nivel conjunto de destreza de las selecciones (en las que los mejores ejecutantes individuales se unen en un equipo, normalmente sin que dispongan de la oportunidad de entrenarse juntos y conjuntarse como equipo) es significativamente inferior al nivel general de destreza de un buen equipo que haya estado jugando como tal durante un tiempo. En cada posición, las selecciones cuentan con un deportista que individualmente es superior al del equipo regular; no obstante, la selección es inferior en rendimiento global. Los procesos que permiten a los jugadores regulares jugar colectivamente mejor que las selecciones se llama sinergia.

Hoy en día la tendencia en el mundo de los negocios es crear abundantes combinaciones de equipos de trabajo. En muchos casos, se reúnen representantes de varios equipos y se les pide que contribuyan con sus habilidades al grupo relativamente autónomo. Al equipo se le asignan tareas complejas y amplias y se le pide que las cumpla con excelencia. Se espera, y a menudo se consigue, que los resultados de este grupo menor, representativo, sean superiores a los que logra rutinariamente la empresa como ente.

La suma de capacidades del equipo son muy inferiores a las de la organización entera y, no obstante, los grupos de trabajo han demostrado ser una manera eficaz de *aumentar* la productividad y conseguir resultados *mejores*. De nuevo, esto es resultado de la sinergia.

El proceso de sinergia se relaciona directamente con la eficacia personal. Mucha gente piensa en su trabajo desde el punto de vista de una serie de habilidades y tareas. Si te preguntas por los requisitos necesarios para ser una secretaria, lo más probable es que pienses primero en lo que se refiere a habilidades técnicas: dominio de la mecanografía, del procesador de textos, de la centralita de teléfono, etcétera. La función de diseñador industrial puede evocar imágenes de dibujo, diseño, resolución de problemas, etcétera. Incluso la función del director de recursos humanos probablemente te hará pensar en habilidades como las relaciones laborales, prácticas de empleo, entrevistas, contratación y cosas similares. De nuevo, cada una de ellas indica un enfoque en una competencia técnica.

Como sociedad, sabemos cómo ayudar a la gente a que adquiera habilidades técnicas. Si Mary no consigue triunfar porque no puede desarrollar una habilidad técnica, probablemente habrá algún tipo de formación que la ayude a superar sus carencias. Y la formación segura que servirá en muchos de los casos.

Sin embargo, la fuerza propulsora de este libro está en las habilidades de la gente, habilidades que son interpersonales en vez de técnicas; incluyen comunicación, atención, dirección, persuasión y otras relacionadas con la interacción humana. Son las habilidades que requieren más de una persona para llevarse a término.

No siempre sabemos cómo ayudar a la gente a aprender habilidades interpersonales. Si Mary no sabe cómo trabajar con gente de forma eficaz, probablemente no se te ocurrirán demasiadas cosas para ayudarla. Desde luego, existen infinidad de cursos. Pero ¿funcionan? ¿Se obtienen de verdad resultados? ¿Te inspiran la misma confianza que los cursos técnicos? En la sociedad de hoy en día, la información relacionada con las habilidades interpersonales —y la capacidad para enseñar esas habilidades a los demás— está mucho menos desarrollada y se entiende menos que la información sobre habilidades técnicas.

La actitud mental de sinergia sostiene que tu éxito en el mundo, sea profesional o personal, tiene que ver ante todo con tu capacidad para interactuar con eficacia con los demás. El aspecto en que la mayoría de la gente puede hacer que aumente su éxito, su eficacia y sus resultados es el de las relaciones con otras personas.

Aunque puede parecer que aún necesitamos estar preparados técnicamente para triunfar en la sociedad (nuestros ordenadores no funcionarán si tienen defectos en el microprocesador), hay que ser consciente de la actitud mental de sinergia. Los resultados del grupo son mucho mejores cuando el grupo cuaja como equipo, que cuando el grupo lo forman jugadores seleccionados que juntos no funcionan como es debido.

Tanto si montas una nueva empresa como si organizas una fiesta de cumpleaños, tu calidad de vida se enriquece en proporción directa a la calidad y funcionalidad (el grado en que algo contribuye de manera constructiva a alcanzar un objetivo concreto) de las relaciones que creas con la gente.

El equilibrio es una parte importante de la vida

Todos hemos conocido gente desequilibrada. Consideremos el caso extremo de Don Simpson, un productor de formidable talento de Hollywood que obtuvo un importante reconocimiento produciendo éxitos cinematográficos como *Top Gun* y *Beverly Hills Cop*. Tras algunos años de éxito, en la cima de su carrera, se lanzó a una vida de sexo desenfrenado con prostitutas y de exceso con las drogas. Su «éxito» giraba en torno a sus logros profesionales, pero después de que una de sus películas fracasara experimentó lo que él mismo describió como «una sensación de vacío profundo; una carencia». Murió a la edad de 52 años con múltiples drogas presentes en su organismo.[3]

Los adictos al trabajo gastan cantidades inagotables de energía en resolver los problemas más difíciles en el trabajo y, sin embargo, se quedan paralizados al enfrentarse al desafío más superficial en el hogar. El ama de casa que no trabaja fuera puede hacer sacrificios innecesarios por su familia a lo largo de años y, con todo, no logrará satisfacer algunas de sus necesidades más esenciales, dejando que su vida pierda significado fuera de su familia.

Sin equilibrio, el éxito en un área de la vida puede formar parte de una calamidad global. En algunos casos, el éxito «extremo» es un síntoma de desequilibrio que se nos ha ido de las manos.

La actitud mental del equilibrio sostiene que el grado que alcanzas y en el que mantienes el equilibrio en tu vida será el factor determinante que calibrará el éxito en tu vida.

Mucha gente permite que algunos de los aspectos de la vida se atrofien y no les prestan atención hasta que llegan a un nivel crítico. Alguien que consuma grasas durante muchos años y no haga ejercicio, sin preocuparse lo más mínimo por su salud, es probable que se concentre en la salud después de sufrir un ataque al corazón. Con posterioridad, ese aspecto de la vida puede empezar a eclipsar todos los demás.

Si permites que un aspecto de tu vida se atrofie, tal vez tengas que reconstruirlo. Pero incluso entonces es común transferir esa atrofia a otra área y aún llevar una vida desequilibrada. La falta total de atención a la salud finalmente puede exigirte que te concentres en ello al ciento por ciento; no obstante, ¿qué tendrías que pasar por alto para poder conseguirlo?

Para no tener que vivir en un desequilibrio constante, la mentalidad del equilibrio te anima a prestar atención a todos los aspectos de tu vida actual. Aunque habrá veces en que querrás o necesitarás centrar tu atención en un área con mayor intensidad, el equilibrio te exige asegurarte de que todas las parcelas de tu vida se mantienen relativamente estables mientras lo haces.

El deseo de equilibrio es lo que te permite dejar de trabajar a horas razonables, aunque eso tal vez no sea lo mejor para conseguir un ascenso. El deseo de equilibrio es lo que te permite tomarte el descanso que necesitas cuando lo necesitas, y te ayuda a mantener tu salud y vigor. El deseo de equilibrio es lo que te permite dedicar tiempo y dinero a tu propio desarrollo y a tu potencial, aunque ese tiempo y dinero pueda tener otras finalidades. El equilibrio es un aspecto importante de una vida saludable, gratificante y productiva.

ASPECTOS DE LA VIDA QUE AFECTAN AL EQUILIBRIO

Si consideras tu vida como un conjunto, quizá contemples las siguientes categorías como áreas que tienen un mismo nivel de importancia. Sin embargo, idéntica importancia no es lo mismo que idéntico tiempo. Es la *calidad* de cada área lo que es importante, no necesariamente la cantidad.

- Profesión
- Dinero

- Relaciones sexuales
- Relaciones no sexuales
- Familia
- Salud física
- Salud emocional
- Realización intelectual
- Desarrollo personal
- Espiritualidad

Este modelo concreto afirma que cada parcela es equivalente en importancia a las demás áreas y que no existe un orden particular. Igual que los caballeros de la tabla redonda del rey Arturo, cada punto tiene la misma importancia.

Mientras consideras cada aspecto, podrías plantearte algunas preguntas con toda honestidad. En primer lugar, ¿hasta qué punto estás equilibrado en estos momentos? ¿Cómo compararías la calidad de cada una de estas áreas respecto a las otras? ¿Tienes un gran sentido de la espiritualidad pero careces de éxito profesional? ¿Tienes una relación sexual satisfactoria pero no consigues relaciones no sexuales igual de intensas? ¿Disfrutas de una salud física excelente pero sufres episodios de depresión prolongados? Este es el tipo de preguntas que deberías hacerte. ¿En qué áreas quieres hacer los cambios? Para cada área, ¿estás siendo la persona que quieres ser?

Y en segundo lugar, ¿hacia dónde diriges actualmente tus acciones y atenciones? ¿Te dedicas de lleno a mejorar tus puntos fuertes y descuidas tus carencias? ¿Te centras más en tus esfuerzos relativos a una buena salud pero no consigues mantener relaciones gratificantes? ¿Dedicas la mayor parte del tiempo a mejorar tu vida profesional pero pasas por alto cuestiones evidentes de tu relación sexual o familiar?

Aunque este libro no puede responder a estas preguntas en tu lugar, te ayudará a explorar muchas de ellas por ti mismo y te animará a dar con tus propias respuestas. Las técnicas y estrategias de este libro no están orientadas hacia un aspecto específico de la vida; descubrirás que pueden aplicarse por igual a todos los aspectos de la vida.

"Pensaba que todo el mundo sabía que teníamos una reunión. Mejor convocamos al resto de caballeros antes de que llegue el rey Arturo."

Te animo a que dediques algo de tiempo a hacerte las preguntas que acabo de enumerar. Plantéate de manera objetiva hacia qué aspecto y cuándo podrías dirigir alguna ayuda; luego emplea el libro para reforzar esa parte de tu desarrollo. Los resultados mejorarán de manera espectacular cuando tengas ideas específicas en mente sobre en qué y cuándo usar esta información.

Puedes aprender de cualquier cosa, incluso de una indicación en la carretera

En una ocasión me contaron una historia sobre el aprendizaje. Un hombre que era muy buen esquiador decidió ir a las pistas de esquí de Sugarbush, en Vermont. Era la primera vez que iba y a algunas personas que conoció, le recomendaron que tomara una clase de esquí con una instructora. Puesto que era un buen esquiador, no se sentía predispuesto a pagar una cantidad considerable de dinero por una clase de esquí, pero sus amigos insistieron en que sacaría provecho de ella. De mala gana, decidió hacer la prueba. Fue a la oficina, pagó el dinero y a continuación se dirigió al lugar de la montaña donde la instructora impartía las clases.

Aquella mujer había sido una esquiadora sensacional, pero a sus casi cincuenta años ya no estaba en una forma tan excelente. Había perdido cualidades, y eso se notaba cuando esquiaba. Esto le resultó evidente de inmediato a su nuevo alumno.

Llegó el momento de empezar la clase y el hombre exhibió su descontento de una manera que no pasó desapercibida para la instructora, quien le preguntó cuál era el problema. Él respondió:

—Mire, la he visto esquiar hace un momento y puedo decirle que soy mucho mejor esquiador que usted. No quiero criticarla, pero sencillamente me parece que no tiene nada que enseñarme.

Sin perturbarse, la instructora contestó:

—Bien, tal vez tenga razón. ¿Es la primera vez que esquía en Sugarbush?

Él contestó que así era y ella continuó:

—¿Ha visto el indicador que se halla al pie de la colina, justo antes del desvío para subir aquí?

Él contestó que sí lo había visto, ya que gracias a él había encontrado la zona de esquí. Entonces ella le respondió:

—Bien, ese indicador ha mostrado a una cantidad tremenda de gente cómo llegar hasta aquí. Sin él, muchas personas se habrían saltado el desvío y se habrían perdido.

Él asintió, aunque se sentía confuso y se preguntaba qué tendría que ver todo aquello con esquiar. Entonces ella dijo:

—Pues, ¿sabe?, ese indicador nunca ha venido a Sugarbush.

La lección que vino a continuación fue la mejor que jamás había recibido.[4] Puedes aprender de cualquier cosa, incluso de un indicador en la carretera.

Comprende que nunca llegarás a comprender

¿Cuántas veces has oído la expresión «Sé exactamente cómo te sientes»? O ¿«entiendo por lo que estás pasando»? ¿Y qué me dices de «Lo sé, he pasado por eso»?

Aunque estas expresiones generalmente demuestran sentimientos de empatía y apoyo, sabemos intuitivamente que también distan mucho de ser ciertas. En el modelo de comunicación PNL empezamos a ver exactamente cómo y por qué es tan difícil comprender realmente la experiencia del mundo de otro ser humano.

Los humanos experimentamos el mundo a través de los sentidos (es decir, a través de la vista, el oído, el tacto, el olfato y el gusto, sin excluir la posibilidad de la percepción extrasensorial). Sin embargo, los estímulos que llegan a nuestros sentidos y la información que recibimos en nuestra conciencia están transformados. No sólo el volumen de datos es demasiado grande para poder manejarlo, sino que además pasa por el filtro de las experiencias del pasado.

La información de entrada está distorsionada y sesgada como resultado de la historia de nuestra vida. Nuestras actitudes, creencias, decisiones, respuestas emocionales y valores influyen a la hora de ayudarnos a determinar con exactitud qué información entra y qué información no entra. Ayudan a determinar qué fragmentos de datos se cambian y de qué manera se hace. Este proceso de alteración de los datos de entrada explica cómo diez personas ven el mismo incidente y, sin embargo, relatan con diez versiones diferentes lo que ha sucedido. La PNL clasifica el proceso de filtración en categorías de supresión, distorsión y generalización.

Después de filtrar y distorsionar los fragmentos de datos sensoriales, *representamos,* o para ser más correctos, «re-presentamos», las experiencias para nosotros mismos, creamos imágenes internas («puedo ver su rostro con la misma claridad que si estuviera aquí mismo»), sonidos («no puedo sacarme esa canción de la cabeza»), voces («no dejo de repetirme que las cosas van a mejorar»), sensaciones («me siento como si fuera a reventar») e incluso olores y sabores. De la misma manera que en la mayoría de nuestras experiencias vitales están involucrados distintos sentidos de un modo simultáneo, en nuestras representaciones también se involucran múltiples sentidos simultáneamente.

Interpretamos el flujo de datos filtrados y le asignamos significado. Determinamos qué cosas nos gustan, cuáles son normales, qué cosas son importantes y así sucesivamente. Luego cada representación interna se codifica especialmente de maneras que tienen significado para nosotros como individuos. Por ejemplo, algunas personas emplean imágenes de mayor tamaño con colores más intensos para codificar los sucesos más excitantes; de aquí provienen expresiones como «fuera de lo común», «idea brillante» o «afirmación rotunda». No está claro cómo o cuánto, pero el tiempo y las experiencias vitales posteriores pueden hacer que estas codificaciones internas cambien también. Así es como estas mismas diez personas tendrán diez nuevos recuerdos de una experiencia en el futuro.

Cuando decidimos contar a alguien nuestra experiencia, primero tenemos que traducir la experiencia de nuestras «re-presentaciones» internas (imágenes, sonidos, sensaciones, olores, sabores) a lo que llamamos lenguaje. Si una imagen vale mil palabras, ¿cuántas palabras deben valer nuestras sensaciones, olores y sabores? Se han escrito volúmenes enteros dedicados exclusivamente al sentimiento del amor. ¿Cuántas palabras harían falta para describir la diferencia de olor entre la menta y el orégano?

Para añadir incluso una mayor variabilidad al proceso, recuerda que tus codificaciones particulares significan algo para ti (como una imagen fuera de lo común), pero tal vez no tengan el mismo significado para otra persona. Para ti, una idea brillante, rotunda, puede ser excitante, pero tal vez para otra persona sea algo abrumador e intimidatorio.

Pese a la tremenda cantidad de información que podríamos compartir sobre cualquier experiencia, conseguimos condensar nuestras descripciones verbales en unas pocas palabras o frases. (Recuerda que seguimos hablando sólo de una experiencia y que la vida es un flujo continuo de experiencias que tienen lugar una detrás de otra.)

Cuando finalmente pronunciamos las palabras, hemos conseguido de algún modo tomar cantidades de datos filtrados, de los cuales muchos tienen un significado particular sólo para nosotros, y destilarlos en un grupo relativamente pequeño de palabras. Y a menudo pensamos que estas pocas palabras pueden transmitir con precisión a otra persona la totalidad de lo que vemos, oímos, olemos y saboreamos, por no mencionar nuestros sentimientos virtualmente indescifrables sobre la cuestión.

El proceso que acabo de pormenorizar es una descripción condensada de un modelo PNL de comunicación que simplemente tiene el propósito de hacerte pensar sobre las complejidades implicadas en la comunicación. No te ocupes de «entender» los detalles de este modelo en este momento. Siéntete libre para mantener en mente estas ideas mientras consideras lo siguiente:

Vas a un restaurante y tu amigo encarga una crema de marisco y una ensalada con un aderezo especial de la casa. Este amigo es un experto cocinero y sabes que cuando saborea una comida lo hace buscando diferencias muy sutiles. Puede decirte con una aproximación muy acertada qué especias se han empleado, cómo se preparó la comida, qué ingredientes se han usado y lo frescos que estaban. Prueba la sopa y responde con un, «Mmm, una buena sopa». Prueba su ensalada y responde con, «Mmm, un buen aderezo de ensalada». Con la enorme cantidad de datos distintivos y apreciaciones a disposición de este hombre, ha condensado su experiencia en una única palabra, «buena». ¿Crees que alguna vez llegarías a entender de verdad qué ha experimentado con la comida? ¡En absoluto!

Pero, espera. Aún tenemos que considerar a la persona que está escuchando. Si escuchas de verdad, lo cual es más raro de lo que podrías imaginar, oirás las pocas palabras que tu amigo ha pronunciado y empezarás a crear un significado. Igual que con cualquier experiencia sensorial, absorbes datos con muchos sentidos, tal vez tomas notas de las expresiones faciales empleadas por tu amigo, del tono de voz, de los sentimientos que experimentas al oír las palabras, incluso de lo que te ibas diciendo a ti mismo mientras él pronunciaba esas palabras. Para reducir esta cantidad de datos, distorsionas esta experiencia a través de filtros de valores, creencias y experiencias. Echas mano de tu historia, de lo que es «bueno», y distorsionas su significado para darle sentido a la luz de *tu* experiencia pasada. «Re-presentas» tus resultados con tus propias representaciones internas y los codificas de tal manera que tienen un significado especial sólo para ti.

Después de todo esto, ¿qué probabilidades crees que hay de que tú y él tengáis las mismas experiencias internas? ¿Qué probabilidades hay de que los dos tengáis las mismas imágenes, sonidos, sabores, sentimientos, palabras y olores internos, y que asociéis los mismos significados internos a cada aspecto de ellos? ¿Crees que sabrás exactamente a qué sabe la sopa en el momento que te la llevas a la boca? Por cierto, ¿he mencionado que llevaba anchoas?

Esta es sólo una manera un poco estrambótica de decir que las personas somos infinitamente diferentes y que las diferencias son tan enormes que ni siquiera podemos entender una pequeña fracción de esas diferencias.

Cuando se estudian los procesos implicados en la comunicación resulta sorprendente que podamos entender, aunque sólo sea aproximadamente, lo que cualquier persona dice. A la luz de esto, tal vez ahora tengas una comprensión más clara de la asombrosa tarea que resulta entender realmente a otro ser humano.

No obstante, esta actitud mental no te pide que no intentes entender a otras personas. Por el contrario, conectar con otras personas de la manera que llamamos «entendernos unos a otros» es un proceso muy importante de la interacción humana, y deberías seguir haciéndolo. De hecho, al entender que nunca vas a entender, te acercas mucho más al objetivo.

Cuando los astrónomos contemplan el cielo desde la Tierra, entienden que la atmósfera de la Tierra refracta la luz. Comprenden que lo que están viendo no es realmente lo que están viendo y entienden como mínimo algunas de las formas en que está distorsionada. Esta comprensión les permite usar la información que consiguen de maneras más útiles para obtener resultados más precisos. De la misma manera, la mentalidad de «entender que nunca vas a entender» puede permitirte usar la información que consigues de formas más útiles, para ofrecerte resultados más precisos. Esta es una actitud mental especialmente importante que habrá que tener en cuenta cuando analicemos el tema de la atención.

La gente es primero emocional, racional en segundo lugar

Si alguna vez has contemplado alguno de los programas originales de *Star Trek*, probablemente recordarás el personaje de Spock. La raza de Spock no experimentaba emociones y se enorgullecía de ser muy lógica. En la serie, Spock a menudo llamaba la atención sobre las acciones ilógicas y emocionales de los demás y hacía alusión a sus procesos inferiores. Pese a sus críticas, sucedía a menudo que estas conductas ilógicas y emocionales acababan salvando el día.

Spock era medio humano y tenía tendencia a accesos de emoción. Sin embargo, prefería descartar y negar estas emociones y se definía a sí mismo como una persona plenamente lógica, sin emociones. Este conflicto personal era el tema de muchos episodios. En contadas ocasiones, y para deleite de sus compañeros humanos, Spock a veces actuaba con emoción evidente. Los humanos se aprovechaban de estas ocasiones para acusar a Spock de comportarse emocionalmente, un cambio que él negaba con vehemencia.

A menudo parece que nos sentimos atraídos por la televisión porque es un reflejo de la vida real. Spock personifica nuestro conflicto en la vida real entre la lógica y la emoción.

Solemos pensar que la emoción no es lógica, ni la lógica es emocional; y elegimos la lógica para tomar decisiones. Sin embargo, como en el caso de Spock, a menudo emprendemos acciones basadas en las emociones, para negar vehementemente a continuación que nuestras emociones desempeñen un papel en las decisiones. Y como queda ilustrado en estos muchos episodios de *Star Trek*, las decisiones basadas en emociones a menudo son las mejores decisiones disponibles.

La actitud mental que expresa la frase «la gente es primero emocional» define a la gente como seres emocionales antes que nada y como seres racionales en segundo lugar. Estoy plenamente convencido de que las emociones desempeñan un papel mucho más activo en las interacciones humanas de lo que la mayoría de las personas creen.

La próxima vez que alguien haga algo verdaderamente tonto,

pregunta «¿por qué?». Cuando esa persona se esfuerce por responder, intenta detectar una demora significativa. Probablemente acabará pensando en una razón al cabo de un momento, luego jurará que ése es el *motivo* por el que ha hecho esa tontería. No obstante, si de verdad fuera ese el motivo, ¿por qué le cuesta tanto definir algo que es real? Muchas veces, nuestras decisiones tienen una base emocional, aunque luego fabricamos los «motivos» para «explicar» nuestra conducta. Por desgracia, a veces permitimos que estos motivos incompletos nos limiten de manera innecesaria.

Considera un ejemplo que pueda tocar un punto vulnerable.

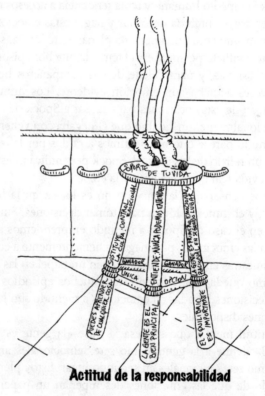

Actitud de la responsabilidad

Para alcanzar objetivos más elevados es
útil tener algo sólido sobre lo que subirse.

¿Coincides en que la gente es primero emocional y luego racional? Probablemente tengas ya una respuesta en el instante de leer esta afirmación por primera vez. No obstante, ¿sabes «por qué» estás de acuerdo o en desacuerdo? Probablemente necesitarás un poco más de tiempo para responder. Permíteme a continuación hacerte una pregunta más. ¿Cómo has tomado esa decisión lógica, racional, objetiva antes incluso de leer el resto de lo que tengo que decir sobre el tema? ¡Tal vez tenga la respuesta a los misterios de la vida en la página siguiente, esperando simplemente a que una mente abierta, objetiva, racional venga a descubrirlo conmigo!

La gente es emocional primero y, en segundo lugar, racional. Y en caso de que te extrañes, toda esta explicación ha sido una explicación racional de algo que a mí me resulta emocional, intuitiva y subjetivamente obvio.

4

Aprender, desaprender y volver a aprender

Hasta ahora hemos hablado de algunos tipos de mentalidad que, al incorporarlos a tu vida, pueden incrementar tu nivel de capacitación. No obstante, estar capacitado no significa necesariamente tener que emplear esa capacidad. Una piedra en lo alto de una montaña tiene una enorme energía potencial. Si cae, puede rodar montaña abajo y transformar su potencial en una energía de acción.

En este capítulo vamos a estudiar algunas de las cosas necesarias para convertir tu energía potencial en energía de acción; y vamos a determinar qué hacer para que te liberes de las ataduras que te impiden avanzar.

Conducta inconsciente

Una parte significativa de la PNL tiene que ver con la hipnosis y la mente inconsciente. Por desgracia para el campo genuino de la hipnosis, los espectáculos de hipnosis que se representan en todo el mundo han desconcertado y asustado a la gente con presentaciones poco ortodoxas de la hipnosis. Al contemplarlos, mucha gente se convence de que los hipnotizadores pueden obligarte a hacer cosas que no quieres hacer o pueden tomar el control de tu mente. Si les das crédito, llegarás a creer que tu mente inconsciente es un completo extraño para ti en vez del buen amigo que es.

Antes de que nos pongamos a hablar sobre la mente inconsciente, por favor disipa cualquiera de estas imágenes negativas de la hipnosis. Son bazofia. Los espectáculos de hipnosis no son más que eso, una representación, y los participantes toman parte en ellos de forma voluntaria.

La PNL emplea un modelo de la mente, igual que la hipnosis y otros métodos psicológicos, que afirma que tu «mente» se puede clasificar al menos en dos partes: la mente consciente y la mente inconsciente. No son distinciones biológicas, sino más bien funcionales. Las actividades de la mente consciente incluyen aquellas cosas a las que concedes tu atención y están limitadas a un número relativamente reducido de elementos simultáneos. Las actividades de la mente inconsciente incluyen todas aquellas cosas que haces, pero no de las que no eres consciente.[1]

Por ejemplo, si decides acercarte caminando hasta la piscina, ésta es una decisión consciente. Tu decisión de caminar en vez de correr o gatear también es una decisión consciente. No obstante, el proceso de andar se hace de forma inconsciente. Cientos de músculos trabajan en sincronía unos con otros para que camines físicamente, pero por lo general no prestas atención a cada uno de ellos. Tu mente inconsciente es la que se asegura de que dobles la rodilla en el momento preciso, de que contraigas los músculos de la punta del pie en el momento preciso, de que balancees los brazos en el momento adecuado y que hagas todo lo necesario para caminar. Es probable que ni siquiera seas capaz de identificar de manera consciente todos los músculos implicados, pero, inconscientemente, coordinas todos ellos con gracia y desenvoltura.

De modo similar, muchas de nuestras acciones responden a impulsos inconscientes. Mucha gente ha tenido la experiencia de conducir su coche, perderse en sus pensamientos y descubrir que ha llegado mucho más lejos de donde recordaba haber conducido. Conducir un coche puede ser un proceso inconsciente.

En esencia, en tu cabeza pasan muchas cosas más de las que tú estás pensando. De hecho, algunos investigadores creen que puedes procesar tan sólo entre cinco y nueve cosas simultáneamente con tu mente consciente. Imagina que vas a comprar a la tienda de ultramarinos. ¿Cuántos artículos puedes seleccionar sin necesidad de una lista? A menos que emplees algún tipo de sistema especial, probablemente descubrirás que son menos de diez, después de lo cual empiezas a olvidar cosas. Es una indicación de los límites de la mente consciente.

En cambio, la mente inconsciente es capaz de manejar muchos fragmentos de información de forma simultánea. Si presencias un delito, es probable que posteriormente seas capaz de recordar las características generales, rasgos faciales, registros de voz, ropas que vestía y otros aspectos distintivos del delincuente, aunque no hayas apreciado de manera consciente estas cosas mientras el crimen tenía lugar. Con tiempo, finalmente serás capaz de recordar cientos de fragmentos diferentes de datos, pues quedan almacenados en cierta forma en tu cerebro en el momento en el que asistes al suceso. La información queda codificada y almacenada, todo ello sin que te des cuenta ni des tu aprobación. Incluso informaciones que pueden parecer imposibles de recordar, a menudo se recuperan con ayuda de la hipnosis.

La mente inconsciente almacena cantidades abrumadoras de datos y lleva a cabo tareas en las que en realidad no quieres molestarte en pensar. En este momento preciso, es probable que pienses en unas pocas cosas, aunque los dígitos de tu número de teléfono no se encuentren entre ellas. No obstante, si te pido que me digas tu número de teléfono en voz alta, probablemente lo harás. Accederás a la información y a continuación la incorporarás a tu conciencia el tiempo suficiente para repetirla en voz alta. De forma parecida, cuando te vas a atar los cordones de los zapatos, lo más seguro es que no tengas que pensar exactamente en cómo hacerlo, simplemente sucede. Puedes pensar en otras cosas mientras te atas los cordones ya que la mente inconsciente se ocupa de los detalles de esa tarea por ti. Si decides cruzarte de brazos, tu mente inconsciente revisará los detalles de la tarea por ti.

Sólo para divertirte, crúzate ahora de brazos. Una vez que lo hayas hecho, cruza los brazos al revés, con el otro encima. Incluso la simple tarea de cruzarte de brazos puede requerir una concentración considerable si aún no le has delegado el proceso a tu mente inconsciente.

Tu inconsciente constituye además el campo de acción donde operan tus emociones. Si fueras capaz de controlar conscientemente tus emociones, podrías optar por sentir cualquier emoción en cualquier momento. Si te sintieras triste, tan sólo tendrías que decidir sentirte feliz. Si te sintieras culpable, podrías optar por motivarte para resolver un problema. Si te sintieras enfadado, elegirías sentirte de buen humor. No obstante, poca gente tiene ese tipo de control emocional; e incluso cuando lo consiguen, prefieren no tomar decisiones a cada momento, durante toda su vida, sobre cómo sentirse. Tus emociones vienen determinadas casi siempre por procesos inconscientes. Y aunque se disponga de la facultad de adquirir una libertad emocional, los métodos se basan aún sustancialmente en procesos inconscientes.

Pero ¿qué sentido tiene todo esto? ¿Por qué importa lo que es consciente o inconsciente? ¿Qué significa todo esto para ti?

La respuesta es que tus procesos inconscientes determinan la mayoría de tus acciones. Si tu mente inconsciente no aprueba tus decisiones conscientes, entonces será difícil emprender una acción e incluso será más difícil mantener tu conducta.

Considera la «opción» de perder peso. Sabes qué debes hacer si decides perder peso. Tan sólo es cuestión de comer menos calorías y/o gastar más energía. De momento, no parece demasiado complicado. Sin embargo, a la gente le resulta tremendamente difícil ser fiel a sus decisiones y por ello le cuesta tanto perder peso o mantenerlo. Por eso el control del peso es un proceso inconsciente. Tal vez te hayas dado cuenta de que la gente que sufre cambios cruciales en su vida experimenta a menudo cambios de peso significativos poco después, cambios que tienen lugar sin ningún tipo de esfuerzo consciente. Conocí a una mujer que durante años se esforzó sin éxito por perder un par de kilos y luego, tras divorciarse, perdió diez sin tan siquiera intentarlo, y mantuvo ese peso.

En tu vida puedes optar por hacer ciertas cosas, pero si esas cosas no siguen la línea de tus procesos inconscientes, no las harás. Puedes perseverar en ellas durante un tiempo, pero justo cuando dejas de prestar atención dejas de hacerlas o te bloqueas. Por lo tanto, nunca harás progresos de esta manera tú solo.

El verdadero progreso se consigue cuando alineas tus decisiones conscientes con tus procesos inconscientes. En PNL esto se llama congruencia. Igual que los diez kilos, los objetivos que en otro momento parecían inalcanzables se cumplirán con una facilidad y naturalidad que no comprenderás demasiado. Ciertamente hace que la vida sea en conjunto mucho más fácil.

De modo que, ¿cómo alinear tus acciones con procesos inconscientes? ¿Cómo incorporar nuevas conductas y estar seguro de que formarán parte de tu vida cotidiana? Son buenas preguntas, y volveremos a ellas a medida que avancemos en este libro.

Medidas para integrar nuevas habilidades

Nuestros planteamientos sobre las actividades conscientes e inconscientes nos llevan directamente al proceso de aprendizaje. Este libro te ofrece un conjunto de técnicas, ideas, mentalidades, estrategias, procesos y procedimientos para que tu vida sea mejor. Algunos de estos conceptos serán nuevos para ti. Otros contradirán lo que tú ya sabes. También habrá otros que ya conozcas, pero tal vez necesites profundizar en su conocimiento. Estas posibilidades describen las materias del aprender, desaprender y volver a aprender.

Buena parte de este libro aborda el tema de la persuasión. Mucha gente piensa que la persuasión y la influencia deben ser «naturales» para ser aceptables. Sin embargo, descubrirás que, con objeto de aprender habilidades, si aún no las conoces, te hará falta ser *poco natural* con ellas durante cierto periodo de tiempo. Que los humanos experimenten es parte del proceso normal de aprender.

Descubrirás no sólo que está bien saber qué estás haciendo cuando lo estás haciendo, sino también que es *imperativo* durante cierto periodo de tiempo.

Para entenderlo, consideremos un modelo práctico que se emplea a menudo en PNL. En él, las fases del aprendizaje se definen de la siguiente manera:

Fase 1: Incompetencia inconsciente. No sólo no sabes cómo desempeñar una tarea, sino que ni siquiera sabes que se puede aprender tal habilidad. Por ejemplo, la primera vez que cantaste «Cumpleaños feliz» tal vez no ajustaste mucho el tono de voz a la nota exacta del acompañamiento. Tal vez no disponías de la habilidad para distinguir diferencias sutiles entre sonidos ligeramente sostenidos o bemoles. Aún más, probablemente ni siquiera supieras que esas habilidades formaban parte del proceso de cantar: quizá pensabas que estabas cantando bien, sobre todo si eras joven.

Fase 2: Incompetencia consciente. Empiezas el proceso de aprendizaje y reconoces de inmediato que se trata de una habilidad que aún no dominas. Eres consciente de tu falta de destreza. Cuando te diste cuenta de que tu voz no coincidía con el tono del acompañamiento, tal vez no fuiste capaz de corregir el problema de inmediato. Comprendiste que aún tenías que aprender aquella habilidad.

Fase 3: Competencia consciente. Adquieres destreza en la habilidad, pero debes prestar atención consciente para ponerla en práctica. Después de aprender más sobre canto, tal vez seas capaz de cantar perfectamente sin desafinar, pero sólo si prestas mucha atención a lo que estás haciendo.

Fase 4: Competencia inconsciente. Eres diestro en esta habilidad y la puedes poner en práctica sin siquiera pensar en ello. Oyes una canción por la radio y cantas a la perfección en el tono mientras, simultáneamente, realizas tareas en casa. Tal vez ni siquiera seas consciente de que estás cantando mientras lo haces.

Aprendizaje. El proceso de aprendizaje nos lleva a través de las fases 1, 2, 3 y 4. Este es el proceso para aprender nuevas cosas.

Desaprendizaje. Es el proceso de pasar de la fase 4 a la 2. Cuando la información, las estrategias y las conductas se integran de manera inconsciente, debes regresar a la fase 2 y recuperar la conciencia del proceso antes de iniciar una adaptación.

Nuevo aprendizaje. Es el proceso de pasar por las fases 2, 3 y 4 después de haber aprendido. El proceso desaprender-volver a aprender te aporta nuevas opciones y te permite incorporar cualquiera de las habilidades aprendidas hasta la fecha.

Este modelo viene a dar la razón a quienes opinan que los mejores deportistas a menudo son los peores entrenadores. No saben lo que hacen, simplemente lo hacen (fase 4). En la dinámica humana es probable encontrarse con que los mejores comunicadores y las personas de mayor éxito operan también en la fase 4. Por consiguiente, tampoco saben cómo hacen lo que hacen. Por desgracia, estas personas no sólo no son conscientes de cómo hacen cosas, sino que además crean a menudo ideas bien intencionadas pero incorrectas a la hora de «explicar» cómo hacer las cosas. Esto abre una vía engañosa y difícil de seguir por otros, y de este modo puede parecer imposible aprender estas habilidades.

Quizás estés empezando a darte cuenta de que las habilidades de comunicación y las interpersonales parecen a veces dones, talentos naturales. Es típico que las personas que destacan en estas habilidades no sepan qué pasos específicos dan, ni que tengan en su mente un modelo fijo a seguir. Son inconscientes de los procesos y por lo tanto no tienen un conocimiento consciente de lo que están haciendo. Estas personas suelen compartir complacidos lo que saben, pero por desgracia no saben qué compartir. U obtienes un «no sé qué hago, simplemente lo hago» o un «bien, tienes que entender que la clave está en asegurarte de que...». El primer planteamiento no es de gran ayuda y el segundo, de hecho, te desconcierta bastante.

Por extraño que parezca, probablemente para aprender una habilidad no necesites la persona que mejor la domina, pues esa persona opera en la fase 4, la de competencia inconsciente. Para aprender, lo mejor es contar con una persona que haya analizado los ejemplos más destacados y haya mantenido su conocimiento en la fase 3 de competencia consciente. Algunos de los mejores entrenadores del mundo no pueden hacer las cosas que enseñan a otros. Es parte del mecanismo en el que se basa la actitud mental de «puedes aprender de cualquier cosa, incluso de una indicación en el camino».

Quizás estés empezando a reconocer algo sobre la estructura de este libro. Al principio, empezamos por hacerte examinar a fondo tu vida y porque prestaras atención a algunas de las cosas que no están funcionando a la perfección para ti. Tal vez comiences por la fase 1 de incompetencia inconsciente. Tal vez no te hayas dado cuenta de que había cosas en tu vida que no funcionaban precisamente bien para ti. El punto de partida fue un cuestionario diseñado para ayudarte a identificar algunos aspectos en los que tu nivel de funcionamiento quizá no fuera óptimo. Continuamos con una conversación sobre objetivos, pidiéndote que consideraras no sólo el aspecto predominante en tu vida, sino también los aspectos a los que quizá no dediques tanta atención. Una vez más, el motivo era poner al descubierto las áreas en las que quieras hacer cambios.

A lo largo de este proceso, tal vez te hayas encontrado en las fases 1 y 2 y hayas descubierto parcelas en las que no eras necesariamente lo competente que desearías ser, oscilando entre desconocer incluso lo que no sabías (fase 1, incompetencia inconsciente) y comprender que te gustaría hacer algunos cambios (fase 2, incompetencia consciente). No te habría servido de mucho facilitarte estrategias formidables si no encontrabas una aplicación para ellas, así que tuvimos que empezar por las fases 1 y 2.

Empezamos a construir entonces un marco de creencias y actitudes mentales que establecerían el escenario para lo que está a punto de suceder a continuación. Todo ello era necesario para facilitar que el material fuera receptivo para ti y ofrecerte una serie de filtros que te permitieran recibir la información de la manera que se pretende.

No obstante, aún no hemos abordado la cuestión de desaprender y volver a aprender. El material que empezaremos a estudiar en el siguiente capítulo está relacionado con escuchar, persuadir y responder. Seguramente ya tienes algunas ideas sobre cómo funcionan estos procesos, algunos de los cuales coincidirán con esas ideas, aunque otros no. De modo que antes de entrar en el proceso de volver a aprender será mejor hacer primero un poco de desaprendizaje.

El desaprendizaje siempre es un proceso interesante, de modo que prepárate para despojarte de algunas de tus nociones previas y para descubrir sus puntos débiles.

Desaprender antiguos paradigmas de éxito

Vamos a empezar nuestro proceso de desaprendizaje con algunos antiguos paradigmas de éxito que te inspiren algún interés personal. Pero piensa que este proceso no está concebido para que te reafirmes en estas ideas, sino para poner al descubierto sus deficiencias. Son paradigmas imperfectos que provocan dificultades a mucha gente.

Recuerda que se requiere un desaprendizaje para que el aprendizaje se realice de forma correcta. Mientras desaprendemos estas cosas, te ayudará mantenerte abierto a algunos puntos de vista nuevos. Descubrirás que abren una cantidad enorme de posibilidades para ti y que incluso te permitirán explicar algunas de las dificultades que tú u otros habéis encontrado en el pasado. Es importante que desaprendas paradigmas poco eficaces para que puedas estar plenamente preparado para volver a aprender opciones mejores.

Estos primeros ejemplos tienen que ver sobre todo con el entorno profesional, que es el contexto que yo uso para muchos de los ejemplos de este libro. Lo hago así porque el entorno de trabajo a menudo es el lugar donde dispondrás de más oportunidades para desarrollar nuevas habilidades interpersonales.

El ámbito empresarial tiene poco que ver con los demás ámbitos de tu vida. Se te pide que trabajes con personas con las que normalmente no tendrías relación; te están pidiendo que actúes en sinergia con estas personas para lograr resultados específicos y te instan a superar problemas sin abandonar ni dimitir. Esto sencillamente no sucede en otros aspectos de la vida.

Cuando te haces socio de un club para jugar a golf, a veces encuentras con gente con la que normalmente no mantendrías relación, pero al menos eres libre de evitarlos. No se te pide que actúes en sinergia con estas personas y tampoco que alcances resultados específicos con ellas. Ni siquiera que te lleves bien con ellas. Si llegaras a pensar que el club te está provocando más problemas de los que quieres hacer frente, probablemente te darías de baja y te apuntarías a otro. No pasaría nada.

El entorno laboral es diferente y tiende a suscitar los problemas interpersonales más frecuentes y variados. Cuando domines este entorno descubrirás que en comparación otros muchos entornos cotidianos son sencillos. Aunque estos ejemplos tienen su origen en el trabajo, descubrirás que son plenamente aplicables también a otras áreas.

Los siguientes paradigmas están tan arraigados en algunos casos que servirán para poner en evidencia una parte significativa de los malentendidos inconscientes en torno a la eficacia. Nuestra intención aquí es desaprender estos paradigmas para entrever lo que podríamos haber hecho y comprender los defectos inherentes. Es una parte crítica del proceso de adquisición de nuevas habilidades. Para cada paradigma, destacaré algunos de los errores primordiales propios de ese paradigma:

Paradigma falso nº1. *Trabajar duro siempre compensa.* A veces el trabajo duro es una parte del éxito y, de hecho, encontrarás gente de éxito que trabaja muy duro. No obstante, ese trabajo duro se traduce en muchos casos en trabajo excesivo y aún con más frecuencia genera, como resultado de un desequilibrio, la ausencia de éxito en otras áreas de la vida. En otros casos, el trabajo excesivo no contribuye en absoluto al éxito. De hecho, puede ser un fuerte indicador de ausencia de éxito.

Para una persona normal, trabajar duro por lo general es indicativo de una fuerte motivación o de una incapacidad para influir. Generalmente es esto último. A menudo la gente que trabaja en exceso no es eficaz en grupo y se ve forzada a sucumbir a las presiones externas que parecen «escapar a su control». Esta falta de control (no asumir la responsabilidad) crea un sentimiento de impotencia que se traduce en ineficacia. Después de una largo periodo de tiempo, se suele reaccionar ferozmente con resentimiento y rabia o resignarse a «ceder», lo cual asesta un golpe fatal a la autoestima. En muchos casos, la persona puede dejarse llevar por un pensamiento ganador-perdedor como último resorte y recurrir a la malicia o al desquite contra los demás.

Aunque trabajes en exceso sin malicia («dedicando tu propio tiempo» o «cediendo tus derechos») estás aceptando un acuerdo que no es ganador-ganador y, obviamente, tú no te beneficias de ello.

En este caso brilla por su ausencia la capacidad para influir en los demás y para reencauzar las presiones que se dirigen hacia ti. (Tal vez quieras leer de nuevo la frase anterior: ¡dice mucho!) Los problemas se agravan al no lograr asumir la responsabilidad de la situación y al pensar erróneamente que la empresa «te la está jugando». Aún más importante, la aceptación de circunstancias inadecuadas significa que no eres capaz de insistir en soluciones ganador-ganador.

Al adoptar las habilidades que se presentan en este libro, aprenderás a trabajar de forma eficaz, pero no en exceso.

Paradigma falso nº 2. *Reacciona ante los comentarios y mejorarás.* En ocasiones, el *feedback*, los comentarios de respuesta, proporcionan información valiosa que, si se acepta, influirá positivamente en tu nivel de éxito. Sin embargo, incluso en esos casos, esas «joyas» suelen ser comentarios del tipo «necesitas aprender a organizar tu tiempo». Esto en realidad no es ninguna joya, sino más bien una directriz nada específica que no te aportará las estrategias necesarias para tener éxito en la tarea. Así, aunque la gente dispone de los mismos comentarios año tras año, a menudo no mejora.

En una ocasión mantuve una conversación con un compañero de trabajo que estaba a punto de entregar un informe de rendimiento a una mujer que había estado durante veinticinco años en la empresa. Mi compañero de trabajo acababa de empezar en su puesto y, por lo tanto, era la primera vez que daba un informe a esta mujer. Al comentar el contenido del informe, mi compañero dijo: «Pues, sí, redacté el informe, y luego miré el expediente de esta mujer y vi que prácticamente merecía el mismo informe año tras año, a menudo de directivos diferentes».

Este es el problema que encontramos cuando no se facilitan estrategias específicas a la gente para reemplazar a las antiguas: no se facilitan las herramientas para saber *cómo* mejorar. Les dicen qué hacer pero no cómo hacerlo.

En muchos casos, sin embargo, las reacciones no incluyen «joyas» y se basan más en opiniones que en hechos. Seguir este paradigma concede más importancia a las opiniones de otros que a las tuyas propias; por consiguiente, te colocan necesariamente en una posición de ineficacia. Cuando diriges tus esfuerzos a responder a los comentarios, no estás influyendo en los demás para que comprendan tus puntos de vista. Respondes, pero no diriges ni influyes. Siempre hará falta responder a los comentarios de los demás, pero, en la mayoría de situaciones, cuando respondes a la reacción directa probablemente es demasiado tarde.

Otra respuesta negativa sería sentirse culpable porque no se es «perfecto».

La habilidad que aquí no aparece es la capacidad para influir en las opiniones de los demás en un proceso ganador-ganador. A menudo esto se ve agravado por justificaciones innecesarias de que la persona que ofrece el informe o bien «se equivoca» o «no sabe de verdad qué está pasando», opciones ambas que no encajan en la actitud mental de la responsabilidad y que disminuyen tu capacidad de respuesta.

Paradigma falso nº 3. *Haz un buen trabajo y cosas como la «política» y las «luchas de poder» no tendrán importancia.* Muchísima gente desearía que esto fuera cierto; desearía «hacer sólo su trabajo» y dejar la política para los demás. Por desgracia para estas personas, no consiguen comprender que trabajar con una «organización» (un grupo organizado de gente) tiene que ver con trabajar con gente, no simplemente con realizar tareas.

En algunos casos singulares, a individuos con capacidades de trabajo excepcionales se les concede mucho espacio para operar; no obstante, seguirán sin tener éxito y sin sobresalir en el ámbito empresarial si no cuentan con aptitudes interpersonales sólidas. En la mayoría de los casos, quedarán aislados e improductivos y se recurrirá a ellos sólo por sus capacidades singulares. Decididamente no tendrán influencia sobre su entorno laboral.

Cosas como la política y las luchas de poder siempre tienen importancia. Si te alejas de ellas y te refugias en tu parcela de «hacer un buen trabajo», no conseguirás demostrar tu capacidad de organización, de dirección, liderazgo e influencia sobre los demás. Seguir este paradigma indica un fracaso a la hora de aceptar la mentalidad de sinergia, lo cual reduce tanto tu eficacia personal como la de la organización como conjunto. La política y la lucha de poder son una parte considerable del proceso de efectividad.

Paradigma falso nº 4. *Deja que tu trabajo hable por sí mismo.* Una vez más, habrá ocasiones en las que tu trabajo sea tan excepcional que hable por sí mismo. Pero no sucederá muy a menudo y, desde luego, no te ayudará a disponer de un entorno global efectivo, equilibrado.

Este concepto sigue el proverbio «construye una ratonera mejor y el mundo abrirá un sendero hasta tu puerta». Por desgracia, si el mundo no sabe que has construido la ratonera o no entiende cómo o por qué es mejor, o si no cree que de verdad sea mejor, el camino hasta tu puerta quedará cubierto de malas hierbas.

Permitir que tu trabajo hable por sí mismo significa que te has resignado al fracaso en cualquier intento de persuadir a los demás. No lo conseguirás dejando que el trabajo hable por sí mismo; esta trampa anima a mucha gente a trabajar más y más duro, sólo para descubrir que tras muchos años de experiencia no reciben el aprecio y respeto que merecen. Una vez más, se trata de un paradigma que suscita resentimiento y rabia, sensación de inutilidad y fracaso. Obviamente, no es un argumento ganador-ganador.

En este caso, brilla por su ausencia la habilidad para dirigir la atención de los demás y animarles a aceptar tus puntos de vista. Indica resignación a la incapacidad para persuadir a otros; por lo tanto, indica un fracaso a la hora de asumir la actitud mental de la responsabilidad. Seguir este paradigma a menudo crea resultados no deseados, y el fracaso a la hora de enfrentarse a ellos también pone de manifiesto un fracaso para crear situaciones ganador-ganador.

Paradigma falso nº 5. *Sé eficiente en el trabajo y procura no perder el tiempo hablando en exceso con otros.* Desde fuera, esto parece un consejo sensato. Todos vemos ejemplos de gente que malgasta el tiempo simplemente charlando y relacionándose con los demás. Sin embargo, que haya gente que pierda el tiempo de esta manera no quiere decir que hablar sea una pérdida de tiempo. De hecho, hablar con otros es un aspecto necesario del trabajo con los demás.

La habilidad primordial que no aparece aquí es la capacidad para emplear con eficacia las interacciones con los demás y sacar partido de ellas. Las comunicaciones personales que tienes con los demás casi siempre tendrán el impacto más directo sobre tu eficacia global en el seno de una organización (suponiendo que tengas un nivel técnico razonable). Cuando la gente es demasiado estricta a la hora de seguir esta regla, a veces no consigue generar un equilibrio en su vida y fracasa a la hora de desarrollar cualquier nivel de relaciones personales con quienes trabajan.

Las organizaciones son grupos de gente. Diez personas trabajando juntas pueden hacer mucho más por la misma causa que cien personas trabajando por causas opuestas y diferentes. La gente se consolida en una relación de sinergia gracias a la comunicación y al desarrollo de relaciones de unos con otros.

Las comunicaciones con los demás pueden ser aleatorias y desorganizadas, pero las habilidades que se exponen en este libro te ayudarán a dar orden y propósito a tus comunicaciones. No siempre tendrás un propósito claro, pero estas habilidades te permitirán escoger y elegir los mejores momentos para ser eficaz a la hora de lograr un objetivo y para disfrutar simplemente de un momento grato con otras personas con quienes te relacionas de forma regular. Ambas cosas son importantes.

Paradigma falso nº 6. Emplea la lógica y los hechos para ser persuasivo. A todos nos gusta creer que los seres humanos somos lógicos, pero recuerda nuestra anterior discusión sobre la actitud mental de «la gente es primero emocional, racional en segundo lugar». Hay ocasiones en las que la gente toma decisiones basándose únicamente en la lógica y los hechos, pero te sorprendería saber lo raro que es que suceda así.

Recuerda que la información transmitida a otros pasa por los filtros de las creencias, los valores, las actitudes mentales y las ideas preconcebidas. Que tú presentes una información lógica no significa que la persona que te escucha reciba una información lógica. El nivel de distorsión, supresión y generalización es notable. Este paradigma también implica la suposición errónea de que la lógica es algo que todo el mundo entiende (si ese fuera el caso, entonces las clases de debate no existirían). No obstante, pese a lo bien que se comprende la lógica, las personas a las que se les da bien tomar decisiones siempre ponen a prueba sus intuiciones. La lógica y los hechos son buenas referencias, pero las decisiones que se toman están muy influidas por las emociones.

Si confías en la lógica y los hechos para persuadir a los demás, estás rechazando lo que puede ser la herramienta más efectiva que tienes, la de la persuasión emocional. Si dedicas suficiente tiempo a perder debates cuando la lógica está de tu lado, es probable que acabes muy frustrado y crítico con el grupo y la gente que lo integra, y eso sencillamente agrava la ineficacia.

La actitud mental de «la gente es primero emocional, racional en segundo lugar» no se está utilizando aquí. Tampoco la mentalidad de «comprende que nunca vas a comprender». Cuando sobreviene la frustración y la crítica del grupo, esta dificultad suscita el fracaso a la hora de usar la actitud mental de la responsabilidad y de asumir la responsabilidad de los resultados no deseados.

Estas perspectivas tal vez sean nuevas para ti. Tanto si estos falsos paradigmas se aplican en un contexto empresarial —como en los casos anteriores— como en uno familiar o de amistad, siguen siendo problemáticos. Las relaciones que se basan en el «trabajo duro» no por fuerza prosperan. Cuando intentas solucionar los problemas de una relación basándote en la reacción de tu pareja, no consigues necesariamente que las cosas se resuelvan. En familia o con tus amistades, tal vez tengas la impresión de estar haciendo un «buen trabajo», pero eso no tiene por qué crear relaciones geniales. Ese buen trabajo no va a «hablar necesariamente por sí mismo», ni tus intentos de ser lógico te ayudarán mucho más a que funcionen las cosas.

Cada «norma» aceptada comúnmente falla a la hora de reconocer la importancia de *influir* y, en consecuencia, fallará a la hora de aplicar las actitudes mentales vitales de la responsabilidad, los planteamientos ganador-ganador y la sinergia. Si aceptas tu papel en el proceso de influir y persuadir y aplicas cada una de estas ac-

titudes mentales en tu futuro, te no sólo será más fácil encontrar
sentido a los desafíos a los que te enfrentas, sino que también te fa-
cultartá para responder a ellos de forma productiva, saludable y
sustentadora.

La manipulación sencillamente no funciona

Acabamos de considerar varios paradigmas falsos con la intención de
desaprenderlos. Se trataba de paradigmas que tal vez hayan dirigido
tus acciones, si bien no de forma muy efectiva. Ahora es el momento de desaprender algunos falsos paradigmas que podrían estar impidiendo tu éxito de una manera innecesaria. Es hora de abordar los
problemas y las percepciones incorrectas asociados a la manipulación.

Cada vez que aparece un conjunto efectivo de información
que puede llegar a la gente a niveles profundos, sobre todo cuando
tiene que ver con la persuasión y la influencia, surge inevitable-
mente la cuestión del posible empleo erróneo del mismo. La PNL
es uno de esos cuerpos efectivos de conocimiento, algo que se hace
asombrosamente obvio en un plazo muy corto de tiempo.

Como cualquier otra cosa, a la PNL se le podría dar un mal
uso. Sin embargo, ya que la PNL está asociada a procesos de interacción y tiene que ver con las personas, no es tan sencillo emplearla mal como se podría creer en un primer momento. Y la minoría relativa de gente que la intenta usar a su antojo descubre
pronto que la manipulación negativa sencillamente no funciona.

Aunque la definición que dan los diccionarios de «manipulación» es relativamente neutral, en términos coloquiales esta palabra
tiene connotaciones negativas claras. En este libro, cuando me refiero a la manipulación me estoy refiriendo al empleo erróneo negativo
del proceso: el planteamiento falaz, egoísta, ganador-perdedor para
engañar a los demás sin otro beneficio que su propio provecho.[2]

No obstante, no todo lo que asociamos a la idea de manipulación tiene por qué serlo. De hecho, muchas personas perciben de
forma errónea lo que constituye la manipulación, y estos malentendidos obstaculizan su capacidad para obtener resultados en la

vida. Esto es innecesario y ruinoso.

Hay gente que interpreta el proceso útil de saber qué estás haciendo como manipulación negativa. No obstante, estas dos cosas son muy diferentes. Como acabamos de descubrir, el proceso de destacar en alguna habilidad, sea la de la comunicación o la de aprender a cantar, implica estrategias que incluyen saber qué estás haciendo. La competencia consciente (3 del proceso de aprendizaje) es una parte necesaria para ser competente en cualquier cosa.

Cuando la gente intenta evitar la «competencia consciente» en sus habilidades de comunicación por miedo a ser manipulador, obstaculiza de forma innecesaria cualquier progreso. Se limita a hacer lo que ya hace (competencia inconsciente, fase 4) y a seguir siendo incompetente con los demás (incompetencia inconsciente y consciente, fases 1 y 2). Se permiten la libertad de desaprender (fases 4 a 2), pero se impiden a sí mismos sacar provecho del volver a aprender (fases 2 a 3 y 3 a 4).

Para mejorar, una parte integral del proceso consiste en poner en práctica las habilidades con voluntad y siendo consciente de lo que se está haciendo cuando se está haciendo. No es una manipulación negativa, más bien es un componente importante para alcanzar la excelencia.

Otra noción errónea de la manipulación negativa es que funciona. Pero *no* funciona. De hecho, en el plan general de las cosas, la manipulación negativa es una de las maneras más seguras de provocar el fracaso. Es la única manera segura que conozco de conseguir que cada proceso de este libro fracase, sin lugar a dudas. Destruye de tal manera el espíritu vital de cada parte del proceso de comunicación e hiere tan en profundidad que la recuperación se vuelve virtualmente imposible.

Hay casos en los que la gente que está manipulando de esta manera consigue provecho a corto plazo. Engañan un poco por aquí, mienten un poco por allá y antes de darse cuenta están atascados en algo que simplemente no está bien. ¿Recuerdas cuando los vendedores de coches usados eran considerados casi en todas partes charlatanes que colocaban «cacharros» a clientes incautos? Hace años, el público era relativamente poco consciente de este tipo de tácticas y caía presa de ellas con relativa frecuencia. Pero la gente no tardó en percatarse de que les estaban tomando el pelo. Se dio cuenta de que no se quedaban satisfechos con este tipo de tratos y que no querían hacer las cosas de ese modo. Y a aquellos que eran poco escrupulosos las cosas empezaron a ponérseles más difíciles. A la larga, la gente manipuladora paga por sus actos y sólo muy pocos continúan haciendo negocios de ese modo. En el negocio de los coches usados, se puede decir que las empresas basadas en la integridad han desplazado a los tipejos apestados de reputación dudosa.

Hoy en día somos más prudentes ante estas trampas. De hecho, tenemos la antena puesta en todo momento, lista para detec-

Una buena información y buenas intenciones pueden quedar eclipsadas por los temores a la manipulación; otro buen motivo para procurar constantemente opciones ganador-ganador.

tar incluso el más leve indicio de manipulación. Pese a tus ideas sobre la intuición y los presentimientos, es probable que estés familiarizado con esa corazonada intuitiva que te dice en quién puedes confiar y en quién no. Esto es casi universal. Aunque muchas personas tienen aún la idea de que han de estar siempre alertas para detectar manipulaciones negativas, no hay nada más lejos de la verdad. La manipulación negativa es fácil de detectar.

En el plan general de las cosas, descubrirás que el manipulador en realidad es alguien que podría aprovecharse de tu ayuda y apoyo. La manipulación negativa es síntoma de la existencia de un problema. La persona que manipula piensa erróneamente que tiene que abordar el mundo desde una perspectiva unilateral, egoísta —«lo primero es lo primero»— para obtener resultados. Este síntoma es representativo de un sentido tergiversado del mundo y, de hecho, impide obtener resultados a la persona que lleva a cabo la manipulación. Es un síntoma de un problema que la persona manipuladora no sabe cómo resolver.

Las técnicas incluidas en este libro son poderosas y eficaces, pero funcionan sólo cuando se usan en conjunción con una serie de creencias y actitudes mentales que te ayudan a ser más competente. Estas creencias y actitudes mentales son *necesarias* para que estas técnicas funcionen. En el núcleo mismo de esta estructura de apoyo se encuentra la filosofía ganador-ganador. Para hacer un uso manipulador y negativo de estas ideas y habilidades sería preciso descartar aspectos imprescindibles para que funcionen. Sería como intentar montar en una bicicleta sin ruedas.

La manipulación negativa es un planteamiento desesperado, inútil. Cuando ofreces mejores opciones a la gente, ésta optará por *resolver* sus problemas en vez de contribuir a ellos.

A medida que avancemos en este libro, seguirás viendo los vínculos que unen el concepto ganador-ganador al proceso de relaciones humanas, y continuarás recibiendo el apoyo que necesitas para el desarrollo de tus habilidades con la máxima integridad.

Esto abre el camino para pasar de desaprender a volver a aprender, lo cual podemos empezar a hacer a partir de ahora con buenos resultados.

Volver a aprender: el valor de las estrategias

Cuando la pregunta es «¿Cómo asciendes a lo alto de la montaña?», la primera parte de la respuesta es «Decides hacerlo». La segunda parte de la respuesta es «Paso a paso».

Este razonamiento es especialmente cierto cuando atañe a la consecución de objetivos. Cada meta importante que te planteas en la vida implica la decisión de alcanzar esa meta. Luego, la consecución de este fin implica un número tremendo de acciones menores o alguna omisión por tu parte. Cuando tus acciones menores están planeadas y organizadas, se conjugan para formar un sendero hacia tu objetivo, y cada acción opera conjuntamente con las demás.

Este planteamiento organizado crea sinergia. Cada acción independiente es más efectiva cuando se combina con otras acciones. Se apoyan unas en otras.

Una de las cosas que la gente eficaz entiende es que la consecución de logros es un *proceso*, no un suceso. Si quieres ser un nadador olímpico, no tienes que esperar al día de la prueba para hacer una demostración. Sigues una línea de acción que te lleva de donde estás ahora a donde quieres estar. Lo mismo se aplica a conseguir un aumento de sueldo, desarrollar una relación, alimentar una amistad y las demás actividades de tu vida que tal vez sean importantes para ti. También se aplica a procesos menos explícitos que llamamos habilidades personales.

Una secuencia de conductas ideada para conseguir un resultado se denomina *estrategia*.[3] Las estrategias son descripciones que representan *procesos* y nos ayudan a entenderlos.

En muchas ocasiones, el éxito no está relacionado directamente con lo bien que desempeñas la totalidad de tareas de tus estrategias. En muchos casos, el nivel de éxito tiene que ver con la calidad de tu estrategia.

Considera el ejemplo siguiente. Supón que juegas a tenis los fines de semana. Has dedicado muchos años de tu vida a jugar a tenis y has desarrollado algunos golpes muy buenos. Eres atlético, dominas bastante bien el juego, estás en buena forma y disfrutas de ello. Tienes un antebrazo fuerte y un revés razonablemente poderoso, un gran servicio y una volea que no está nada mal. Puedes aguantar bastante rato intercambiando golpes con consistencia y a menudo devuelves la pelota entre diez y quince veces... en cada tanto. Te desenvuelves bastante bien jugando con amigos, pero pierdes más veces de las que ganas y te gustaría mejorar. ¿Cómo hacerlo?

Pides consejo a tus amigos y te ofrecen algunas pautas generales. Te han visto jugar y te dicen que tienen una idea bastante clara de lo que te hace falta. Te recomiendan que seas más agresivo y que «trabajes» cada tanto. Te dicen que te guíes por la intuición cuando hagas una jugada y que emplees tu fuerza como «arma». Te aconsejan que busques ocasiones para atacar y «forzar las cosas» con tu oponente. Te dicen que no te alteres tanto y que mantengas la calma. Y, sobre todo, ¡que te concentres! Todos estos consejos están muy bien, pero no sabes exactamente cómo aplicarlos.

De modo que hablas con más amigos. Te dicen que practiques más cada golpe. Que mejores tu revés. Que sea una verdadera arma. Ajusta el revés. Que sea más consistente. Por supuesto, necesitarás mucho tiempo. Necesitarás practicar. Pero, te dicen, dispones del potencial para que tu juego suba de nivel. Es probable que en un año o dos seas capaz de jugar en la siguiente categoría. Aunque, una vez más, tendrás que trabajar duro. No puedes esperar que tu juego mejore de la noche a la mañana. Algunas personas pasan años jugando y nunca consiguen golpes sólidos, de modo que ten paciencia. Lo conseguirás. ¿Te suena a algo? Es posible, ya que es un planteamiento muy habitual.

Pero decides contratarme a mí como entrenador. No tardas en descubrir que yo veo las cosas de otro modo. Te explico que tus golpes son lo bastante buenos para jugar en una categoría superior. En lugar de trabajar más duramente en las cosas que ya haces tan bien, te aconsejo que adoptes un planteamiento diferente, te facilito una nueva estrategia de juego.

Hasta ahora has jugado desde la línea de saque. Peloteas mucho rato y los tantos son largos. Pero te digo que hagas algo diferente. Te digo que ataques el revés de tu oponente y subas corriendo a la red. Simplemente haz eso y tus resultados mejorarán de inmediato. Eso es lo que te digo.

Lo intentas, y adviertes que tus oponentes no reaccionan muy bien a tu estrategia. Se sienten obligados a dar un buen revés y fallan el golpe. O bien te devuelven la pelota directamente a ti y el punto es tuyo. O intentan un globo y tu *smash* es demasiado fuerte para ellos. En cuestión de diez minutos has pasado al siguiente nivel. Tu nivel de habilidad es el mismo, pero tu estrategia ha mejorado, igual que los resultados.

Un amigo mío me aconsejó esta estrategia hace años cuando yo jugaba tenis de competición. Me la aconsejó en medio del primer set de un partido que estaba perdiendo por mucha diferencia. Al finalizar ese set mi juego había alcanzado otro nivel. ¡Necesité sólo unos pocos minutos! Gané el partido con facilidad después de aquello.

A veces, las mejoras inmediatas constatables son posibles gracias a la aplicación de estrategias más efectivas. En ocasiones, ya dispones de todas las habilidades necesarias y tan sólo necesitas un proceso efectivo para aplicarlas.

En el campo del desarrollo personal hay un término que por lo general es condenado y criticado tan pronto como se menciona, por sus connotaciones de chapuza. Es el término *arreglo rápido*. Muchas de las técnicas de arreglo rápido que han aparecido no cuentan con una base de principios sólida y no resultan eficaces. Para la gente que experimenta problemas reales y espera soluciones reales, los fracasos resultantes de la presentación incompleta de material pueden ser desalentadores. Como resultado, sólo mencionar un remedio rápido es suficiente para levantar en seguida críticas y desaprobación.

Sin embargo, no tires la toalla demasiado pronto. Habrá ocasiones en las que ya contarás con todos los principios y habilidades necesarios y lo único que precisarás será una nueva estrategia. Podría contar numerosos ejemplos en mi vida en los que una situación en la que yo salía sin duda perdiendo se transformaba en otra en la que ganaba, tan sólo en el transcurso de pocos minutos, y gracias al consejo de que aplicara una nueva estrategia. Esta transformación es posible en el campo de las relaciones humanas como en el tenis.

Algunos de los procesos diferentes que aprenderás en este libro podrían proporcionarte resultados inmediatos. Tal vez algunas de estas estrategias sean exactamente las adecuadas para ti y ya cuentes con todo lo demás para aplicarlas al instante. Cuando este sea el caso, aprovecha las estrategias en toda su extensión.

En el ejemplo anterior sobre tenis, apunté cuatro tácticas comunes para lograr mejorar. La primera venía dada por el consejo «sé más agresivo y trabaja los puntos». Aunque tal vez sea una manera útil de enfocar la situación, por lo general no produce la mejora deseada. Es como decir «escucha mejor y haz preguntas». Es un buen consejo, pero no te explica los pasos que tienes que dar para tener éxito en esa tarea.

Otra manera es plantearse «no te alteres tanto». Es un ejemplo de la confusión entre los síntomas y los resultados. El enfado es un resultado del juego poco efectivo, no la causa. Que seas capaz de controlar tus emociones será por supuesto una estrategia eficaz para resolver ciertos problemas, pero no influirá necesariamente en la debilidad de tu juego. (Resulta interesante que los atletas profesionales intenten a menudo enfadarse antes de un partido importante, según ellos porque les ayuda a rendir más.)

El tercer método es el planteamiento «practica más tu juego». Defiende que hagas más de lo que estás haciendo y que lo hagas mejor. Mucha gente cree que este concepto llevará a la mejora. Pero es como decir a un directivo que deja mucho que desear como comunicador que «hable más con su personal». Si lo que le causa problemas es su comunicación, decirle que se comunique más no ayudará a mejorar la situación. Este planteamiento lleva a la gente a crear rutinas más trilladas, eficaces o no.

El cuarto método es el que yo suscribo. Es el de facilitar una estrategia sólida (tal vez diferente a la que está en vigor) y describirla en términos comprensibles. Es disponer de una categoría de instrucciones que sea fácil de entender, de manera que resulte fácil de aplicar.

Por ejemplo, a continuación detallo una descripción de la estrategia consistente en atacar el revés del contrario y bajar corriendo a la red:

1.   Juega desde la línea de saque hasta que consigas una pelota corta en el lado del revés de tu oponente.

2.   Lanza un golpe profundo y bajo de aproximación cerca de
      la línea de su revés.
3.   Sube a la red.
4.   Cuando tu rival se disponga a golpear la pelota, frena tu
      ímpetu y separa más las piernas.
5.   Golpea la primera volea con un golpe largo hasta la línea.
6.   Acércate más a la red después de tu volea.
7.   Con la siguiente volea, busca la oportunidad de conseguir
      una volea en ángulo para ganar el punto.

Si no juegas a tenis, esta estrategia tal vez no tenga demasiado
sentido para ti, pero aun así podrás ver el nivel de detalles del que
estoy hablando. Me funcionó tan bien esta estrategia porque: (1)
era una buena estrategia; (2) yo la entendía; (3) sabía cómo apli-
carla de inmediato, y (4) ya contaba con las habilidades necesarias
para perfeccionar cada paso (sabía cómo hacer *smashes*, voleas, etcétera).

En las siguientes páginas empezarás a ver un montón de números. Pero no tienen nada que ver con las matemáticas; serán los
números que identifiquen los pasos de diversas estrategias muy
útiles e importantes. Creo que descubrirás que se trata de un planteamiento efectivo que te ayudará a mejorar tus resultados.

Tres pasos para una comunicación eficaz

La primera nueva estrategia que vamos a examinar cubre el proceso completo de comunicación eficaz. En pocas palabras, el proceso
puede resumirse en tres elementos distintos. Son los siguientes:

1.   Conoce lo que quieres en realidad. Entra en contacto con
      tu núcleo verdadero.
2.   Descubre qué quiere en realidad la otra persona. Ve más
      allá de las palabras superficiales.
3.   Emplea habilidades de influencia y persuasión que te ayu-
      den a conseguir lo que quieres de verdad.

Este es el modelo de comunicación que yo suscribo y es la base sobre la que se sustenta el resto de este libro. Se aplica con iguales resultados tanto si te entrevistas para un nuevo trabajo como si quieres decidir adónde ir a cenar. Si organizas tus estrategias de comunicación en torno a este marco, tal vez te resulte más fácil ver cómo cada actividad específica contribuye al conjunto.

Los pasos 1 y 2 son dos facetas del mismo proceso y ambos se abordan en los dos capítulos siguientes. Con el paso 1, se te pide que entres en contacto con tus sentimientos y tus deseos esenciales. Se te pide que seas claro con lo que quieres, no tanto con tus palabras sino con tu cuerpo, con la mente y el espíritu. Hay una diferencia entre querer algo intelectualmente y quererlo con toda tu alma.

Estoy seguro de que alguna vez habrás descubierto que no siempre quieres saber lo que quieres de verdad, al menos no hasta que puedas tomarte el tiempo necesario para preguntártelo a ti mismo y elaborar una respuesta. Además, es probable que descubras que a veces actúas como si quisieras algo que en lo más íntimo sabes que en realidad no quieres. Esta falta de claridad es lo primero de lo que querrás ocuparte cuando aumentes tu capacidad para comunicarte. Se supone que el paso 1 tiene que atraer tu atención hacia este punto y debería dirigirte hacia él.

Si no consigues aclararte, será útil que percibas que a otras personas les ocurre lo mismo. El paso 2 es un proceso que sirve para recabar información de otras personas, al tiempo que se les ofrece la oportunidad de explorar qué quieren realmente.

El paso 3 aborda los procesos necesarios para ir de donde os encontráis a donde queréis ir los dos. Incluye una adhesión implícita a la actitud mental de la eficacia; y pese al hecho de que implica «influencia y persuasión», descubrirás que es un proceso de cooperación, no de control. Este paso implica una cantidad mayor de habilidades específicas que los pasos 1 y 2; estas habilidades específicas son el tema de cinco de los capítulos siguientes del libro.

Este modelo de comunicación es un proceso que puede ayudarte a cambiar las circunstancias de tu vida. Los capítulos que siguen te ofrecerán los detalles de *cómo* hacerlo.

5

Habilidades de atención no verbal

Estamos a punto de dedicar mucho tiempo a aprender cómo se hace algo que crees que ya sabes. Vamos a dedicar mucha atención a los detalles de algo que tal vez creas has estado haciendo toda tu vida. Pero a menos que hayas recibido formación en el campo de la PNL, sin lugar a dudas estás a punto de descubrir más cosas sobre el proceso de escuchar de las que creías posibles.

Un oyente eficaz es más propenso a ser un gran amante, un buen amigo y un empleado modelo, incluso una persona más inteligente. No obstante, escuchar *más* y escuchar *con más interés* no te conviertes en un oyente mejor. Mucha gente piensa que escuchar es simplemente una cuestión de oír palabras con el sentido del oído y prestar atención. Sin embargo, hay un mundo de la comunicación al que no se puede acceder con los oídos y que elude incluso el sentido de atención más desarrollado.

Mientras haga referencia a escuchar en este libro, continuaré ampliando la definición para incluir procesos que te piden que uses todos los sentidos de que dispones. Al escuchar a otras personas, emplearás tus ojos para ver cosas, tus oídos para oír tanto las palabras como el tono en que se pronuncian, tu atención cinestésica para percibir cosas, tu intelecto para analizar la estructura de las frases y tal vez incluso tu nariz y las papilas gustativas. Cuando te escuches a ti mismo, emplearás también cada uno de estos elementos.

Este es el proceso más completo para recibir e interpretar la comunicación transmitida por otro ser humano, y también por ti mismo. Impone todo un cuerpo de información de cuya existencia tal vez no te habías percatado.

Todos los procesos que estás a punto de aprender están concebidos para que escuches mejor y para que establezcas acuerdos ganador-ganador de mejor calidad en todos los aspectos de tu vida. Lo más probable es que estos procesos sean diferentes de los que haces conscientemente ahora y te harán tomar conciencia de cada información importante que pueda parecer «oculta» o «sutil». En una sociedad en la que resulta inadecuado mantener la mirada o escudriñar a alguien, a veces no nos sentimos cómodos al prestar atención a los demás. Restricciones de este tipo son naturales y tal vez incluso se manifiesten durante las fases de incompetencia consciente y competencia inconsciente de la escucha, cuando aún no eres tan diestro como lo serás en la fase posterior de competencia inconsciente. No obstante, recuerda que estos procesos que aprendemos son empleados a diario por gente ordinaria. Simplemente se usan de manera inconsciente. Tu capacidad para aprender estas técnicas y emplearlas te beneficiará tanto a ti como a los que te rodean.

He visto a cientos de personas pasar por la relativa torpeza de las fases de incompetencia inconsciente y competencia consciente, pero quienes mantienen constantemente presentes las soluciones ganador-ganador y el respeto hacia otras personas siempre salen airosos, independientemente de su nivel de destreza. La gente quiere que se la escuche y quiere que se la comprenda. Cuando mejoras en estos dos aspectos, te comunicas con más eficacia, consigues mejores resultados y aumentas la calidad de tus relaciones con los demás. También descubres mucho antes si a alguien le trae sin cuidado esta profundidad en la comunicación, de modo que sabes cuándo conviene ajustar tu conducta en consecuencia. Te vuelves más sensible a los demás y ellos lo aprecian.

En resumidas cuentas, es hora de que te quites la venda de los ojos y explores un territorio completamente nuevo de la comunicación humana. Empezaremos por aprender a reconocer la comunicación no verbal, algo a lo que llamamos vagamente «escuchar».

Los comportamientos no verbales están relacionados con estados emocionales

La comunicación no verbal proporciona una gran cantidad de información sobre una persona, de la cual buena parte está relacionada con estados emocionales. Es algo que sabemos por intuición. Consideremos el estado de tristeza. La gente que está triste casi siempre inclina la cabeza hacia abajo y mira en dirección al suelo. No levanta los ojos al cielo con los brazos abiertos y una sonrisa en el rostro. Algo aún más interesante, si pides a alguien que esté triste que mire al cielo e incline la cabeza hacia arriba, si puede hacerlo, casi siempre empezará a sentirse mejor. ¡Al momento!

Le Penseur (El pensador) de Auguste Rodin es otro ejemplo de una postura física que es frecuente observar, ésta como representación del pensamiento profundo. El pensamiento visionario se manifiesta a menudo con la postura de mirar hacia arriba y hacia el exterior. Los estados de temor a menudo se manifiestan como un cuerpo recogido, que retrocede. Alguien que muestra interés tiende a acercarse y a inclinarse hacia delante. Alguien que está enfadado lo más probable es que aparezca ceñudo. Todos tenemos experiencias cotidianas de estados emocionales vinculados a un porte físico y a expresiones faciales.[1]

Además de estas manifestaciones externas de emociones, hay cambios fisiológicos internos que tienen que ver, en parte, con procesos naturales del cuerpo y con las reacciones del mismo a ciertos estímulos. Entre estos cambios se incluyen respuestas inconscientes, como el aumento del ritmo cardíaco, una respiración más profunda o el sonrojo. Considera la relación entre los siguientes estados emocionales y los cambios fisiológicos interiores y exteriores asociados a ellos:

- Enfado: el ritmo del corazón y el de la respiración se aceleran bruscamente y la sangre fluye a las manos, preparando a la persona para una agresión. La energía general sube brusca e inmediatamente.
- Miedo: el ritmo del corazón y el de la respiración se aceleran, pero la sangre abandona el rostro y se precipita a las

piernas para permitir una rápida huida. Por un momento, el cuerpo se enfría, lo cual permite decidir si la opción de esconderse sería preferible a la de salir corriendo.

- Tristeza: una caída general de energía, acompañada de una postura hundida y respiración profunda que facilitan el acceso a procesos contemplativos.
- Aversión: una respuesta que indica rechazo por parte de los sentidos, como puede ser mirar de soslayo, apartar el rostro, torcer el labio o arrugar la nariz.
- Amor: un estado de relajación que aumenta el flujo sanguíneo que llega a los labios y las manos, acompañado por un porte físico abierto y respiración profunda, lo que facilita la excitación, la satisfacción y la cooperación.
- Curiosidad: un aumento de energía acompañado de ojos muy abiertos y mayor atención en los sentidos, lo cual facilita la adquisición de más información así como la interpretación de la información dada.

Estos tipos de respuestas se escapan al control consciente de la mayoría de la gente, que nunca aprenderá a hacer que su ritmo cardiaco se acelere veinte latidos por minuto en un instante o a enviar sangre al rostro y labios. La mayoría de la gente no tiene idea de cómo respira: no sólo del ritmo al que lo hace, tampoco de cuán profundamente y desde qué parte del cuerpo. La mayoría de la gente no tiene idea de por qué mientras está hablando, bizquea, se queda quieta mirando, mira en diferentes direcciones o abre y cierra los ojos. Ni se percata de que mientras se está comunicando, acerca el oído a algunas cosas y aparta el rostro (ambas orejas) de otras cosas o tuerce los labios, arruga la nariz, ensancha las ventanas de las narices, abre la boca, se lame los labios y mueve la lengua dentro de la boca. La mayoría de la gente no tiene ni idea de cuándo y por qué se acerca o se aparta de algo, se inclina hacia delante o hacia atrás, se mueve a un lado o mira cara a cara, hunde el pecho o lo saca, desplaza el peso de sus pies de delante atrás y de lado a lado.

Los estados emocionales también están relacionados con características tonales de la voz. Cuando la gente está furiosa, por lo general se sabe por su forma de hablar, independientemente de las palabras que pronuncian. A veces habla a voz en grito o con un comedimiento forzado. Cuando la gente está enamorada, es fácil notarlo por su voz. A veces habla con tono profundo, y con más profundidad. Los niños de diez años pueden detectar de qué humor están sus padres simplemente por el tono de su voz. De todos modos, como adultos, a veces nos olvidamos del tono de voz y confiamos en las palabras que usan los demás, que a menudo son engañosas.

Considera las características tonales de la voz asociadas a los estados emocionales que ya hemos descrito:

- Enfado: el volumen y la proyección aumentan para permitir inculcar temor en quienes escuchan.
- Miedo: el volumen y la proyección se reducen para minimizar el potencial a la hora de atraer la atención.
- Tristeza: la vocalización es vacilante e inconexa, inhibe la capacidad de comunicarse verbalmente, lo cual estimula el pensamiento interno.
- Repulsión: la vocalización es entrecortada y está marcada por accesos rápidos y breves de respiración, similares al proceso de escupir un alimento no deseado.
- Amor: la vocalización se vuelve más resonante, tal vez para complacer y encandilar a un posible amante.
- Curiosidad: la vocalización sube de volumen y de tono y es entrecortada, lo cual ayuda a atraer la atención.

La mayoría de la gente no es consciente de estas respuestas. Por lo general, el estado emocional de una persona queda reflejado por las cualidades de su voz: serena, vacilante, entrecortada, resonante y aguda o grave. Incluso, por rutina, el volumen se determina con más frecuencia de manera inconsciente que consciente.

El porte físico, los gestos de la cara, las reacciones fisiológicas y las características tonales de la voz forman parte de las expresiones no verbales de la comunicación. Reflejan cambios en los estados emocionales y pueden darte información sobre qué experiencias está teniendo una persona.

Pero ¿qué podemos hacer con esta información? ¿Cómo podemos usarla? ¿Cómo podemos sacarle sentido a todo ello? De eso nos ocupamos en el siguiente apartado.

Considerando la objetividad en tu atención

La PNL identifica dos procesos diferenciados en la actividad de escucha no verbal. Nos referimos al proceso de oír, ver y sentir la comunicación de otra persona como usar la *agudeza sensorial*. Implica ajustar tu grado de atención, lo que te permite detectar toda una gama de información suplementaria a la comunicación semántica. La agudeza sensorial proporciona una cantidad tremenda de información que se podrá aplicar en el otro aspecto del proceso de escucha, la calibración. La *calibración* te ayuda a usar e interpretar los datos recogidos en el proceso de agudeza sensorial. Implica hacer interpretaciones basadas en modelos de conducta que son bastante coherentes para un individuo dado. Su intención es servir como método relativamente objetivo de interpretación de los datos que recibes.

Al poner en práctica la agudeza sensorial y la calibración, la PNL introduce una nueva clase de objetividad al proceso de escuchar. Aunque la expresión *audición objetiva* no sea la más apropiada (toda experiencia humana es subjetiva), sirve para destacar nuestro objetivo verdadero: comprender del modo más preciso posible la información con el mínimo de distorsión y sesgos.

Para apreciar más a fondo este proceso, consideremos tres graves problemas de comunicación. Los tres se dan cuando alguien intenta extraer significado de una comunicación. No obstante, estos intentos fracasan debido a una abundancia excesiva de subjetividad: es decir, una falta de objetividad.

En primer lugar, mucha gente cree que las palabras significan lo mismo para todo el mundo. Así es, ¿no es cierto? ¿No tenemos diccionarios que nos expliquen el significado absoluto de las palabras? No, la verdad es que no. El significado real de una palabra es el que cada persona le atribuye. Eso significa que diez personas diferentes tendrán significados diferentes para cualquier palabra dada.

En los humanos, los significados no se basan en una colección de más palabras (como en los diccionarios). Más bien se basan en una colección de representaciones internas de la palabra, incluyendo respuestas emocionales, corazonadas, imágenes, incluso sonidos internos, olores y sabores (discutiremos este tema en apartados posteriores). Mientras una palabra como *perro* tendrá un significado bastante universal, la expresión *integridad* probablemente no. Considera las palabras que de verdad nos importan: *amor, inspiración, esperanza, miedo, orgullo, comunicación, fuerza* y así sucesivamente. Cada una de estas palabras tiene significados diferentes para cada persona que conoces.

He visto cómo se realizaba en muchas ocasiones un ejercicio de grupo, siempre con los mismos resultados. Un responsable pone una palabra en la pizarra y pide a cada persona presente en la clase que diga qué significa. La palabra escogida es algo intangible, normalmente algo como *amor*. En seguida se aprecia lo variadas que nuestras definiciones de las palabras pueden llegar a ser. Para algunas personas, el amor es una sensación cálida, etérea. Para otros, es un dolor en el pecho, acompañado de agobio y animosidad (esa era la experiencia que atribuyó una persona a esa palabra). Para otros, es un compromiso estable. Para otros más, es una decisión intelectual. Te asombrarías de las definiciones que la gente da de palabras que emplea a diario, y te asombrarías de lo diferentes que son de las tuyas. Confiar en el significado semántico de las palabras para establecer el significado de lo que otra persona expresa es un manera segura de crear confusión y malentendidos.

El segundo problema en la comunicación consiste en que otras personas intentan dar sentido a tu experiencia empleando la suya como guía. Le dices a tu amigo Bill cuán dolido estás por lo que dijo tu amante y él te contesta: «Sí, sé cómo te sientes exactamente. Eso me ha sucedido un montón de veces». Por supuesto, no tiene ni idea de cómo te sientes de verdad. Tú tienes un historial de experiencias, creencias e ideas de toda una vida en el que basas tus respuestas, ninguna de las cuales está al alcance de Bill, aunque su intención sea buena. Además, tú sólo le facilitaste una cantidad mínima de datos en los que basar su opinión sobre tu situación.

No obstante, Bill da por supuesto que las experiencias recogidas de su propia vida son muy parecidas a las que has empezado a describir. Presupone que tu respuesta a circunstancias parecidas es muy similar a lo que sería su propia respuesta. Incluso da por sentado que las cosas son tan parecidas que ni siquiera necesitas entrar en todos los detalles, pues ya se lo ha imaginado todo. Y después de todas estas suposiciones, cree en realidad que sabe *exactamente* cómo te sientes.

Confiar en tus respuestas emocionales para interpretar la experiencia de otra persona es una manera segura de crear confusión y malentendidos, incluso resentimiento.

El tercer problema recurrente en la comunicación es el de la lectura de la mente. La lectura de la mente es el proceso de describir la experiencia de otra persona con tu propio mapa de la realidad. Alguien te dice que está furioso, pero tú decides que en realidad es tristeza lo que hay bajo su enfado. Alguien dice algo enigmático y decides que lo hace porque piensa que no le prestas suficiente atención. Alguien respira profundamente y decides que se debe a que sus circunstancias lo deprimen.

Los modelos de «lenguaje corporal» empleados a menudo incorrectamente son otros ejemplos de lectura de la mente. En muchos modelos de lenguaje corporal de la gente que se cruza de brazos, se dice que tienen una mente cerrada. No obstante, la mayoría de nosotros ha llegado a comprender que la gente se cruza de brazos por múltiples motivos. Algunas personas se cruzan de brazos cuando tienen frío o cuando les empiezan a doler los hombros, o cuando no quieren decir lo que tienen en la cabeza, y también por otras muchas razones. Y pueden hacer cosas diferentes en ocasiones diferentes bajo circunstancias diferentes.

Tanto si la lectura de la mente proviene de nuestros intentos de encontrar sentido al mundo (empleando mapas, modelos o conceptos), como si proviene de nuestra respuesta emocional (a menudo malinterpretada como respuesta intuitiva), intentar leer la mente para determinar lo que otros están diciendo es una tercera manera segura de crear confusión y malentendidos. Cada uno de estos problemas de comunicación es resultado de ser subjetivo en vez de objetivo.

DAR SIGNIFICADO A CONDUCTAS NO VERBALES

Escuchar de manera objetiva tiene poco que ver con la clase de atención a la que la mayoría de la gente está acostumbrada. Implica dar significado a la comunicación. No obstante, este proceso está ideado para evitar errores notorios y malentendidos como los que acabamos de describir. Para la comunicación no verbal, el proceso conceptual de atención objetiva se puede resumir así:

1. Observar con precisión a la persona que está comunicándose, sobre todo los cambios en la postura del cuerpo, en la expresión facial, en la fisiología y en el tono de voz.
2. Dirigir la atención a cambios específicos que puedan tener significado.
3. Recoger más datos sobre los cambios identificados en el paso 2, con la intención de determinar su significado.
4. Extraer conclusiones basadas en modelos de conducta únicos de la persona que está comunicándose.

El paso 1 equivale en esencia a desarrollar y emplear tu agudeza sensorial. Los pasos 2, 3 y 4 constituyen los elementos integrales de la calibración.

En el salvaje Oeste, algunas personas llegaron a hacerse famosas como jugadores de póquer. Se ganaban la vida, y la arriesgaban, jugando a cartas, y cada vez eran mejores. El juego en sí es algo rudimentario, aunque las interacciones humanas que constituyen una parte del juego resultan ser complejas. Buena parte del éxito de un jugador de cartas dependía de su capacidad para saber si alguien estaba marcándose un farol (si pretendía engañar) o no.

Los grandes jugadores de póquer eran famosos por su capacidad para advertir cambios mínimos en la fisiología. Cuando un contrario estaba sentado al otro lado de la mesa y subía la apuesta, había que saber si era un farol o no. Si advertías que cuando apostaba su sien izquierda se sacudía ligeramente, probablemente te interesaría fijarte más en ello. ¿Significaba aquel ligero movimiento un farol? Tal vez. ¿Significaba que no era un farol? Tal vez no. ¿Significaría que le apretaban los pantalones? Tal vez. En pocas palabras, la primera vez que jugabas con él no sabías qué significaba.

"Sabes, Jesse, tengo la curiosa sensación de que esta vez
no es un farol."

No obstante, si jugabas a póquer con este hombre durante varias horas, podías empezar a advertir alguna pauta. Tal vez su sien izquierda temblaba cada vez que se marcaba un farol. Esta conclusión sí que era importante y, si se repetía de forma constante, tal vez significaba una diferencia tremenda en el resultado del juego.

Este ejemplo ilustra los procesos de agudeza sensorial y calibración. La agudeza sensorial se emplea para percibir la sacudida (paso 1 del proceso conceptual de escuchar con eficacia). La calibración es el proceso de decidir prestar atención a la sacudida, buscar una pauta y luego determinar si existe una correlación (pasos 2, 3 y 4 del proceso conceptual de atención efectiva).

También aquí la calibración es diferente a los modelos de lenguaje corporal entendidos habitualmente. Si mañana juegas a póquer con un recién llegado a la ciudad y ves esa misma sacudida en su sien izquierda, no sabrás lo que significa hasta que pases de nuevo por todo el proceso de calibración. Tendrás que jugar durante cierto periodo de tiempo con este hombre para ver si existe alguna pauta. La sacudida en sí no tiene un significado, pero en cierta persona y en cierta situación podría tenerlo.

Mucho más que sólo palabras

Hasta el momento he distinguido entre la comunicación general y la comunicación no verbal. Con la agudeza sensorial y la calibración, prestamos atención sobre todo al aspecto no verbal de la comunicación. Dediquemos una mirada más atenta al hecho de por qué esto puede ser importante y a lo importante que puede llegar a ser.

CATEGORÍAS DE LA COMUNICACIÓN

Tres categorías pertinentes merecen la atención:
1. Las palabras que usamos: un porcentaje pequeño pero importante de la comunicación.
2. Las características tonales de la voz: un porcentaje relativamente importante de la comunicación.
3. La comunicación corporal: el mayor porcentaje de la comunicación (diferente al «lenguaje corporal»).

La categoría 1 tiene que ver con las palabras que empleamos. Puede sorprenderte saber que mucha gente considera que el significado semántico de las palabras transmite menos cantidad de información que las demás categorías de comunicación. Es posible que tan sólo el 7 por ciento de la comunicación provenga de las palabras que se están pronunciando.[2] Sea o no exacto esto, algunos experimentos demuestran que el hecho de que el porcentaje sea tan pequeño sorprende bastante a la mayoría de gente.

La categoría 2 tiene que ver con las características tonales de la voz. La mayoría de la gente ha vivido experiencias en las que sabía que alguien estaba mintiendo, estaba molesto o enojado simplemente por el tono de voz que usaba. Sin embargo, los resultados de algunos experimentos que muestran que las características tonales de la voz pueden constituir hasta el 38 por ciento de la información transmitida resultan muy sorprendentes para la mayoría de las personas.

La categoría 3 tiene que ver con la comunicación corporal. Esta categoría es la más significativa ya que acapara hasta el 55 por ciento de la comunicación. La comunicación corporal es diferente de lo que se conoce comúnmente como lenguaje corporal. (Se ha hecho pasar como lenguaje corporal tanto material cuestionable que prefiero emplear series diferentes de palabras para describir los dos.) La comunicación corporal, como yo la empleo en este libro, es la comunicación expresada a través de movimientos y cambios corporales. Es la comunicación que transmiten el porte físico de la persona, las expresiones faciales y la fisiología.[3]

Las características tonales y la comunicación corporal proporcionan una cantidad sorprendente de información a partir de fuentes que no incluyen los significados semánticos de las palabras. Hasta el 93 por ciento de la información que recoges en cualquier intercambio verbal puede proceder de estas dos categorías. Esto es lo que yo quiero decir en concreto con «comunicación no verbal». El término *no verbal* incluye características de la voz pero no significado semántico.

Todos comunicamos y todos sabemos cómo comunicarnos, y por lo tanto no debería ser una sorpresa que nos comunicáramos en gran medida sin incluir significado semántico. No obstante, nuestros patrones de comunicación se han vuelto inconscientemente competentes (fase 4) y, por consiguiente, la mayoría de nosotros ya no somos conscientes exactamente de cómo nos comunicamos. Es por eso por lo que nos sorprende que alguien nos diga que hasta el 93 por ciento de nuestra comunicación no incluye palabras.

Así pues, ¿de qué clase de cosas estamos hablando aquí? ¿Cómo podemos reconocer la comunicación no verbal? ¿Estamos hablando de leves sacudidas de la sien? En cierto modo, sí. Veamos algunos ejemplos de datos no interpretados.

Hay un sinnúmero de cosas que la gente hace cuando se comunica. Sólo en el rostro, suele apretar la mandíbula, lamerse los labios, mostrar temblores en la boca, hacer oscilar un párpado, mover la cabeza de un lado a otro, dirigir la mirada a la distancia, mirar hacia todos lados, ensanchar las ventanas de la nariz, ladear la cabeza, cerrar los ojos, sacudir negativamente la cabeza, asentir con la mirada, arrugar la frente, abrir la boca y todo tipo de cosas. Por no mencionar las más sutiles que podríamos ver, como un sonrojo repentino, una vena que de pronto se hincha, una hinchazón en el labio inferior, una subida del ritmo cardiaco (que se observa a través de la vena del pulso) y así sucesivamente. En el transcurso de una conversación de tan sólo quince minutos, es probable que una persona exhiba muchos de estos comportamientos. Y eso sólo en la cara.

Respirar es otro fenómeno interesante. Todos respiramos, pero ¿has advertido alguna vez que la gente respira desde puntos diferentes del cuerpo? Algunos respiran desde la parte alta del pecho, otros desde lo más profundo del abdomen. Los ritmos respiratorios cambian con frecuencia; la gene contiene la respiración, jadea, respira en ocasiones profundamente, cambia de la nariz a la boca, cambia de una respiración serena a otra entrecortada. Incluso algo tan simple como respirar puede estar repleto de una dinámica interesante.

Lo más increíble es que cualquiera de estas observaciones puede acabar significando algo muy importante.

La manera en que la gente utiliza su cuerpo también es interesante. Cambia el peso de una pierna a otra, se inclina hacia delante, se cruza de brazos, sacude las manos hacia delante y atrás, se sujeta partes del cuerpo, da un paso hacia atrás, se vuelve a un lado, se inclina hacia atrás, se lleva las manos a la cabeza, se retuerce las manos, se tapa la boca, se cubre los ojos, se rasca la cabeza, juguetea con su pelo, se frota el cuello, se muerde las uñas, presiona las cutículas de las uñas, desplaza el peso sobre la silla, se ladea, se vuelve, se agita e incluso baila, todo ello mientras mantiene una conversación fluida, natural.

Son cosas que puedes ver. No obstante, te llega también más información desde otra perspectiva: la del lado de tu cabeza donde están los oídos. Las características tonales de la voz también varían de forma tremenda. De nuevo, es posible que no lo aprecies, pero justo en medio de una conversación la gente subirá el tono de voz, susurrará, cambiará a un sonido nasal, se acelerará, se ralentizará, cambiará el método de enunciación, hablará momentáneamente con otro acento, incrementará la resonancia, variará de tono, hablará respirando, hablará conteniendo la respiración, dará énfasis a ciertas palabras, suavizará los sonidos, hablará de forma entrecortada, hablará por un lado de la boca, proyectará su voz, la contendrá, hablará con sonsonete, o con ritmo, enunciará cada sílaba, farfullará, y así sucesivamente, manteniendo en todo momento una conversación fluida y siendo totalmente inconsciente de que hace cualquiera de estas cosas.

Y recuerda que tú también eres una persona en el amplio sentido de la palabra, de modo que todo lo que acabo de mencionar es algo que tú también haces. Mientras continuamos con nuestro comentario, ten presente que es muy útil aplicar nuestras habilidades de agudeza sensorial y calibración tanto a uno mismo como a otra gente en general.

¿Qué significan todas estas cosas? ¿Cuando la gente habla con un tono más gutural, qué significa? ¿Qué significa cuando la gente aprieta la mandíbula o dirige la mirada al infinito? Bien, depende. Tal vez no signifique nada, o tal vez sea un indicio de que necesitas mejorar tu comunicación. No obstante, nunca lo sabrás hasta que lo evalúes.

Correlacionar la conducta con el significado

El proceso de usar nuestros sentidos para obtener información es algo que hacemos todos. Pero no siempre sabemos cómo distinguir los datos importantes de los datos no importantes. La agudeza sensorial simplemente reconoce los datos. La calibración inicia el proceso de asignación de significado y sentido a los datos

CATEGORÍAS IMPORTANTES DE DATOS

Existen tres situaciones a las que es especialmente útil prestar atención cuando recogemos datos:

1. Parece que los datos recogidos se contradicen con otras partes del conjunto de datos.
2. Parece que los datos recogidos están relacionados con estados emocionales.
3. Parece que los datos están relacionados con un cambio repentino en el estado emocional (una respuesta o una reacción) asociado a las circunstancias.

En cada uno de estos casos generalmente quieres centrar tu atención en esa conexión. Para pensar en esto desde un punto de vista pragmático, imagínate a ti mismo en el trabajo, a punto de hacer una presentación ante un grupo de gente. El objetivo de tu presentación es convencer al grupo de tu idea. Tu idea es buena y muy creativa. Vender esta idea es muy importante para ti y esta puede ser tu única ocasión de defenderla.

Si eres como la mayoría de la gente, te prepararás para esta presentación. Quizá hagas cierto trabajo de investigación, elabores estadísticas y recojas datos. Tal vez representes gráficamente esta información para que se entienda más fácilmente y presentes la información de manera organizada. Quieres que la gente comprenda la idea y siga el hilo de lo que estás diciendo, de modo que te ceñirás a tu guión y al orden en que presentas los hechos. Tal vez incluso decidas utilizar la intuición. Quizá te pongas ese traje de la suerte que siempre te da una seguridad especial. En breve, tal vez te tomes un montón de molestias para que tu presentación sea sobresaliente. Sabes que la cualidad de la presentación puede significar el éxito o el fracaso de tu idea.

No obstante, podrías pasar por alto algunas cosas. ¿Dedicarás cierto tiempo a conocer de verdad tus propias reacciones al material que vas a presentar? ¿Hay cosas que estás planeando decir en las que no crees con toda tu alma? ¿Te sientes inseguro acerca de algunas partes de la presentación, pero no tanto como para ocuparte de ellas? ¿Estás seguro de que quieres realmente vender tu idea o hay asuntos previos que aún no has abordado? ¿Crees de verdad que las cosas mejorarán para ti si vendes esta idea o ni siquiera te has molestado en reflexionar sobre ello? Según tus respuestas a estas preguntas, es posible que se te presenten algunos problemas que desbaraten toda tu presentación, a un nivel inconsciente.

Pero, espera, también podrían intervenir otras cuestiones. Cuando empieces a exponer tu presentación, ¿tomarás especial nota de los estados emocionales de la gente que está en la sala? ¿Cómo sabrás si la gente está lista para escucharte? ¿Advertirás si la gente se muestra hostil, cerrada o temerosa? ¿Advertirás si alguien te oculta sus intenciones? ¿Tendrás en cuenta los estados de ánimo de la gente en la sala? ¿Alguna de estas personas tiene algún interés en ver cómo fracasa el proyecto? ¿O en ver cómo fracasas tú? ¿Prestarás una especial atención a este tipo de cosas?

Pero, ¡alto! ¿Qué sucederá una vez inicies la presentación? ¿Te ajustarás a la respuesta de la gente? ¿Qué cambios observas en ellos? ¿Advertirás cuándo la gente se topa con algo que le hace reaccionar? ¿Cómo sabrás si la gente se está planteando objeciones o dudas? ¿Cómo sabrás si prestan atención o si comprenden lo que tienes que decir? Y con todo lo que está pasando, ¿vas a prestar atención a tus propios estados emocionales? ¿Advertirás si empiezas a ponerte furioso si te sientes confundido? ¿O si empiezas a perder seguridad? ¿Te acordarás de asegurarte de que te mantienes psíquicamente inspirado? ¿Serás consciente de cómo respondes a la situación?

De modo que permíteme hacerte otra pregunta. ¿No crees que estas cosas al menos tienen la misma importancia que la calidad de los datos objetivos que ofreces en tu presentación?

Un sinnúmero de ideas geniales no llegan a buen término porque sus autores no convencen a los demás de su trabajo. Muchas soluciones caen presa de conflictos internos y confusiones. Otras son víctimas de propuestas personales secretas, temores y demostraciones de poder. Otras quedan oscurecidas por reacciones emocionales de ambas partes.

A pesar del esfuerzo que dedicas a preparar una presentación, si eres como la mayoría de la gente, prácticamente no te tomarás la molestia de plantearte las cuestiones más profundas acerca de lo que vas a decir y hacer. Ni te tomarás la molestia de *predisponer* al grupo a que tenga en cuenta y acepte tus ideas. Tampoco dirigirás tu atención a ocuparte de las respuestas emocionales. Pero al menos en un aspecto importante no eres como la mayoría de la gente. Formas parte de la pequeña minoría que ya ha leído el libro hasta este punto. Tal vez ésta sea la diferencia que marque la diferencia.

Para escuchar de manera eficaz, tanto a ti como a los demás, necesitas disponer de algunas habilidades importantes:

1. Tienes que saber cuándo una persona tiene conflictos internos en lo que respecta a una situación (esto es aplicable tanto a ti mismo como a los demás).

2. Necesitas saber cuándo alguien está abierto a recibir tu información.
3. Necesitas reconocer cambios en los estados emocionales y responder a ellos (esto es aplicable tanto a ti mismo como a los demás).

Por regla general, la gente no ofrece esta información verbalmente. Mucha gente no presta atención a sus conflictos internos hasta que llega a niveles extremos. Otros están tan atrapados en sus propias emociones que no son verdaderamente conscientes de lo que están haciendo. (Ser consciente requiere una perspectiva distante, a la que es difícil acceder cuando alguien se halla en un fuerte estado emocional.) Otros simplemente no se sienten cómodos o no creen que sea apropiado expresar sus emociones verbalmente, o no saben hacerlo. Es mucho más probable que alguien que llora y habla con voz temblorosa diga: «Estoy bien, no te preocupes por mí», a que diga: «Me encuentro tan mal que estoy llorando y ni siquiera puedo hablar sin que me tiemble la voz».

De modo que puedes depender únicamente de la comunicación verbal. Es preferible que consigas la información de otras maneras. Consideremos por separado las distintas habilidades para escuchar.

Incongruencia y mensajes entrecruzados

Independientemente de las circunstancias de nuestra vida, procurar soluciones ganador-ganador se fundamenta en la suposición de que eres capaz de definir qué significa ganador. Eso es mucho suponer. Los tres pasos de la comunicación eficaz empiezan por pedirte que descubras qué quieres de verdad y también qué quiere de verdad la otra persona. La palabra de *verdad* implica que el proceso no siempre es sencillo. Y no lo es.

En tus comunicaciones, necesitarás saber cuándo una persona tiene conflictos internos en lo referente a una situación. Esa persona puede ser tu interlocutor, una tercera parte que va a influir o va a verse influida por el proceso o tú mismo. Tu comunicación tendrá mucho más éxito cuando compruebes que todos los conflictos se aclaran a través del proceso de comunicación.

Los modelos de PNL apoyan la idea de que la comunicación se recibe a través de series múltiples de datos. Cuando oyes el significado semántico de las palabras, se trata de una serie de datos. De modo simultáneo, oyes las características tonales de las palabras, que sería otra serie de datos. También de modo simultáneo, observas la comunicación corporal, que es como mínimo otra serie de datos. Se trata de ejemplos de *comunicaciones simultáneas*. Cuando las series de datos respaldan la misma interpretación o significado, se califican como *congruentes*. Cualquier serie de datos puede ser incongruente con cualquier otra.

Además de los mensajes simultáneos, los mensajes diferenciados se pueden transmitir de manera secuencial. Esto puede suceder con cada tipo de comunicación: el significado semántico, las características tonales, la comunicación corporal o combinaciones de cada una de ellas. La *comunicación secuencial* puede caracterizarse por saltos, por cambios repentinos en cómo la comunicación se está ofreciendo. A menudo esto queda ilustrado por la descripción «por un lado..., pero por otro...» (que, como advertirás, a menudo va acompañada por cambios igualmente diferenciados en las características tonales y en la fisiología), pero también puede ser mucho más sutil. Cuando los mensajes secuenciales sustentan un significado equivalente, se califican como congruentes. Cuando discrepan uno de otro, se califican como incongruentes.

Un método útil para describir ciertas incongruencias incorpora los conceptos de la mente consciente y la mente inconsciente. Considera lo que sucede cuando la mente consciente no concuerda necesariamente con la mente inconsciente. ¿Qué sucede si la mente consciente quiere comunicar una cosa y la mente inconsciente quiere comunicar otra? Suena raro, pero parece que esta descripción explica algunas observaciones muy comunes.

Este proceso tiene como resultado el envío de mensajes inconexos. Un ejemplo común es el de una persona que conscientemente desea decir una cosa y lo expresa a través del significado semántico de las palabras («No estoy decepcionada»), pero inconscientemente quiere comunicar otra cosa y la expresa a través del cuerpo y la comunicación tonal (ojos que empiezan a humedecerse, voz titubeante, labios temblorosos).

Con este tipo de incongruencias, el significado semántico de las palabras normalmente refleja la mente consciente y la conducta no verbal es casi siempre reflejo de la mente inconsciente.[4] Para la

El animoso Rover siempre imaginó que este letrero decía:
"Bienvenidos a nuestro humilde hogar".

mayoría de la gente su comunicación corporal y las características tonales de la voz son sobre todo un reflejo de la comunicación inconsciente. Como los grandes jugadores de póquer del salvaje Oeste comprendieron, sólo un reducido porcentaje de gente puede controlar de forma consciente cosas como los músculos faciales y las calidades más sutiles de la voz.

Probablemente habrás visto incongruencias en muchas ocasiones. Le preguntas a un amigo si le apetece comida china; verbalmente dice: «Sí, estaría bien», pero por el tono de voz sabes que preferiría que no fuera así. Le preguntas a tu hermana si está enfadada contigo y verbalmente dice: «No, no estoy enfadada», pero adviertes que cierra con fuerza las mandíbulas y que se te queda mirando como si quisiera fundirte con la mirada. Le preguntas a alguien que acaba de caerse por las escaleras si se encuentra bien y verbalmente te dice: «Sí, estoy bien», pero adviertes que tiene problemas para andar y que se sujeta el brazo con un gesto de dolor tan extremo que te empieza a doler el brazo sólo con mirarle. Le preguntas a alguien si comprende las instrucciones que acabas de darle verbalmente dice: «Sí, creo que lo he captado», pero adviertes que su rostro se ha quedado pálido y da la impresión de que tiene problemas hasta para decir su nombre, para qué hablar de realizar la tarea que tenéis entre manos.

Estos son ejemplos de comunicación incongruente. Hemos hecho ya varias generalizaciones, también podríamos afirmar con certeza que algunas respuestas son casi universales. Cuando alguien hace rechinar los dientes y fija la mirada, y tiene casi todos los músculos del cuerpo bloqueados, se puede apostar sin miedo a equivocarse a que no se encuentra muy relajado. Tal vez no siempre sea cierto, pero en un alto porcentaje de casos será así.

Se trata de un aspecto bastante interesante de la comunicación humana. Alguien puede decir que no está furioso y creer verdaderamente lo que está diciendo, pero a un nivel más profundo tal vez esté comunicando otro mensaje con tanta claridad que de hecho, pueda estar oyéndole todo el mundo. Será totalmente inconsciente de su enfado.

Si te acercas a esta persona más tarde, una vez que la situación se ha calmado, es posible que haya tomado conciencia de su anterior enfado y sea capaz de confirmar la otra comunicación verbalmente. Es posible que diga: «Vale, por supuesto que hice eso, ¡estaba completamente furioso!», aunque momentos antes haya negado con vehemencia que estuviera enfadada.[5]

El reconocimiento de mensajes incoherentes es relativamente fácil cuando dispones de un modelo del proceso. Una vez que te percatas de que se están transmitiendo mensajes diferentes de manera simultánea y secuencial, resulta muy fácil identificar posibles incongruencias. No obstante, la identificación es tan sólo una parte del proceso, también hay que saber cómo responder a estas incongruencias.

De modo que en el caso de una comunicación incoherente, la cuestión sería: «¿A qué comunicación "prestas atención" y a qué comunicación respondes?». Si una persona dice que está «bien», pero su cuerpo y su voz sugieren que está molesto, ¿a qué debes «prestar atención» y a qué «responder» (suponiendo, por supuesto, que adviertes las incongruencias)? Probablemente habrás advertido mensajes incongruentes muchas veces antes, pero casi con seguridad nunca te han dicho cómo responder a ellos. Responder a las incongruencias es una parte vital del proceso de escuchar.

Lo más respetuoso que puedes hacer cuando alguien te envía un mensaje incongruente (y sucede a menudo) es continuar la comunicación hasta que resulte congruente. Seguir hasta que envíe un mismo mensaje, verbal y no verbal, consciente e inconsciente. Esto se puede lograr con discreción y hacer que parezca natural.

Para ayudar a alguien a que sea congruente lo mejor es hacer que tome conciencia de su comunicación inconsciente. Es conceder a la persona una oportunidad para que se percate del conflicto y lo aborde. Los conflictos son mucho más fáciles de aclarar cuando ambas partes se sientan a la mesa de negociación. Pon el aspecto inconsciente sobre la mesa y ofrece una silla cómoda y segura.

Por favor, toma nota de los términos que he escogido en el párrafo anterior. He dicho conceder a la persona una «oportunidad», esto quiere decir que se trata de admitir que los demás puedan declinar esa oferta con plena capacidad. Simplemente porque te ofrezcas a ayudar como mediador, no quiere decir que la oferta deba ser aceptada. No se trata de hacer indagaciones inoportunas ni de poner en práctica habilidades de intimidación con quien estás hablando. Si alguna vez te llega un mensaje congruente o un mensaje no verbal que indique que tu línea de comunicación no está siendo bien acogida, pasa con toda elegancia a un tema diferente y no insistas. (No obstante, no aceptes iniciativas basadas en comunicaciones incongruentes.)

Con esta refinada conciencia sensorial y la comprensión del proceso de incongruencia, estás preparado para escuchar y ver cosas de las que otros tal vez no sean conscientes. En algunas situaciones, esto puede parecer una intromisión para algunas personas, pese a que son ellas quienes te envían el mensaje. En tu comunicación debes ser respetuoso con la gente a todas horas.

No obstante, la mayor parte del tiempo, tu oferta como mediador será bien acogida. Casi todo el mundo aprecia que otras personas muestren un interés genuino por mejorar las cosas y también aprecian que te tomes la molestia de ofrecer tu ánimo. Existen diversas maneras de prestar una atención consciente a una comunicación inconsciente. Por ejemplo, Heather dice que quiere sinceramente cambiar de trabajo, pero su tono de voz y su comunicación corporal no parecen respaldar este mensaje. He aquí algunas ideas sobre cómo responder:

1. Iguala la incongruencia, aunque exagérala un poco. Con el mismo tono de voz y la misma comunicación corporal, di: «Sí, ya veo. Decididamente quieres empezar ahora mismo en ese nuevo trabajo y poner toda tu alma en ello». A menudo, ver en otros la incongruencia es suficiente para dirigir tu atención a ello.

2. Atrae directamente la atención hacia la incongruencia: «Oh, vamos. ¿A quién intentas convencer? ¿A mí o a ti? Ni siquiera eres capaz de decirlo sin evitar sobrecogerte ante la idea». Esta respuesta puede provocar la negación inmediata (ilustrando el conflicto), pero si te mantienes en ella es probable que ayudes a esta persona a que resuelva la incongruencia.

3. Atrae directamente la atención sobre los procesos inconscientes o sobre el yo interior. Di con tono compasivo: «¿De verdad estás segura? Si reflexionas a fondo, ¿hay algo que te inquiete? ¿Algo que va a inspirarte y aportarte la satisfacción que mereces?».

4. Ofrece tus intuiciones sobre los procesos involucrados: son presentimientos o suposiciones, pero a veces ayudan a llevar la conciencia de la otra persona a un nivel lógico superior en el cual puede ver las cosas desde una perspectiva más amplia: «¿No estás huyendo en realidad de los problemas de tu actual trabajo? ¿No estás buscando cierta excitación y algún cambio en tu vida? ¿No estás evi-

tando sencillamente el hecho de que esta profesión no es de verdad la mejor para ti?». La cuestión no es adivinar la verdad, la cuestión es acercarse lo suficiente como para motivar a la persona a pensar de forma más holista en la situación.

5. Acelera momentáneamente el proceso: una incongruencia se pone casi siempre en evidencia en un momento u otro; no obstante, ese punto a menudo llega tarde. Al ofrecer la percepción de que el proceso se acelera, la incongruencia a menudo sale de inmediato a la superficie. «¿Quieres decididamente ese trabajo? Genial. Sigue adelante y escribe tu carta de renuncia y luego tómate el resto de la tarde para buscar un nuevo piso más cerca de tu nueva oficina.»

En muchos casos, una incongruencia es tan sólo algo que hay que esclarecer, lo cual se puede conseguir al instante. Bastará con darle un empujoncito a Heather para que se dé cuenta de lo que sucede y sea capaz de responder de una manera más fiel a sus propios deseos y necesidades. Una vez aclarada la incongruencia, o una vez se toma conciencia de los mensajes inconscientes, las palabras recuperarán la coherencia con el cuerpo y el tono de voz. En otros casos se necesita más de una conversación o hace falta cierto tiempo. Pese a todo, es importante continuar ocupándose de las incongruencias hasta que estén resueltas.

Los acuerdos y las acciones basados en verbalizaciones incongruentes no son opciones ganador-ganador. Es frecuente que se deshagan en fases posteriores o que provoquen sentimientos de remordimiento, enfado o sentirse utilizado. Si no consigues una comunicación congruente con otras personas o si tus ofertas de ayuda para resolver incongruencias no son aceptadas, entonces te animo a que evites pasar a la acción o establecer acuerdos basados en incongruencias. Los acuerdos de este tipo casi siempre conllevan dificultades y problemas. Serás mucho más eficaz si basas tus acuerdos en una comunicación *congruente*.

Este proceso se aplica igualmente a ti. Si tienes que resolver alguna incongruencia, las acciones y acuerdos que aceptes conscientemente también podrán suscitar dificultades y problemas en el futuro. Ayudar a otras personas a resolver sus incongruencias es el paso 2 de los tres pasos para una comunicación eficaz, pero resolver tus propias incongruencias se consigue mediante el paso 1.

La incongruencia es una parte natural de la comunicación humana (natural pero no necesariamente eficaz) y contribuye a que el proceso de comunicación sea más confuso. No es nada grave. Puedes ocuparte de él de manera eficaz y, al hacerlo, lograr que el proceso de comunicación sea mucho mejor, mucho más respetuoso y gratificante.

EJEMPLOS DE POSIBLES INCONGRUENCIAS

Aunque he mencionado que las incongruencias son algo frecuente, aún no te he dado muchos ejemplos, que pueden ser importantes a la hora de identificar las incongruencias. En la lista siguiente, he identificado algunas cosas que reflejan a menudo una comunicación incongruente; sin embargo, estos ejemplos no se basan en normas estrictas y estables. La gente es diferente y responde de distinto modo a circunstancias diversas. El significado más preciso de su conducta se obtiene mejor a través de tu valoración minuciosa y objetiva. Estos ejemplos identifican situaciones en las que tal vez te interese prestar una atención adicional a un conflicto *en potencia*. Podrían ser inaplicables, igual que a veces son aplicables; no obstante, te darán algunas ideas sobre los tipos de cosas que podrías buscar:

> **Negación de emociones.** *Dice que se siente bien pero tú percibes:* mandíbula bien apretada, temblor en la boca, la cabeza que se mueve diciendo «no», temblor en los músculos faciales, respiración contenida, jadeo, movimiento de agitación de las manos hacia delante y hacia atrás, paso hacia atrás, movimiento de retroceso, ojos humedecidos, gestos para taparse la boca, otros movimientos nerviosos, voz contenida, volumen de voz disminuido y mayor tensión alrededor de los ojos.
>
> *O adviertes las mismas observaciones sensoriales que has calibrado previamente para esta persona, como:* dolor, tristeza, malestar, miedo, aspecto molesto, confusión.

Descripción de emociones. *Ella dice que se siente genial, motivada, ilusionada, llena de energía, feliz, realizada, pero tú adviertes que:* su tono de voz es insulso, le falta color a su rostro, relaja la mandíbula, cierra los ojos momentáneamente, contiene la respiración, agita la mano hacia delante y hacia atrás, se tapa la boca, se cubre los ojos, muestra tensión alrededor de los ojos.

O adviertes las mismas observaciones sensoriales que has calibrado previamente para esta persona, como: aburrimiento, decepción, tristeza, pesar, sensación de estar bloqueado, dolor, depresión.

Sí/No. *Dice que no, pero tú adviertes que:* simultáneamente niega con la cabeza, o dice que no y al mismo tiempo asiente que sí.

Decisiones. *Dice que ha tomado una decisión pero tú adviertes que:* titubea cuando habla, le tiembla la voz, niega con la cabeza, se tapa la boca, muestra una tensión excesiva en torno a los ojos, nariz y boca, continúa dando explicaciones verbales de su elección, aunque tú no las necesites ni haga falta que te convenzan, y hace una pausa para seguir pensando en ello.

O adviertes las mismas observaciones sensoriales que previamente has calibrado para esta persona, como: indecisión, confusión, arrepentimiento o angustia.

Demostración de comportamiento. *Dice que quiere que las cosas sean de cierta manera, pero tú adviertes que:* demuestra simultáneamente una conducta opuesta (es decir, afirma que quiere tirar para adelante, pero al mismo tiempo se queda sentado en la silla como si no fuera a ningún lado).

Valoraciones. *Dice que algo era positivo, grato, fantástico, genial, soberbio, espléndido, maravilloso, pero tú has advertido:* mandíbula rígida, temblor en la boca, negación con la cabeza, un temblor en los músculos faciales, respiración contenida, jadeo, lágrimas en los ojos, voz contenida, volumen de voz disminuido, ojos momentáneamente cerrados, tensión en torno a los ojos, nariz y boca, rubor encendido en el rostro, pérdida de color en la cara.

O adviertes las mismas observaciones sensoriales que previamente has calibrado para esta persona, como: disgusto, decepción, rencor, miedo, ira, desapego, pesar, aburrimiento..

Deseos. *Dice que preferiría no hacer algo, tener algo, tomar algo, pero tú adviertes que:* sus ojos y su atención están fijos en ese algo.

O adviertes las mismas observaciones sensoriales que has calibrado anteriormente para esta persona, como: deseo, excitación, expectación, esperanza, deleite, motivación, celos.

Dice que le gustaría de verdad, que quiere, desea, disfruta, espera, valora, aprecia algo, pero tú adviertes: un temblor en la voz, pérdida de atención, un movimiento de retroceso, voz contenida, ojos momentáneamente cerrados, mentón laxo, pérdida de color en el rostro.

O adviertes las mismas observaciones sensoriales que has calibrado previamente para esta persona, como: aburrimiento, desvinculación, distanciamiento, descontento, miedo, comedimiento, indecisión, pérdida de energía, confusión.

Cumplidos. *Dice que eres una persona cariñosa, solícita, encantadora, apasionada, estimada, estupenda, graciosa, sexy, vital, buen amigo, sensual, pero tú adviertes:* mandíbulas apretadas, temblor en la boca, niega con un gesto de la cabeza, temblor en los músculos faciales, aliento contenido, jadeo, excesivo resuello al hablar, voz contenida, volumen de voz disminuido, ojos cerrados momentáneamente, tensión en torno a los ojos, nariz y boca, pérdida de rubor en el rostro.

O adviertes las mismas observaciones sensoriales que has calibrado previamente para esta persona, como: distanciamiento, desvinculación, descontento, decepción, aburrimiento, comedimiento.

Obviamente, no es una lista exhaustiva y tal vez plantee más preguntas que respuestas. Lo importante es que recuerdes que debes evitar crear tu propio modelo de interpretación de lenguaje corporal, para no caer en el error de dar a cualquier comportamiento siempre el mismo significado. Por el contrario, busca cosas que pudieran significar algo, pero luego comunícate con la persona para descubrir qué está sucediendo de verdad.

Sintonía

Cada vez que te comunicas con otra persona, te das cuenta del nivel de sintonía establecido, sobre todo con las personas con las que más te relacionas. Esto te proporciona algunas ideas sobre lo predispuesta que está esta persona para recibir tu información. Por contrapartida, también hace falta ser consciente de cuánta sintonía sientes tú y verificar tu propio nivel de receptividad.

Para comprender y sacar partido al proceso de sintonía, en primer lugar debes saber qué es, en segundo, reconocerlo en los demás y, en tercero, ser capaz de contribuir a su creación. Empecemos por explicar a qué me refiero cuando empleo la palabra *sintonía*.

La sintonía es un estado en el que te sientes en armonía con otra persona. Quiere decir que estás receptivo a escuchar lo que otra persona tiene que decir, e implica encontrarse a gusto con la otra persona a nivel inconsciente. La PNL postula que la gente se encuentra más cómoda con las personas que percibe como afines a ella; la afinidad se genera al reducir las diferencias percibidas en un nivel inconsciente.

La sintonía normalmente es necesaria para crear receptividad en la comunicación. Cuando sientes afinidad con otras personas, estás predispuesto a escuchar lo que tienen que decir y a considerar sus ideas nuevas o diferentes; y estás dispuesto a comprender las cosas desde su punto de vista. Si careces de esta afinidad, es poco probable que se aplique ninguna de estas cosas, incluso cuando pienses que puedes ser racional en lo que a la comunicación se refiere. Recuerda que la gente es primero emocional, racional en segundo lugar. Un estado emocional, como por ejemplo el sentimiento de falta de armonía, puede afectar a la percepción de un modo que va más allá del estado consciente.

Aunque la sintonía es un estado emocional de armonía, no es lo mismo que tener afecto a alguien. La sintonía es el medio por el cual dos personas que no necesariamente se caen bien llegan a comunicarse la una con la otra de manera funcional. Cuando te comunicas, hay ocasiones en las que tratas con gente por la que sientes un gran afecto. Cuando te sientes especialmente amigable, lo más probable es que te muestres sensible a su comunicación. La afinidad y el afecto irán de la mano. En estas ocasiones no te hará falta hacer uso de unas habilidades comunicativas excelentes. De hecho, en estas situaciones puedes emplear habilidades comunicativas relativamente horribles y aún ser eficaz en tu comunicación. Pero éste no siempre será el caso. Habrá ocasiones en las que te hará falta comunicarte con alguien que no te caiga especialmente bien, y a quien tú tampoco le caigas bien. En estos casos, el nivel de habilidad comunicativa que tengas será crítico para determinar lo eficaz que eres.

Muchas situaciones en tu vida precisarán una comunicación funcional con gente que no conoces, gente que no te interesa en particular y gente que no te gusta en absoluto. Sin embargo, si reduces las diferencias percibidas entre los dos a un nivel inconsciente, preparas el camino para permitir una comunicación funcional. La sintonía no tiene que ver con una sensación cálida o de afecto al hablar con alguien. Más bien es el medio por el que se logra la comunicación funcional sin dejar de ser respetuoso. Es el medio por el cual dos personas pueden iniciar una comunicación desde diferentes puntos de partida, pero permitiendo una aproximación entre ambas. Es el estado emocional que nos ayuda a sentir que es seguro comunicarse y desde el cual se otorga libremente permiso para influir y persuadir.

Ahora que ha quedado muy claro qué es la sintonía, puedes empezar a procurar tener muy claro cuándo se ha logrado esa sintonía.

Según tu propia experiencia, puedes reconocer un sentimiento de afinidad igual que reconocerías cualquier estado emocional. Lo percibes. Este sentimiento es por lo general semejante a los sentimientos de seguridad, receptividad, falta de prejuicios, voluntad de escuchar y voluntad de considerar el punto de vista de otra persona. Cuando analizas tus propios sentimientos acerca de tu respuesta emocional hacia otra persona, sabes fácilmente si percibes sintonía o no.

No obstante, el proceso de saber si otra persona siente afinidad es diferente. Puesto que no puedes leer la mente de otra persona ni siquiera saber en realidad qué siente, necesitas otras formas de evaluar el nivel de afinidad. Esto se consigue mediante los métodos de calibración ya estudiados. Para adelantar un poco las cosas y proporcionarte un punto de partida, me gustaría dirigir tu atención a ciertas observaciones que se relacionan a menudo con los niveles de afinidad.

Cuando la gente no demuestra sintonía, probablemente experimentará emociones como: distracción, agitación, aburrimiento, despreocupación, fastidio, angustia, turbación, miedo, frustración, resentimiento, rabia, amargura, desprecio, desdén, despecho o irritación.

Las observaciones sensoriales que indican estas emociones variarán, pero tú puedes buscar: un gesto de negación con la cabeza, un respingo o mueca o algún otro indicio de tensión en los músculos faciales, imposibilidad de mantener la mirada, miradas penetrantes, bostezos, mirada perdida, tensión en los músculos en torno a los ojos, entrecejo fruncido, pupilas pequeñas, agitación de las manos hacia delante y hacia atrás, reclinación hacia atrás, más distancia de lo normal entre ambos interlocutores, una interrupción o intento de interrumpir, objetos colocados entre ambos (por ejemplo, que la otra persona se siente en una silla con el respaldo colocado al revés), darse media vuelta, retirada repentina, tonos de voz más duros, cortantes, chillones, menos resonantes, de proyección más fuerte o más altos, brazos cruzados con fuerza, piernas cruzadas con fuerza, tensión en la mandíbula, rechinar de dientes, movimientos de masticación con la boca, manos apretadas en puños, movimientos enérgicos y tensión en las manos (retorcimiento, estrujamiento, presión), pequeñas patadas, andar hacia atrás y hacia delante, ensanchamiento de las ventanas de la nariz, aumento de flujo sanguíneo en el rostro (más color); menor flujo sanguíneo en el rostro (menos color), aumento de flujo sanguíneo en las manos (manos más rojas), salivación más evidente de lo normal y muchas otras cosas.

Cuando la gente siente un estado de sintonía, probablemente experimenta emociones como: armonía, bienestar, interés, curiosidad, relajación, atracción, seguridad, deleite, satisfacción, aceptación, simpatía, empatía, perdón, afecto, aprobación, afabilidad, agradecimiento, amor, ternura, incluso atracción sensual.

Las observaciones sensoriales que indican estas emociones variarán, pero tú puedes buscar: gesto de asentimiento con la cabeza, músculos faciales relajados, mirada mantenida, labios humedecidos y relamidos, respiración por la nariz, músculos relajados en torno a los ojos, brillo en los ojos, dilatación de las pupilas, entrecejo relajado, frente relajada, manos abiertas (palmas hacia arriba o dirigidas hacia el cuerpo), ademanes en dirección al cuerpo, inclinación hacia delante del cuerpo, inclinación hacia delante de la cabeza, ligera inclinación de la cabeza (a menudo para ajustar la posición de los oídos), mandíbulas relajadas, boca ligeramente abierta, movimiento de aproximación más evidente de lo normal, expresión verbal de conformidad y comprensión («ajá», «sí», «exacto», «de acuerdo», «mmm, mmm»), espacio despejado entre ambos interlocutores, rostro vuelto hacia quien habla, gestos abriendo brazos, pecho y hombros, tonos de voz más suaves, más resonantes, proyectados con menos fuerza o reducidos en volumen, brazos sueltos y relajados, piernas sin cruzar y relajadas, leves masajes a uno mismo, jugueteo con el pelo, desplazamiento del peso aparentemente más mesurado, respiración profunda desde el diafragma, aumento del flujo sanguíneo en los labios y la boca (labios agrandados, más color), mayor humedad en la boca y otras muchas cosas.

Aunque ninguna de estas observaciones puede relacionarse con los niveles de sintonía, en muchos casos habrá cierta correlación. Recuerda que el porte físico, las expresiones faciales y la fisiología están directamente relacionados con estados emocionales, así que todas estas observaciones transmiten algún significado; no obstante, el significado específico que elijas para correlacionarlo con tus observaciones debería depender de tu observación de repeticiones y patrones. En caso de sintonía, querrás correlacionar tus observaciones de agudeza sensorial con tus observaciones de la aceptación que consigues de tus mensajes, ideas y propuestas.

Cambios en los estados emocionales

El último aspecto de la atención objetiva al que me gustaría dirigir tu atención se refiere a tomar nota de las respuestas. La comunicación es un proceso flexible que incluye pasar a la acción, prestar atención a las respuestas, ajustar la conducta y emprender nuevas acciones. Cuando trates con otras personas (y contigo mismo), querrás prestar especial atención a los *cambios* que tengan lugar (éstas son las respuestas) y amoldar tu comunicación a ellos.

Supón que estás haciendo una presentación de ventas a un posible cliente. Hablas sobre tu producto y sus beneficios y las cosas marchan como una seda. Pero mencionas algo y de repente el cliente se reclina hacia atrás en la silla, respira hondo y se lleva la mano a la barbilla, cubriéndose la boca. Lo hace sin decir una palabra. No hay comunicación verbal y, sin embargo, estos repentinos cambios físicos indican un cambio repentino en su estado emocional. ¿No te gustaría saber qué está sucediendo? ¿No te gustaría saber si esto quiere decir que de pronto ha detectado un problema importante o si tan sólo ha descubierto un uso mucho más amplio para el producto? ¿No crees que será importante para la interacción?

Supón que estás hablando con tu jefe sobre tu futuro en la empresa. Mantenéis una conversación bastante razonable hasta que dice que eres el siguiente en la lista de ascensos. En ese instante, adviertes que su voz vacila, deja de mirarte a los ojos y al mismo tiempo niega con la cabeza. ¿No querrías saber qué ocurre? ¿No te gustaría saber si hay algún problema o si ha habido alguna votación en contra? ¿No querrías saber si existe algún problema que pueda obstaculizar tu promoción?

Aunque ambas situaciones indican también una comunicación incongruente, el aspecto más importante de las interacciones son los cambios repentinos que han tenido lugar. Los cambios repentinos en la comunicación no verbal pueden ser la clave para detectar que hay que abordar algún tema de forma urgente. Con la expresión verbal, no siempre se te ofrece la calidad de comunicación que tal vez a ti te gustaría tener. Sin embargo, la comunicación no verbal complementa muy bien las palabras y, al mismo tiempo, puede ayudarte a ampliar el mensaje que necesitas obtener.

Cuando se produce un cambio repentino en el mensaje no verbal transmitido, tal vez desees explorar ese mensaje un poco más. Esto implica un proceso en el que hay que crear un entorno receptivo y seguro para que la otra persona explore el significado inconsciente (si aún no es consciente de ello) y compartirlo contigo.

Si tu cliente cambia de repente de estado, lo mejor sería responder a ese cambio. Podrías detener tu presentación unos instantes y preguntar: «¿He dicho alguna cosa que necesitemos hablar más a fondo?». Si recibes una respuesta incongruente, por ejemplo: «No, puede continuar», entonces podrías decir: «Bien, de acuerdo, podemos seguir (acompañando la comunicación consciente, verbal), pero, a veces, este tipo de presentaciones plantea cuestiones que hay que discutir. Por ejemplo, si un cliente oye algo de una manera y cree que podría representar un problema, eso indica un malentendido o falta de información. A veces no me explico exactamente de la manera adecuada o cometo un error. Otras veces significa que hay que resolver un problema, pero éste no puede solucionarse a menos que se me informe de su existencia. ¿Sabe a qué me refiero?». Ofreces al cliente la oportunidad de pensar qué está pasando y compartir lo que sucede en un espacio de receptividad y de ganador-ganador.

Si tu jefe se vuelve incongruente cuando habla de tu próxima promoción, podrías centrar tu atención en ese tema. Podrías decir: «Bien, eso es algo interesante. Ya sabe, quiero de verdad esa promoción, pero a veces me pregunto si alguna vez llegará a producirse. Nunca se sabe. Es posible que no esté haciendo bien algo y que eso sea un obstáculo. Algo de lo que ni siquiera tengo conocimiento. O tal vez haya faltado a alguien sin siquiera saberlo. O tal vez la empresa se va a reestructurar o la vendan o cualquier otra cosa. Tal vez tenga que empezar a buscar trabajo antes que un ascenso. ¿Nunca se siente así?». Una vez más, ofrece a tu jefe la oportunidad de pensar en lo que está sucediendo y compartir lo que está pasando en un espacio ganador-ganador de receptividad. Sin duda es más fácil para la gente hablar sobre un tema difícil si lo planteas y quieres hablar sinceramente sobre él.

En capítulos posteriores nos ocuparemos más en profundidad de cómo estructurar las palabras con eficacia. Por el momento, lo más importante es comprender que necesitas responder a la comunicación verbal e inconsciente y a menudo comentar un poco más las cosas.

Escucharse a uno mismo

Este capítulo ha dirigido nuestra atención a una amplia variedad de conceptos y métodos para comunicarse. Aunque puede que parezca que buena parte se centra en tu capacidad para recibir información de otros, también pretendía ocuparse de tu capacidad para recibir información de ti mismo. Es una parte considerable del paso 1 de los tres pasos para una comunicación eficaz (conoce lo que quieres realmente: entra en contacto con tu núcleo verdadero).

Vamos a revisar brevemente alguna de las ideas presentadas en este capítulo, centrándonos ahora en tu propia comunicación *no verbal*.

Resulta de gran ayuda emplear la agudeza sensorial y la calibración contigo mismo. Ahora que tienes cosas específicas que detectar (características de la voz, gestos corporales, cambios en la respiración, movimientos del cuerpo y así sucesivamente), serás más capaz de advertir tu propia comunicación no verbal. El proceso de calibración es mucho más fácil contigo mismo, también, ya que tienes acceso directo al reconocimiento de tus propios estados emocionales. Si adviertes que te vibra la sien cada vez que lanzas un farol, aunque no puedas detener la vibración (más adelante describiremos un proceso para ayudarte también en eso), puedes reconocer de inmediato si estás jugando de farol o no en un momento dado. El individuo que esté al otro lado de la mesa necesitará «jugar varias manos» para llegar a esa conclusión.

Al parecer, las incongruencias forman parte de la vida de mucha gente y probablemente las experimentarás con cierta regularidad. Si continúas empleando tu agudeza sensorial contigo mismo, te harás una idea mejor de cuándo te estás comunicando de manera incongruente. De nuevo, el proceso para abordar este tema es el mismo que con los demás; toma conciencia de la comunicación inconsciente. Cada vez que te descubras a ti mismo actuando de manera incongruente, analízate y pregúntate con honestidad qué mensaje intenta comunicar esa conducta no verbal. Cuando exploras tus procesos internos de este modo, muchas de tus incongruencias o la mayoría de ellas se aclararán muy deprisa y tus comunicaciones futuras sobre el tema probablemente serán muy congruentes.

La congruencia constante en tu comunicación es uno de los sistemas más rápidos, más eficaces para aumentar tu eficacia en la comunicación y tus resultados globales en la vida.

Verificar tus propios niveles de afinidad con los demás también es muy útil. Si detectas falta de sintonía con alguien, hay muchas posibilidades de que la otra persona también se sienta así. Verificar tu propio nivel de sintonía con otra persona y tomar medidas para mantenerlo de forma adecuada a la situación que tenéis entre manos ayudará a mantener una atmósfera general más receptiva.

Además, poder disfrutar de sintonía con uno mismo es también muy importante. Mortificarte, criticarte y no sentirte satisfecho de ti mismo son maneras seguras de obstaculizar el proceso de comunicación con otras personas. Más adelante, en el capítulo 11 nos ocuparemos de métodos para abordar estas cuestiones directamente. No obstante, el marco estructural adoptado en este capítulo sigue siendo igualmente útil. Concédete el espacio para explorar estas cuestiones con libertad y seguridad y abórdalas de forma consciente. Eres la persona más importante que jamás vas a conocer, y puedes concederte la oportunidad de ser humano.

Finalmente, los cambios en tu porte físico, expresiones faciales, fisiología y características tonales en la voz indicarán cambios también en tus estados emocionales. Una vez más, cuando dirijas tu agudeza sensorial hacia ti mismo, dispondrás de otro canal para advertir tus emociones. Vivimos en una sociedad donde las emociones no se valoran generalmente tanto como el intelecto y, por lo tanto, es natural que muchas personas hayan aprendido a pasar por alto o suprimir las emociones. Aun así, las emociones continúan ahí y es importante ocuparse de ellas. Emplear la agudeza sensorial contigo mismo es una gran manera de potenciar tu capacidad natural para ser consciente de tus emociones con objeto de atraer la atención sobre tus propios cambios importantes en los diversos estados emocionales.

A medida que apliques estas habilidades, descubrirás que tu porcentaje de éxito en diversas tareas está por lo general muy relacionado con tu nivel de congruencia.

6

Habilidades de atención verbal

Hasta ahora, nuestro interés por el proceso de escuchar no ha incluido palabras. Qué manera tan interesante de empezar el tema de volver aprender a escuchar. En muchos casos, la atención no verbal tiene una importancia primordial. No obstante, la escucha verbal también es importante. En este capítulo vamos a tratar más a fondo el lenguaje en sí, y empezaremos a descubrir que las palabras que emplea la gente y la manera en que las usa transmite mucha más información de la que nunca has percibido.

El metamodelo

La PNL proporciona un modelo excelente de lenguaje llamado el metamodelo. Puede ayudarte a dar más significado y sentido a las palabras que dice la gente. Puede hacerte prestar más atención a las suposiciones inconscientes de una persona, sus creencias y limitaciones percibidas; y puede ayudarte a obtener una idea más clara de cómo una persona percibe el mundo.

El metamodelo se inspiró en gran parte en un modelo formal del campo de la lingüística tranformacional[1] y originalmente se desarrolló para utilizarlo en terapias, donde las habilidades de comunicación son muy importantes. Dos de los primeros libros sobre PNL, *The Structure of Magic*, volúmenes 1 y 2, de Richard Bandler y John Grinder, introducían y describían el metamodelo con todo detalle; continúan siendo excelentes libros de referencia para un estudio minucioso del trabajo.

En un principio, el metamodelo se ideó como instrumento de inducción y se empleaba para recoger información con rapidez. Se cuenta que era tan poderoso y llegaba tan lejos que el FBI se planteó en algún momento emplear este procedimiento en los interrogatorios. Esto podría darte una indicación de lo minucioso que es el proceso. Si se emplea de la forma adecuada y respetando a los demás, el metamodelo puede constituir la base de habilidades de atención verbal excepcionales.

Mi presentación del metamodelo no es en absoluto tan exhaustiva como el trabajo original de sus autores y tampoco se centra en la formación de psicólogos (para ello, te remitiría a las obras originales). He preferido simplificar la información e incluir las partes que encuentro más valiosas.

El metamodelo se refiere a las palabras habladas como *estructura superficial* y a los pensamientos más completos que existen tras las palabras como *estructura profunda*. A menudo existe una enorme diferencia entre la estructura superficial y la estructura profunda, y el metamodelo codifica los procesos mediante los cuales estas diferencias tienen lugar. Por ejemplo, una madre puede decir a su hijo la frase «deberías limpiarte los dientes cada día». Puesto que es una frase hablada, se trata de la estructura superficial. Si examinas la frase más a fondo, verás que la frase deja de ofrecer cierta información. Por ejemplo, no manifiesta quién creó las expectativas de que los dientes deberían limpiarse cada día. ¿Fue la madre? ¿El dentista? ¿La Asociación Dental Americana? ¿Quién?

Al plantear a la madre la pregunta: «¿Según quién debería cepillarme los dientes cada día?», el hijo tendrá la oportunidad de obtener la información completa. También hay otros elementos de información que la estructura superficial no expresa completamente. ¿Qué proceso específico está describiendo cuando dice «cepíllate los dientes»? Hay muchas maneras de cepillarse los dientes y ella probablemente tiene criterios específicos en mente. ¿Qué idea específica tiene sobre «cada día»? ¿Debe ser a la misma hora? ¿Cuántas veces al día? El metamodelo presupone que la frase de la madre está respaldada por un pensamiento completo en el cual está disponible toda la información. La representación lingüística completa de la que deriva la estructura superficial se denomina estructura profunda.

Los procesos universales mediante los cuales la gente pasa de la estructura profunda a la estructura superficial se clasifican en *supresiones, distorsiones y generalizaciones*. Son partes necesarias de la comunicación; si expresaras siempre cada pensamiento de manera completa, dedicarías una cantidad tremenda de tiempo a hablar cuando en realidad no sería necesario ni útil. La terminología legal es un ejemplo de lenguaje que aunque intenta reducir el número de supresiones, distorsiones y generalizaciones es tan engorrosa que incluso un simple documento ocupa muchas páginas de letra pequeña.

Cada patrón del metamodelo puede presentarse con una respuesta complementaria que se use para recoger más información o para dirigir una línea de preguntas. En el caso de las supresiones, las respuestas están orientadas a ayudar a la recuperación de la información suprimida. Con las distorsiones, las respuestas están encaminadas a poner en tela de juicio o en evidencia la información distorsionada. Con las generalizaciones, las respuestas tienden también en este caso a poner en tela de juicio o en evidencia las suposiciones generalizadas. En muchos casos, las respuestas son muy relevantes y aportan información que es importante para el proceso de comunicación.

Muchos estudiantes de PNL pueden dar testimonio de que el empleo impropio o excesivo de las preguntas del metamodelo puede representar un problema real. Una de las maneras más rápidas de alejar a alguien y provocar disgusto e irritabilidad puede ser el uso erróneo de las técnicas de preguntas del metamodelo. Durante el proceso de aprendizaje del metamodelo por parte de los estudiantes de PNL, muchos de ellos han sido calificados como «metamonstruos» por el uso insincero, penetrante y poco considerado de estas técnicas.

Por este motivo y por los motivos generales de respeto, y por la noción ganador-ganador, debo hacer hincapié en que las estrategias del metamodelo deben usarse únicamente cuando existe una fuerte sintonía y cuando tienes en mente verdaderas intenciones ganador-ganador. Cuando lleguemos a algunos de los patrones lingüísticos en los capítulos posteriores, aprenderás a suavizar las respuestas del metamodelo y a emplearlas con gracia y elegancia.

Los procesos de supresión, distorsión y generalización son tan naturales y necesarios para nosotros que no podemos evitarlos de forma realista. Hay veces, no obstante, en las que estos procesos crean problemas, sobre todo en forma de limitaciones falsamente impuestas. Considera la frase siguiente pronunciada por un amigo ficticio, Fred:

Frase nº 1: «No me ascenderán hasta que quede un puesto vacante».

Si aceptas esta frase por su valor nominal, parece que el futuro de Fred depende de determinados cambios dentro de la organización. Si no quedan puestos vacantes, no hay posibilidades de ascenso. Esto es una limitación.

Ahora plantéate esta frase reconocidamente poco afortunada:

Frase nº 2: Alguien decidió que alguien o algo impide que Fred ascienda hasta que alguien de alguna manera deje vacante algún puesto de trabajo.

Aunque lo más probable es que nunca oigas una frase así, se trata cualitativamente de la misma frase que la nº 1. Pero con la frase nº 2 podrías plantearte hacer algunas preguntas pertinentes:

- ¿Quiénes son esos alguien? ¿Qué son estos algo? ¿Son creíbles? ¿Tienen alguna autoridad o poder para determinar esto? ¿Saben de qué están hablando?
- ¿Cuál es la fuente de esta información? ¿Se lo ha oído decir Fred al presidente de la empresa o a la recepcionista? ¿Qué lleva a Fred a creer que esta persona está bien informada y que además dice la verdad?
- ¿Quién es este alguien, o qué es este algo, que impide el ascenso? ¿Tiene autoridad o poder esta persona o cosa para evitarlo?

- ¿Quién puede promocionar a Fred? ¿Es la misma persona que podría evitar la promoción o es otra persona?
- ¿Quién puede crear una vacante laboral? ¿Puede Fred crear una vacante? Si no, ¿qué le impide hacerlo?
- ¿Cómo se puede crear una vacante laboral? ¿Se puede crear un nuevo trabajo? ¿Puede ampliarse un departamento? ¿Puede el jefe de Fred tomar simplemente la decisión de crear un nuevo puesto de trabajo? ¿Qué tipo de trabajo debe esta persona dejar vacante?

Hay un montón de preguntas que plantearse como reacción sencilla a la única frase «No pueden ascenderme hasta que haya un puesto vacante». Aun así, la respuesta a cualquiera de esas preguntas podría indicar que la limitación de Fred no es de ningún modo una limitación. Tal vez descubras que Fred en realidad no está limitado en absoluto por la organización; más bien se encuentra limitado por sus creencias sobre la organización. También podrías descubrir que Fred no comprende las verdaderas necesidades y procesos de la organización y tampoco comprende quién hace que en realidad tengan lugar estos procesos. Tal vez incluso puedas ayudar a Fred a analizar estas limitaciones percibidas y tal vez él se percate de que dispone de más opciones de las que creía. Tal vez incluso podría descubrir que hay cosas que puede hacer en la actualidad para ayudarse a sí mismo a conseguir el ascenso independientemente de que quede un puesto vacante o no.

La gente reprime por rutina su potencial con falsas limitaciones y esas falsas limitaciones se expresan de forma rutinaria en sus patrones de lenguaje. Cuando Fred dice una frase como: «No puedo conseguir un ascenso hasta que haya una vacante laboral», está diciendo mucho más que tan sólo lo que significan las palabras. Si escuchas con eficacia, oirás algo más que sólo las palabras, oirás el proceso detrás de las palabras. Fred cree que el ascenso es imposible a menos que exista una vacante. Fred cree que su ascenso depende de alguien más en vez de tomar él mismo la responsabilidad en el proceso. Estas limitaciones percibidas quedan expresadas explícitamente en la estructura de la frase de Fred. Puedes aprender a oír también estas expresiones implícitas.

Una vez que comprendes los procesos específicos del meta-modelo, puedes transformar fácilmente una frase n° 1 en una frase n° 2. (¡Y esa torpeza empezará a tener sentido para ti!) Puedes iden-tificar las limitaciones inherentes a la frase n° 1 e investigar las de-más opciones implícitas en la frase n° 2. Puedes determinar con precisión los proceso críticos y dirigir tu atención hacia ellos.

La PNL, y en concreto el metamodelo, presta más atención a los *procesos* de la conducta humana que al contenido específico del comportamiento humano. Si Fred se siente limitado, podrías cen-trarte en el contenido de su situación: podrías hablar sobre las cuestiones específicas referentes a esta norma, como a quién se aplica la norma, los términos empleados en la norma, las condicio-nes de la norma, cuánto tiempo estará en vigor esta norma y así su-cesivamente. No obstante, esto implicará la aceptación de la pre-misa de que la norma es algo que está limitando a Fred. Si, por el contrario, optas por ocuparte del proceso, entonces considerarás el proceso por el cual Fred se siente limitado y le ayudarás a des-cubrir más opciones. Tal vez llegues a darte cuenta de que Fred está distorsionando y generalizando lo que sucede en el mundo, y que en realidad no hay más limitaciones que las que el propio Fred crea. Al dirigir la atención a este proceso, puedes ayudar a Fred a comprender que cuenta con más oportunidades de las que piensa. Es más, cuando el proceso no deseado queda en evidencia, Fred podría percatarse de que ha estado usando ese proceso también en otras situaciones y podría descubrir más oportunidades en muchas parcelas de su vida.

Cuando se escucha, el metamodelo se emplea para extraer in-formación, pero la información no siempre se presenta como he-chos y cifras (el contenido). También se presenta como maneras en las que la gente da sentido al mundo (los procesos). Los procesos que hay detrás de las palabras a menudo son mucho más impor-tantes que las palabras específicas. A medida que avances, te mara-villarás de las muchas cosas que «dice» la gente sin decirlas en rea-lidad. Te asombrarás de cómo una frase sencilla puede incluir mensajes múltiples y completos. Y también te entusiasmará, ya que no se aprende cada día algo nuevo sobre cosas que hemos estado haciendo de forma natural durante toda nuestra vida.

Presuposiciones

¿Alguna vez has pasado por la experiencia de hablar con otras personas, oír sus palabras y saber que el mensaje era otro? Tal vez te estaban tomando el pelo, pero tú no estabas seguro de cómo. O, posiblemente, estaban intentando complicar las cosas de alguna manera, pero no era más que un presentimiento. O simplemente te hacían sentir muy bien, pero no estabas seguro de lo que decían para conseguirlo.

La mayoría de la gente sabe por intuición que el lenguaje humano comunica mensajes sin palabras. Sabe que una frase incluye más significado que el que implican las palabras. Sabe que las palabras lógicas, semánticas, no transmiten todo el significado de la frase. Incluso cuando se elimina toda la comunicación corporal y tonal, se está transmitiendo todavía más información que simples palabras. Tal vez no estés acostumbrado a reflexionar sobre esto.

El significado añadido a menudo llega a través de los procesos sutiles pero potentes de las presuposiciones. Las presuposiciones se enseñan a veces por separado del metamodelo y en ocasiones se presentan como parte del modelo (como una forma de distorsión). Yo prefiero presentar las presuposiciones como un patrón general que configura una descripción más amplia de los patrones del metamodelo. En este libro me referiré a las presuposiciones con esta aplicación más amplia: como uno de los fundamentos implícitos del lenguaje. Al pensar en ello de esta manera, cada patrón lingüístico del metamodelo puede considerarse un tipo especial de presuposición.

Por lo tanto, ¿qué es una presuposición?

Presuposición es una palabra relativamente poco común para una idea relativamente común. Las palabras *conjetura* y *suposición* son términos comunes para la misma idea. Según el diccionario de la Real Academia, *presuposición* es «suposición previa», algo que se da por sentado de antemano. En términos sencillos, las presuposiciones son las cosas que tu lenguaje da por supuesto y sobreentiende sin manifestar específicamente. Son los pensamientos no manifiestos representados por los términos de tu lenguaje. Por ejemplo, considera esta frase:

«Gracias por tomar en consideración mi propuesta».

Superficialmente, esta frase sencilla dice tan sólo «gracias», pero hay tres presuposiciones claves implícitas en ella:

Presuposición nº 1: Existe una propuesta.
Presuposición nº 2: La propuesta pertenece a quien ha pronunciado la frase («mi propuesta»).
Presuposición nº 3: La persona que escucha ha considerado o considerará esta propuesta.

Ninguna de estas tres presuposiciones se manifiesta de forma específica. La frase *no* decía:

Expresión alternativa (poco afortunada): Esta carta contiene una propuesta. Esta propuesta me pertenece. Le pido que la considere. Si la considera, me sentiré muy agradecido con usted.

Las presuposiciones transmiten un significado sin manifestarlo abiertamente. En el lenguaje natural, las presuposiciones son resultado de la simplificación y la conveniencia y se hacen de manera inconsciente. Pocas personas tienen la formación lingüística para ser conscientes de las presuposiciones que hacen, y mucho menos del interés por hacerlo. Por ejemplo, cada vez que digo algo sobre «mi trabajo», estoy presuponiendo que para empezar tengo un trabajo; de otra manera, la frase no tendría sentido. Si tuviera que decir específicamente «tengo un trabajo» cada vez que me refiero a él, el proceso hablado sería mucho más tedioso y difícil. El que las presuposiciones impliquen cosas categóricas, precisas, puede ser una manera muy útil, muy práctica de hablar con eficacia. Sin embargo, cuando las presuposiciones implican cosas poco concretas y limitaciones falsamente impuestas es cuando empiezan a plantearse problemas.

Escuchar con eficacia te exige un aspecto de suma importancia, que es el de reconocer las presuposiciones en la comunicación ordinaria. Puedes conseguirlo muy bien con una combinación de práctica y una mayor conciencia lingüística. Para ayudarte en este proceso de reconocimiento, haré referencia a una amplia variedad de presuposiciones a lo largo de lo que queda de libro.

Existe una amplia gama de situaciones en las que las presuposiciones surgen de manera natural (se enumeran veintinueve en el apéndice de *The Structure of Magic*, volumen 1), cada una de las cuales está claramente diferenciada de la otra. No obstante, más que empantanarte en estos detalles intrincados prefiero filtrar y simplificar la información y permitirte ver muchos ejemplos. Es una manera excelente de aprender la fuerza impulsora de esta información y de disfrutar a la vez del proceso.[2] Una vez compruebes algunos ejemplos de presuposiciones identificadas y descritas de manera específica, empezarás a ser capaz de advertirlas en las conversaciones cotidianas.

La importancia de las presuposiciones reside en su sutilidad. Son un mecanismo mediante el cual la gente dice cosas sin verbalizarlas. He aquí dos frases sencillas con las explicaciones correspondientes, que hacen hincapié en algunas de las cosas que se presuponen:

Ejemplo 1. Mi éxito se ha debido primordialmente a mi gran integridad:

> *Presuposiciones*: «Mi éxito» presupone que existe un éxito y que yo disfruto de él; «éxito» presupone que estoy teniendo éxito en algo; «se ha» presupone que este éxito se ha producido durante un periodo de tiempo; «primordialmente» presupone que al menos hay un motivo más que ha facilitado el éxito aparte de la integridad; «debido a» presupone que hay una relación causa-efecto entre la gran integridad y mi éxito; «mi gran integridad» presupone que soy muy íntegro.
>
> *Metapresuposiciones*: tengo suficiente información para determinar *por qué* tengo éxito; tengo suficiente información para determinar que tengo éxito; tengo suficiente información para determinar que soy muy íntegro; tengo suficiente información como para determinar que esta relación causa-efecto es aplicable.

Ejemplo 2: No podemos tener una relación verdadera sin que haya un sentido puro de confianza el uno en el otro.

Presuposiciones: «No podemos» presupone que existen posibilidades e imposibilidades asociadas a tener una verdadera relación; «tener» presupone que una verdadera relación es algo que se puede poseer; «relación verdadera» presupone que hay relaciones que no son verdaderas; «relación» presupone que «nosotros» disponemos del potencial para relacionarnos de alguna manera; «no podemos... sin» presupone una relación causa-efecto entre un sentido puro de confianza y la verdadera relación; «que haya» presupone que se requiere que este sentido de confianza exista de manera constante; «puro» presupone que hay nociones de confianza diferentes al puro; «sentido» presupone que alguien está experimentando una experiencia sensorial; «confianza» presupone que alguien confía en otro; «un sentido puro de confianza» presupone que existe tal cosa.

Metapresuposiciones: La persona que habla dispone de información suficiente para determinar qué se requiere para tener una relación verdadera; la persona que habla dispone de suficiente información para identificar una relación verdadera; la persona que habla dispone de suficiente información para determinar la aplicabilidad de la relación causa-efecto entre la relación y la confianza; la persona que habla está calificada para tomar esta determinación en nombre de la otra persona/personas incluidas en «nosotros».

¿No es asombroso lo mucho que expresamos y que en realidad no decimos? Nuestras palabras comunican mucho más que su simple significado. En el análisis previo, he hecho referencia tanto a las presuposiciones como a las «metapresuposiciones». *Metapresuposiciones* es un término que empleo para referirme a niveles más profundos de conocimiento. Ocupan un nivel diferente de abstracción e identifican algo *acerca de* la situación.

He aquí una lista parcial de algunos otros tipos de presuposiciones. En esta ocasión, he mantenido al mínimo las explicaciones

Tras tres años de matrimonio interracial, Enok y
Marylou se divorciaron. Tenían la impresión de que
no se entendían uno a otro.

y centro la atención sólo en las presuposiciones mencionadas. Sugiero que evites intentar memorizar las categorías y que te concentres en el proceso implícito común a cada tipo.

Existencia: Tu fuerza consiste en...
Presupone que tienes una fuerza.

Posibilidad: Convertirse en un ser inspirado es simplemente cuestión de...
Presupone que es posible convertirse en un ser inspirado.

Causa-efecto: Si lees atentamente este libro, vas a...

Presupone que obtendrás un efecto de la lectura atenta de este libro.

Equivalencia compleja: Trabajar duro a diario significa que...
Presupone que trabajar duro a diario tiene un significado equivalente; por ejemplo, que amas a tu familia.

Reconocimiento: Tal vez no te des cuenta de que...
Presupone que lo que viene a continuación existe y es cierto.

Oración subordinada de tiempo: Mientras estabas ocupado haciéndote rico...
Presupone que estabas ocupado haciéndote rico.

Comparativa: Si estuviera tan enfadado como...
Presupone que no estoy tan enfadado como la persona que va a describirse.

Calificativa: Ser listo me hubiera permitido...
Presupone que quien habla no es listo.

«O» exclusivo: O hacemos mucho dinero o disponemos de mucho tiempo.
Presupone que no podemos tener ambas cosas.

«O» inclusivo: O convocas tú una reunión o la convoco yo.
Presupone que se va a convocar una reunión.

Tiempo: Cuando acabes de revisar tu propuesta...
Presupone que acabarás de revisar la propuesta en algún momento futuro.

Pero: Me gustaría encontrar un nuevo trabajo pero...
Presupone que algo impide a quien habla encontrar un nuevo trabajo.

Además de estos tipos de presuposiciones, existen presuposiciones inherentes a otros patrones metamodelos. En secciones posteriores exploraremos más a fondo las presuposiciones y sus relaciones con el uso erróneo o abusos cometidos con el lenguaje. Consideraremos las maneras de reconocer estos abusos y prescindir de ellos al instante. Consideraremos los señuelos que pueden distraer a quien escucha de las presuposiciones importantes. Y estudiaremos cómo los intercambios entre la gente pueden validar o cuestionar afirmaciones presupuestas. Las presuposiciones son un elemento clave a la hora de comprender el significado de las palabras, y continuaremos prestando atención a lo largo de este libro tanto a las dedicadas a escuchar como a las dedicadas a hablar.

Lectura de la mente

En el capítulo 5 tratamos por primera vez el tema de la lectura de la mente y la identificamos como una de las tres maneras seguras de crear problemas de comunicación. Este problema puede ser aún más frecuente y grave cuando se confunde con el proceso de entendimiento de presuposiciones. Cuando la gente oye hablar por primera vez de las presuposiciones, la tendencia es leer en las frases más de lo que se presupone semánticamente, lo cual, por supuesto, equivale a leer la mente.

Buena parte de la comunicación tiene lugar a niveles inconscientes, incluida la comunicación corporal, la comunicación tonal y las presuposiciones. Además, la gente filtra (suprime, distorsiona y generaliza) la información recibida y, por lo tanto, no es de extrañar que la comunicación parezca en ocasiones tan difícil de entender. La lectura de la mente es un proceso de *interpretación* de la comunicación, por lo general a través de filtros de la experiencia particular de uno mismo. No obstante, son interpretaciones que normalmente están muy sesgadas y limitadas.

A cierto nivel, toda comunicación es una interpretación, y cualquier intento de comprender a otro ser humano es una forma de lectura de la mente. Nunca sabremos en realidad qué pasa en la experiencia de otra persona; sólo podemos hacer conjeturas y suposiciones basadas en cierta información. Pero llega un punto en el que la precisión de tus conjeturas se acerca mucho más a la verdad. Si alguien me señala con el dedo, grita a viva voz con aspecto ceñudo y me dice: «¡No te acerques!», lo más probable es que interprete la comunicación como furia. En la mayoría de casos, probablemente tendría razón, pero no deja de ser una lectura mental. Pero si alguien me llama por mi nombre y me mira con los labios torcidos, como solía hacer mi tío Joe antes de darme una zurra cuando yo era crío, lo más probable es que interprete la comunicación como una advertencia de que estoy a punto de recibir una zurra. Aunque, en este caso, mi trasero probablemente estará a salvo.

Buena parte del significado que deducimos de la comunicación se crea a niveles inconscientes. Hoy en día, sería absurdo para mí temer que alguien fuera a propinarme una zurra; pero en una situación como la que acabo de mencionar, sería natural tener miedo sólo con ver que alguien tuerce el labio. Lógicamente, es absurdo; no obstante, la conducta humana no siempre es lógica.

Cuando se empieza a estudiar el lenguaje, resultan muy prácticas las distinciones entre el significado lógico, semántico basado en modelos lingüísticos y las interpretaciones personales o extensiones de esos datos. Ya que hemos dedicado nuestra vida por entero a interpretar los datos que recibimos, distinguir el significado lingüístico de la interpretación es una práctica que puede ser bastante reveladora.

Considera la frase:

Si no aprendo a comunicarme, perderé a mi esposa.

Con esto como comunicación semántica, considera las siguientes observaciones y lecturas mentales, y presta atención a qué distingue a una de la otra.

- Quien habla ahora no sabe comunicarse: esto se presupone específicamente con la frase.
- Quien habla quiere aprender nuevas formas de comunicarse: esto es una interpretación; no se manifiesta de forma específica en la comunicación.
- Algunos aspectos de la comunicación tienen un efecto di-

recto en el hecho de que pierda o no a su esposa: esto se presupone específicamente con la frase (causa y efecto).

- Si mejora su comunicación, conservará a su esposa: esto es una lectura mental; no se manifiesta específicamente en la comunicación.
- Se siente frustrado: esto es una lectura mental; no ha comunicado de un modo congruente cómo se siente.
- Ahora se comunica con su esposa, pero no es lo bastante bueno: esto es una suposición; no ha descrito su situación actual.

Resulta muy útil distinguir la diferencia entre las lecturas mentales (suposiciones, interpretaciones, insinuaciones, conjeturas, pistas, elementos sobreentendidos, alusiones y demás) y las observaciones basadas en lo sensorial (incluidas las presuposiciones). Es útil tanto para escuchar como para hablar.

Consideremos algunos otros ejemplos. Los siguientes puntos son ejemplos de observaciones de origen sensorial o bien de lecturas mentales. Mientras lees cada una de ellas, tómate un momento para plantearte cómo y por qué encajan en la categoría adecuada:

- La mujer que sale en televisión está enfadada: lectura mental.
- La vena de su cuello late más deprisa, se le ha empezado a formar sudor en la frente y tiene la cara roja: observaciones basadas en lo sensorial.
- Está visiblemente molesto: lectura mental.
- Se le han humedecido los ojos, su voz suena vacilante, le tiembla el labio: observaciones basadas en lo sensorial.

En los siguientes ejemplos, imagínate que estás hablando con un amigo y mencionas la idea de montar juntos un negocio:

- Se ha quedado pálido y ha abierto los ojos de par en par: observaciones basadas en lo sensorial.
- De repente se ha reclinado hacia atrás y ha levantado las manos con las palmas hacia ti, como para apartarte: observaciones basadas en lo sensorial.

- Ha gruñido: observación basada en lo sensorial.
- Ha empezado a tartamudear y tiene dificultades evidentes para formar una frase: observaciones basadas en lo sensorial.
- Ha contenido momentáneamente la respiración, luego ha respirado a fondo: observaciones basadas en lo sensorial.
- La idea le ha sorprendido: lectura mental.
- Sus manos han indicado una comunicación corporal que decía que no le gustaba la idea y quería apartarla: lectura mental/interpretación.
- Se ha desvinculado de la idea reclinándose hacia atrás: lectura mental/interpretación.
- Su gruñido ha sido indicativo de una reacción negativa: lectura mental.
- No le ha gustado la idea: lectura mental.

Existen diferencias tremendas entre observar las acciones de alguien (observaciones basadas en lo sensorial), determinar significados adicionales a partir de estructuras lingüísticas mediante el uso de un modelo lingüístico como el metamodelo e interpretar las acciones de alguien (lectura mental). Es muy práctico tener clara cada una de ellas. Sugiero que durante los próximos días te dediques a practicar y a tomar nota cuando los demás empleen lecturas mentales para intentar entenderte a ti y a los demás. No es necesario comentar estas cosas. Simplemente toma nota de cómo se relacionan entre sí diferentes personas. Es probable que descubras que algunas de las personas con las que mantienes interacciones se basan más en las lecturas mentales que otros. Es interesante apreciar las diferencias en la eficacia de la comunicación.

Palabras de necesidad/posibilidad

Las palabras de necesidad y posibilidad representan a menudo nuestras creencias sobre qué es posible en el mundo. Describen limitaciones omnipresentes que la gente intenta imponer a los demás o a sí mismos. Las presuposiciones asociadas a estas palabras representan normas y creencias que limitan la conducta o abren mundos de posibilidades.

Las palabras más comunes para hacer referencia a una necesidad son *deber, tener que, ser necesario, ser preciso, verse obligado a, se requiere, se exige que, estar obligado a, estar forzado a.* (También hay que incluir las versiones negativas como *no deber, no tener que,* etcétera.)

Estas palabras indican todas ellas una necesidad percibida. Por supuesto, las necesidades verdaderas en nuestra vida son escasas. Necesitamos respirar para vivir. Necesitamos comer para vivir. En algún momento, necesitamos tener relaciones sexuales para reproducirnos (incluso eso está cambiando). Sin embargo, después de agotar esta lista, empezamos a no tener necesidades verdaderas.

¿Necesitamos tener compañía? ¿Necesitamos amor? ¿Necesitamos respeto? Aunque estas cosas ciertamente mejoran la calidad de vida, no son necesidades en el verdadero sentido de la palabra.

¿Es necesaria la puntualidad en el trabajo? ¿Tenemos que enviar esa tarjeta de felicitación a tiempo? ¿Es preciso que tu coche esté en condiciones? ¿Es necesario limpiar la casa? ¿Tienes ciertas exigencias que cumplir? ¿Te ves forzado a ser cierto tipo de persona? ¿Tienes la obligación de ser honesto? ¿No deberías considerar estas cosas?

En estos casos y en la mayoría de situaciones, las palabras de necesidad indican una pérdida percibida de elección. Indican que una persona ya no funciona bajo la premisa de acciones y consecuencias y más bien está funcionando bajo la generalización falsa de necesidad.

Las palabras de necesidad son palabras muy importantes en varios contextos:

- Cuando escuchas a otros y oyes un término de necesidad, por lo general indica una limitación autoimpuesta o un método de automotivación, normalmente lo primero.
- Cuando te oyes a ti mismo emplear un término de necesidad, indica lo mismo.
- Cuando hablas con otros, puedes emplear términos de necesidad para motivar o dirigir sus acciones, para imponer restricciones y para limitar las opciones.

Es importante recordar que las palabras de necesidad se usan casi siempre falsamente. Desplazan los procesos de elección y las consecuencias. Crean falsas limitaciones. Cuando tú o los demás usáis palabras de necesidad, a menudo resulta de gran ayuda explorar la limitación potencial inherente a las presuposiciones. Vuelve a tomar conciencia del proceso de elección. ¿Qué pasaría si no hicieras lo que sea? ¿Continuaría la vida? ¿Cuáles serían las consecuencias? Son respuestas que merece la pena considerar. Podrías descubrir más opciones de las que tenías en cuenta.

Los términos de posibilidad son similares en naturaleza a los de necesidad; no obstante, se ocupan del terreno de lo que es posible e imposible.

Algunas de las palabras de posibilidad más comunes son *poder*, *podrá*, *podría*, *podía*, *haría*, *es posible*, *tal vez*, *quizá*, *considerando*, *elegir*, *ser capaz de*. Sus versiones negativas se llaman palabras de imposibilidad e incluyen *no poder*, *no hacer*, *no podría*, y así sucesivamente.

Cada una de estas palabras indica una opción percibida o una falta de opción. Por supuesto, buena parte de la vida tiene que ver con las opciones y las consecuencias, de tal manera que las palabras de imposibilidad son las que merecen una atención significativa. Las imposibilidades verdaderas sí existen. No puedes cambiar tu origen y herencia racial. No puedes ser de pronto más alto. No eres capaz de hacer dieciocho hoyos seguidos al primer golpe. No es posible volar al sistema solar más cercano. Algunas cosas simplemente no van a suceder.

¿Puedes convertirte en director ejecutivo de tu empresa? ¿Serás capaz de perder diez kilos? ¿Alguna vez conocerás a esa persona perfecta? ¿Eres capaz de hacer que algo funcione? ¿Te has planteado dedicar más tiempo a tu familia? ¿Es posible que te hayas estado limitando a ti mismo?

Aunque todas estas cosas tal vez no sean fáciles de conseguir, ciertamente entran en el reino de lo posible. En la mayoría de casos, una persona que utiliza palabras de imposibilidad deja de funcionar con la actitud mental de la responsabilidad. No ha conseguido comprender que la vida de uno es la consecuencia de las propias acciones o inacciones, que la vida puede cambiarse y re-crearse.

Las palabras de imposibilidad son palabras muy importantes en varios contextos:

- Cuando estás escuchando lo que dicen los demás y oyes una palabra de imposibilidad, normalmente indica que se trata de una suposición no comprobada sobre el mundo o una decisión de que eso limita la acción potencial.
- Cuando te oyes a ti mismo emplear una palabra de imposibilidad, indica lo mismo.
- Cuando hablas con los demás, puedes emplear palabras de posibilidad e imposibilidad para crear o limitar percepciones de opción y posibilidad e inspirar o inhibir los actos de otros.

Conviene recordar que los operadores modales de imposibilidad a menudo se usan con falsedad. Representan creencias y actitudes mentales que limitan la elección, limitan la respuesta y merman la mentalidad de responsabilidad. Cuando tú u otros empleáis operadores modales de imposibilidad, resulta útil explorar la limitación potencial inherente a las presuposiciones. Hace que quien habla tome conciencia de la posibilidad. ¿Qué te está impidiendo hacer lo que sea? ¿Qué sucedería si de todos modos lo hicieras? ¿Cómo podrías hacerlo de todas formas? ¿Qué sería preciso para hacerlo de tal modo que pudieras conseguirlo? ¿Qué tendría que cambiar para permitir que sucediera? Hay respuestas que merece la pena considerar. Tú y las personas con las que te comunicas podríais descubrir que existen muchas más cosas posibles en el mundo de las que se ven a simple vista.

Las nominalizaciones de la PNL

Las nominalizaciones abarcan palabras que crean impresiones duraderas. Son las cosas por las que luchamos, por las que morimos, por las que nos esforzamos, cosas por las que nos sacrificamos. Son las cosas que más valoramos y más despreciamos. En muchos casos no sabemos con exactitud qué son, pero sabemos que llegan a lo más profundo de nuestra esencia. Menciona unas pocas nominalizaciones y probablemente inspirarás fuertes respuestas emocionales en quienes te rodean. Echemos un vistazo a qué son esas cosas tan increíbles.

Las nominalizaciones, como se definen en PNL, son palabras en las que una acción, proceso, estado emocional, valor o sentimiento se congela lingüísticamente en el tiempo y se trata como un nombre.[3] Por ejemplo, el término *amor* se clasifica como amor, pero en realidad *amor* describe un proceso activo, el de alguien que quiere a alguien o algo. Cuando representamos una actividad como una nominalización, congelamos el proceso en el tiempo (*amor* parece algo que podamos obtener o medir) y suprimimos información (*amor* suprime información sobre quién está amando y qué es amado). He aquí algunos ejemplos más de nominalizaciones de PNL, en los que centramos la atención sobre la actividad implícita y la información suprimida:

- Éxito: alguien que *tiene éxito* en algo.
- Honestidad: alguien que *está siendo honesto* acerca de algo.
- Compromiso: alguien que *se compromete* a algo.
- Felicidad: alguien que *siente* el estado emocional de ser feliz.
- Motivación: alguien que *siente* el estado emocional de estar motivado.
- Creencia: alguien que *cree* algo.
- Valía: alguien que *iguala* el valor de algo.

Estarás probablemente familiarizado con cada una de estas palabras. Tal vez muchas de ellas las utilizas con regularidad, pero no caes en la cuenta del significado de su verdadera naturaleza.

Con frecuencia la gente crea limitaciones en sus vidas al dejar de reconocer sus procesos y volver a activarlos. La palabra *decisión* es una nominalización: es una palabra estática, implica que la decisión es fija y suprime información sobre quién toma la decisión. Si alguien dice, «se tomó la decisión de...», probablemente sentirás que la decisión es final y que no quedan alternativas. Si alguien dice, «he decidido que...», entonces como mínimo sabes con quién tienes que hablar si quieres revocar la decisión, aunque se sobreentienda que el proceso ya ha tenido lugar. Y si alguien dice, «estoy decidiendo...», probablemente verás que dispones de una buena oportunidad para tener cierta influencia sobre el resultado final, ya que estás justo ahí mientras se desarrolla el proceso.

Estas diferentes expresiones vienen distorsionadas por descripciones del mismo proceso, las de una persona que *decide* hacer algo. Al reconocer que describen la misma actividad, puedes empezar a ver que no existe algo tangible como una decisión (no puedes ponerla en una carretilla) y que todas las decisiones de hecho son actividades mentales desarrolladas por personas. Cuando comprendes que una nominalización de PNL es más bien una descripción de una actividad, te facultas a ti mismo para crear un impacto sobre esa actividad.

Además, reactivar una nominalización elimina las falsamente impuestas limitaciones de tiempo. Siguiendo con el mismo ejemplo, para ser más precisos, una decisión sería el proceso de decidir con cierta regularidad. Cada vez que mantienes tu palabra sobre lo que has decidido, estás volviendo a decidir a favor de la misma decisión. La «decisión» de que mantener una relación de pareja es mejor a estar soltero es algo que se debe decidir una y otra vez. A medida que pasa el tiempo, la gente olvida que este tipo de decisiones forman un proceso; lo establecen como una decisión y luego se olvidan de evaluarla con posterioridad. Naturalmente, una decisión tomada quizás hace diez años puede no ser la mejor decisión para hoy.

Cuando empleas una nominalización, suprimes además información. Por ejemplo, *éxito* es una palabra bien reconocida y la puedes usar muy a menudo. Cada vez que empleas la palabra *éxito* estás diciendo que *alguien* está triunfando en *algo,* pero no estás especificando el alguien o el algo. En el ejemplo siguiente, advierte cómo una frase sencilla que parece significar tanto, no consigue ni siquiera un nivel moderado de concreción.

Frase: La comunicación es importante.

Información suprimida: ¿Qué comunicación? ¿Quién se está comunicando? ¿Quién está recibiendo la comunicación? ¿Qué se está comunicando? ¿Cómo se está comunicando? ¿Importante para quién o para qué? ¿Hasta qué punto es importante?

«La comunicación es importante» es algo vago, pero la gente piensa que sabe qué significa y está de acuerdo o en desacuerdo. Cuando expresas una frase relacionada con el éxito, una persona podría pensar que haces referencia a tener éxito en un trabajo. Otra podría creer que significa tener éxito a la hora de cumplir los objetivos de un proyecto. Una tercera podría pensar que significa el éxito de la empresa en mejorar los beneficios. La gente crea sus propias definiciones. Muy poca gente pide alguna vez la clarificación de una nominalización.

Las nominalizaciones de la PNL desempeñan un papel vital en la comunicación y en los procesos asociados. Cuando una persona acepta las presuposiciones inherentes a una nominalización —a saber, que la acción esté definida y no pueda alterarse— se crea una incapacidad consecuente para responder. Por ejemplo, las palabras que describen emociones son a menudo nominalizaciones de PNL. El enfado es el proceso de sentirse enfadado. No obstante, si se representa erróneamente el proceso, parece como si el enfado fuera algo que exista fuera de nuestra opción de conducta; por ejemplo, «mi enfado sacó lo mejor de mí». Esa frase implica que «mi enfado» es algo que existe externo a mí y que no tengo control sobre él. Pero sí tenemos control sobre nuestras emociones.

Las nominalizaciones de la PNL pueden representar los aspectos más importantes y menos variables de una persona. Los valores esenciales se expresan por lo general como nominalizaciones: honor, honestidad, compasión, fe y así sucesivamente. Incluso la integridad se puede considerar una nominalización, ilustrada por la expresión común: «La integridad se demuestra con hechos».

Cuando se utilizan para representar valores esenciales, las nominalizaciones de PNL pueden abarcar un amplio sistema de definiciones y creencias complementarias que a menudo se consideran bastante rígidas. Para algunas personas, el amor es un compromiso. Para otras es un trastorno mental. Para otros es trabajo.

Si quieres a alguien, tal vez nunca te plantees siquiera tener otro amante. Si estás orgulloso de tu país, podrías estar dispuesto a matar y a morir por él. Si respetas a tus padres, podrías sentirte obligado a ocuparte de ellos pese al gran gasto personal que supondría. Si tienes en consideración a alguien, tal vez valores su opinión. Estas ramificaciones pueden formar una parte integral de tu definición de cada nominalización.

Las nominalizaciones suprimen información y las respuestas del metamodelo pueden ayudarte a obtener más información. Si la gente dice que la lealtad es importante para ellos, puedes optar por hacer preguntas para conseguir más información. ¿Qué personas se espera que sean leales? ¿Cómo se demuestra esa lealtad? ¿A quién deberían ser leales? ¿Cómo saben cuándo una persona está siendo leal? ¿Qué observaciones de origen sensorial indican lealtad? ¿Cuánto tiempo dura la lealtad? ¿Cuánto pasa hasta que se inicia?

Esta línea de preguntas puede ser muy práctica en diversas circunstancias. Al reconocer las nominalizaciones de la PNL, puedes identificar las actividades implícitas, eliminar las limitaciones falsamente impuestas, clarificar la comunicación y facultarte a ti mismo para influir de algún modo en los procesos que afectan tu vida.

OTROS ELEMENTOS DEL METAMODELO

Existen como mínimo otros cinco patrones del metamodelo. Cada uno de ellos centra la atención en palabras específicas o en construcciones de frases concretas. Estos aspectos del lenguaje pueden proporcionarte una gran comprensión de la manera en que tú y los demás percibís el mundo, y pueden ayudarte a centrar de una forma específica tu atención sobre limitaciones no necesarias. A veces, el simple hecho de reconocer y cuestionar la limitación es suficiente para crear cambios importantes.

Examinaremos las cuestiones restantes menos a fondo, destacando los aspectos más importantes de cada una.[4]

1. *Causa y efecto*: En nuestra sociedad, la gente es formada desde temprana edad para entender el concepto de causa y efecto: los sucesos y acciones tienen consecuencias. Una de las primeras preguntas que hace un niño (¡una y otra y otra vez!) es «¿por qué?».

    Esto generalmente constituye un aspecto positivo de

la humanidad. No obstante, nuestras interpretaciones causa-efecto suelen ser generalizaciones poco precisas o distorsiones, en vez de descripciones de causalidad, y pueden suscitar limitaciones innecesarias.

Semánticamente, causa y efecto se compone de dos partes —una causa y un efecto— vinculadas por una palabra o estructura que indica la causalidad. Esta palabra o estructura que hace de vínculo es lo que te indica que se está comunicando una relación causa-efecto. He aquí algunos ejemplos.

- No encuentro trabajo porque no tengo educación suficiente: «porque» es la palabra vínculo.
- Si empiezo a ganar dinero, entonces tendré demasiadas responsabilidades: «si...entonces» es una construcción causal.
- Mi actitud profesional es la responsable de mi éxito: «responsable de» son palabras vínculo.
- Cuando haces eso, me pongo triste: «cuando» crea una construcción causal.

Cuando consideramos aplicable una causa y efecto, por ejemplo, cuando pensamos que una relación nos proporciona nuestra felicidad, a veces nos encerramos en una percepción restrictiva. Primero, la percepción puede ser errónea. Tal vez una relación no proporcione felicidad, sino sólo intensifique la felicidad que ya llevamos dentro. En segundo lugar, la percepción nos puede encerrar en un planteamiento o un camino sin salida. Tal vez una relación sí proporcione felicidad, pero también podríamos buscar otras maneras de ser felices. Y, en tercer lugar, las percepciones causa-efecto pueden hacer desmerecer la generalización causa-efecto más útil, la de la actitud mental de la responsabilidad que propone que tenemos el control de nuestra propia felicidad.

2. *Términos universales*: Los términos universales son palabras como *todo*, *nada*, *cada persona*, *nunca*, *todo el mundo*,

nadie, ninguno, siempre, para siempre y *sin excepción*. Todas ellas son generalizaciones excesivas a todas horas. ¡Por supuesto, esto también es una generalización excesiva!

En algunos casos, el uso de cuantificadores es muy apropiado y correcto. *Todos* nosotros somos humanos. *Siempre* tenemos más cosas que aprender. *Nadie* cuenta con *todas* las respuestas. Son generalizaciones relativamente seguras.

No obstante, estas generalizaciones son de un tipo lógico diferente al siguiente: *Todos* los trabajos son desmoralizantes. Las mujeres *nunca* disfrutan del sexo tanto como los hombres. *Nadie* puede ayudarme con mis problemas. Las relaciones suponen *siempre* un montón de trabajo. En este trabajo *nunca* saldré adelante.

Como en el caso de muchos otros patrones, las proposiciones universales indican una falta de oportunidades percibida y a menudo un fracaso a la hora de adoptar la actitud mental de la responsabilidad. Algunas reacciones del metamodelo se usan para identificar la limitación percibida, atraer una atención extraordinaria sobre ella y encontrar ejemplos contrarios. ¿Son *todos* los ejemplos desmoralizantes? ¿Estás seguro? Tengo un trabajo que no es desmoralizante, ¿cómo puede ser? Parece que mi tío Hubert tiene un trabajo que le hace sentirse muy satisfecho.

Estas reacciones pueden ayudar a una persona a reconsiderar la generalización y tal vez a aumentar su nivel de elección y responsabilidad en la cuestión. También en este caso, aporta capacitación.

3. *Conclusiones sin respaldo*: Las conclusiones no atestiguadas especifican una conclusión, pero no consiguen especificar la persona que ha hecho tal conclusión. Por ejemplo: «Es bueno crear mucho amor en tu vida» es una afirmación evaluativa (declarar algo como bueno), pero no menciona quién ha realizado esa evaluación. ¿Según quién es bueno?

Cuando una persona proclama que algo es bueno, malo, importante, trivial, necesario, ruinoso, correcto, equivocado, inteligente, estúpido, sexy, guapo, feo, puro, sucio, etcétera, resulta útil saber cómo esa persona ha llegado a esta conclusión. Si llevar un traje azul al trabajo es una tontería, va bien saber si es una tontería para tus jefes o si lo es para los vigilantes. Es probable que en tu profesión un grupo tenga más importancia que otro.

Las conclusiones no atestiguadas indican en muchos casos que una persona ha perdido de vista sus propios procesos evaluativos. Si prestamos una atención especial a conclusiones no atestiguadas, identificaremos juicios de valor, decisiones y opiniones que tal vez sean incorrectos, inaplicables e innecesariamente limitadores, y por consiguiente será de ayuda fijarnos en ellas para no perder de vista cómo se puede llegar a esas conclusiones, pero de una forma constructiva.

4. *Equivalencias*: Una equivalencia es una estructura que indica que dos o más experiencias se perciben como equivalentes. Interpreta que una experiencia es en esencia igual que otra. Por ejemplo: «Cuando ella me presta especial atención quiere decir que no se siente segura». Esta frase iguala esa atención suplementaria a un sentimiento de inseguridad. Como puedes imaginar, en muchos casos estas equivalencias no son en absoluto equivalentes y suscitan serios malentendidos.

    Las equivalencias se estructuran además en dos partes con una palabra o construcción vínculo. Las palabras vínculo más comunes son *significa que*, *demuestra que*, *quiere decir que*, *denota*, *es*, *prueba que*, etcétera.

    La reacción del metamodelo a una equivalencia dirige la atención hacia una relación cuestionable y generalmente sirve para ayudar a la persona a reevaluar. Esto se consigue sobre todo pidiendo más información y explorando posibles contraejemplos. ¿Cómo es posible que dedicar una atención especial signifique no sentirse seguro? ¿No te ha dedicado ella alguna vez una atención especial sin sentirse insegura?

    La mayoría de equivalencias indican percepciones

erróneas sobre el mundo que bien pueden limitar las respuestas o instigar respuestas inapropiadas.

5. *Verbos no especificados y supresiones simples*: Se trata de los más comunes de todos los patrones del metamodelo y normalmente los más triviales. Defienden la premisa de que nunca podemos entender las experiencias de otra persona y de que la información que nos ofrecen es limitada. En la frase que acabo de escribir, no he logrado definir de modo completo y preciso los verbos *defienden*, *entender* y *ofrecen*. En este caso, son verbos sin especificar y probablemente tienen diferente significado para mí y para ti. Las supresiones simples saturan el lenguaje y proporcionan una explicación más de por qué los documentos legales (que intentan ser completos) son tan largos y embrollados. En la frase anterior, no he explicado con exactitud qué quiero decir con *saturan*, *lenguaje*, *explicación*, *legales*, *tan largos*, *embrollados*, y así sucesivamente. Estos son casos de supresiones simples.

En estos últimos apartados he descrito con cierto detalle las partes del metamodelo que considero más útiles. El aprendizaje de los patrones del metamodelo te puede ayudar a dar más sentido y significado a las palabras que pronuncia la gente. Te puede ayudar a dar con la información relevante de los aspectos más significativos, más restrictivos, más importantes, más problemáticos de un tema, y permitirte que te hagas una idea mejor de cómo piensa una persona y cómo considera el mundo esa persona. Puede ayudarte a escuchar más a fondo y con mayor eficacia que antes. Y te puede llevar directamente a un mundo muy personal y privado de la persona con que te estás relacionando, con su mundo de creencias, valores y procesos de pensamiento.

En apartados posteriores me ocuparé de sistemas para conseguir que tus palabras y preguntas sean aceptadas por los demás con mayor facilidad. Aprenderás técnicas para explorar con gracia y elocuencia los modelos descritos en este capítulo. Y continúa teniendo presente que el respeto hacia la gente con la que te relacionas, el consentimiento para relacionarte con ellos y la constante adhesión a la opción ganador-ganador son siempre (sí, siempre) necesarios (sí, necesarios) para escuchar con eficacia y comprensión.

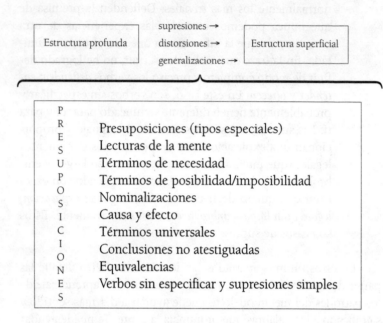

El metamodelo

| Estructura profunda | supresiones →
 distorsiones →
 generalizaciones → | Estructura superficial |

P
R
E
S
U
P
O
S
I
C
I
O
N
E
S

Presuposiciones (tipos especiales)
Lecturas de la mente
Términos de necesidad
Términos de posibilidad/imposibilidad
Nominalizaciones
Causa y efecto
Términos universales
Conclusiones no atestiguadas
Equivalencias
Verbos sin especificar y supresiones simples

adaptado de *The Structure of Magic*, volumen 1, John Grinder
y Richard Bandler

Establecer una dirección con tus preguntas

Hasta el momento, en nuestros comentarios sobre cómo escuchar, nos hemos ocupado de qué buscar y de ciertas palabras que escuchar. Hemos tratado brevemente algunas clases de preguntas que puedes usar para conseguir más información, pero aún no hemos definido una estrategia para escuchar con verdadera eficacia. Disponemos de unas cuantas actitudes mentales y de algunas herramientas fantásticas, pero todavía no hemos comentado por qué tipo de procesos podrías optar al escuchar. En los tres apartados que siguen empezaremos a hablar de estas cuestiones en conjunto. Mucha gente cree que escuchar es un proceso unilateral. Piensan que implica simplemente usar las orejas y oír palabras. Sin embargo, la gente se acostumbra cada vez más a la idea de la escucha activa, empieza a caer en la cuenta de que escuchar es un intercambio y que todas las partes participan en el proceso. Escuchas la radio pero te relacionas con gente.

Voy a continuar con la idea de escuchar para llevarla un paso más allá de lo que estás acostumbrado. Voy a continuar con el planteamiento del papel activo de los oyentes eficaces a la hora de determinar qué se dice en un intercambio. Suena extraño, ¿no crees?

Permíteme que lo repita. *Los oyentes eficaces desempeñan un papel activo a la hora de determinar qué se dice en un intercambio.* Como oyente, tú constituirás una parte que determinará lo que se dice, cómo se dice y en qué sentido se dice. ¿Te he importunado ya bastante?

Considera por un momento lo que se consigue con el proceso de plantear una pregunta. Sabemos que los buenos oyentes hacen preguntas. Pero ¿qué hace en realidad una pregunta en el proceso de escuchar?

Tendemos a pensar que las preguntas se usan para ayudarnos a recoger más información; no obstante, las preguntas desempeñan por lo menos tres papeles críticos en el proceso de escuchar:

1.   Las preguntas permiten obtener información.
2.   Las preguntas establecen una dirección.
3.   Las preguntas estimulan el acceso a estados emocionales.

El primer elemento es obvio. La gente plantea preguntas cuando quiere obtener más información. La gente puede hacer preguntas para conseguir información tanto si son buenos oyentes como si son horrorosos o simplemente se los considera entremetidos. Así de sencillo.

El segundo punto puede resultarte nuevo en cierto sentido. ¿Qué significa «establecer una dirección»? Las preguntas establecen una dirección. Sabemos que las preguntas que planteas generalmente dirigen la atención de quien habla hacia el tema que tú has preguntado. Si haces una pregunta sobre gatos, la atención se dirige al tema gatos. Eso es establecer una dirección. ¿Me refiero a eso cuando digo que las preguntas establecen una dirección? En parte sí, pero no del todo.

Las preguntas ciertamente dirigen al oyente hacia cierto cuerpo de información. Sin embargo, la *manera* en que planteas una pregunta influye en la forma en que el oyente responde a la pregunta.

Tomemos un ejemplo. Supongamos que tu amigo quiere que tengas una cita a ciegas con una amiga suya. Tú no sabes si quieres salir con esa persona, de modo que decides plantear a tu amigo algunas preguntas. Piensa en las maneras diferentes de formular tus preguntas. Con estos ejemplos, imagina que usas una pregunta o la otra y qué respuesta obtendrías con ella:

Quieres saber más sobre ella:

- ¿Qué la hace especial? *o*
- ¿Qué tiene de malo?

Quieres saber si te resultará atractiva físicamente:

- ¿Cuáles son sus rasgos más agradables? *o*
- ¿Tendré que taparle la cara con una bolsa?

Quieres saber si vas a disfrutar con su compañía:

- ¿Qué la convierte en el tipo de persona con la que crees que yo me llevaría bien? *o*
- ¿Qué tiene de malo?

Cada una de las dos preguntas está orientada a obtener la misma clase de información que la otra. Aun así, con la primera pregunta de cada par diriges la atención al lado positivo de las cosas. Estas preguntas incitan probablemente a considerar las cosas bajo una luz positiva; pensar en cosas que son agradables, bonitas, especiales; pensar en las maneras en que esta cita a ciegas puede ser divertida, entretenida, gratificante.

La segunda pregunta de cada par probablemente suscitará pensamientos negativos y creará posturas defensivas, que te harán pensar en cosas que no son atractivas, poco sugerentes, problemáticas, y considerar a continuación si esas cosas van a estar presentes. Estas preguntas están concebidas para que pienses en la manera en que esta cita a ciegas puede resultar un fracaso.

Una pregunta ofrece al oyente una oportunidad de orientar a quien habla no sólo hacia un tema concreto sino también hacia una perspectiva concreta de ese tema. ¿Preferirías oír los posibles desastres de una cita a ciegas o más bien lo maravilloso de ella? La opción es tuya en parte, ya que puedes orientar a tu amigo para que te ofrezca una de las dos perspectivas.

Plantéate qué tipo de pregunta te resultará más práctica y respetuosa. Imagina una conversación rutinaria con una compañera de trabajo. Le preguntas cómo le va y te contesta que se siente frustrada con todo el trabajo que ha de hacer. Podrías preguntarle: «¿Frustrada? ¿Qué es lo que va mal?», o podrías decirle: «Oh, no me digas. Y bien, ¿qué es lo que te va bien ahora mismo?», o: «¿De verdad? ¿Y aún no has hecho nada bueno?». Hay momentos y lugares para todo tipo de preguntas, positivas y negativas, pero estos ejemplos te permiten ver la impresionante influencia que las preguntas pueden tener sobre el proceso de escuchar.

Una vez comprendas cómo las preguntas pueden influir en la dirección de una conversación, puedes empezar a preguntarte qué quieres como oyente. ¿Quieres obtener el máximo de información no sólo sobre qué va mal en este mundo sino además cada detalle de lo que va mal y cuánto tiempo lleva así? ¿O quieres descubrir qué tipo de limitaciones se están imponiendo sobre esa persona para que las cosas vayan mal y ofrecer tal vez alguna perspectiva sobre cómo podría ocuparse del tema? ¿O quieres cambiar su perspectiva y tal vez su estado de ánimo arrojando una luz más positiva y optimista sobre su situación? Una vez más, hay momentos y lugares para cada opción. Normalmente la cuestión se reducirá a determinar qué es más respetuoso y práctico en cada situación dada.

La tercera cosa que consigues con las preguntas cuando estás escuchando es estimular el acceso a estados emocionales. Al establecer una dirección, estarás iniciando este proceso; no obstante, las preguntas específicas pueden ser instigadores muy potentes de ciertos estados de ánimo.

En una ocasión, me contaron una historia que ilustra este punto a la perfección. Un hombre que conocía la PNL se encontraba en una reunión familiar. Al cabo de un rato, su joven sobrina se acercó a él para preguntarle qué era la PNL. El hombre lo pensó durante un momento y luego le dijo que prefería enseñárselo en vez de contárselo. Señaló a su anciana tía y le pidió a la muchacha que fuera a preguntarle cuántos años tenían sus nietos. La muchacha siguió sus instrucciones a la perfección y esperó la respuesta. La abuela pensó por un momento y se mostró en cierto sentido abrumada por la pregunta. Contó y calculó y sumó y restó y finalmente consiguió dar una respuesta bastante razonable que la sobrina transmitió a su tío.

Su tío entonces dio nuevas instrucciones a la sobrina. Le dijo que volviera junto a la abuela y le preguntara quién era su nieto *favorito*. De nuevo, la sobrina siguió perfectamente sus instrucciones y formuló a la abuela la nueva pregunta. En un instante, la abuela exhibió una cálida sonrisa y mostró un brillo encantador en su mirada. Parecía animarse ante la idea de responder a una pregunta tan bonita.

Más tarde, el tío le dijo a su sobrina, «Esto es PNL».[5]

Ahora que has aprendido a recibir una comunicación no verbal y apreciar los estados emocionales de los demás, una extensión natural de tus habilidades comunicativas sería plantear preguntas que influyan los estados emocionales de los demás.

Escucha inductiva

Anteriormente iniciamos nuestra investigación sobre el proceso de escuchar, centrándonos en todos sus aspectos a excepción de las palabras. Posteriormente hemos empezado a prestar más atención a las palabras en sí, sobre todo a las que indicaban ciertos procesos o limitaciones percibidas. A medida que reducimos nuestro enfoque aún más en las palabras, llegamos a las palabras quizá más importantes que la gente puede compartir alguna vez contigo: las palabras que representan sus valores.

La mayoría de la gente cree que escuchar es un proceso pasivo. Y para la mayoría de la gente lo es. Sin embargo, escuchar implica más cosas que tan sólo oír y prestar atención a lo que la gente está diciendo. Hay algo más aparte de evaluar y emplear técnicas avanzadas del metamodelo. Las técnicas de naturaleza interactiva y directiva son inductivas.

La gente eficaz escucha de manera interactiva. Hace preguntas a la otra persona. Ayudan a establecer la dirección de la conversación, bien evitando distracciones del tema o guiando al interlocutor a las cuestiones adecuadas. Establece la dirección de las perspectivas de la otra persona, extrayendo la información desde diferentes puntos de vista. Estimula estados emocionales diferentes, a veces negativos, pero normalmente positivos. Son cosas que ya hemos aprendido, pero aún falta mucho por aprender.

Las personas con éxito escuchan con un propósito, buscan la información importante. Hay un momento y un lugar para dejar que la gente divague sin propósito, pero también hay un momento y un lugar para descubrir lo verdaderamente importante para otras personas y la manera de ayudarles a conseguirlo. A eso me refiero cuando digo escucha inductiva.

Este tipo de escucha distingue lo que es importante para alguien de lo que es insignificante para esa persona. Vuelve a leer esta frase porque es importante. *La escucha inductiva distingue lo que es importante para alguien de lo que es insignificante para esa persona.*

Escuchar de modo inductivo te exige hacer preguntas a la otra persona. Requiere mantener a la persona en el tema. Te pide prestar atención a algo más que las palabras que pronuncia. Te exige que evalúes constantemente cada palabra, movimiento y tono de voz que la persona emplee y que respondas a ello. Requiere una postura muchísimo más activa que la de hablar.

Cuando tus habilidades para escuchar se pulen, sabes con exactitud qué es importante para la persona, qué objeciones podría plantear, qué necesita saber y así sucesivamente. Esta información se obtiene sólo a través de una escucha interactiva. La escucha inductiva te permite descubrir los aspectos verdaderamente importantes de la comunicación de la persona y centrarte en ellos con precisión. En lugar de malgastar perdigones, reduce el enfoque de tus interacciones verbales hasta aplicar un planteamiento dirigido con suma precisión, desplázate hacia valores esenciales para la otra persona. Si se hace con respeto, con tolerancia y manteniendo principios ganador-ganador, este proceso crea una afinidad tremenda.

¿Cómo obtienes una información de alta calidad? ¿Qué preguntas específicas haces? ¿Qué es lo que en concreto esperas «oír»? ¿Cómo sabes realmente cuándo algo es más importante que otra cosa?

Las palabras mágicas que buscamos son las que representan los valores. En PNL, los valores ocupan muchos niveles y jerarquías, los más omnipresentes se expresan por lo general como nominalizaciones. Los valores más importantes de una persona abarcan un gran número de elementos más detallados. Un coche no será un valor global, pero tal vez la libertad sí podría serlo. Una casa no será un valor global, pero la seguridad podría serlo. Una relación se puede valorar, pero es más probable que el amor, la confianza, el cariño y la compañía sean valores más globales.

Cuando la gente emprende acciones, normalmente actúa de manera que procure satisfacer valores intangibles. Si una persona valora la seguridad, entonces podría permanecer en un trabajo despreciable durante años tan sólo para satisfacer ese valor. La gente que valora la excitación tal vez arriesgue la vida con cierta regularidad simplemente para satisfacer ese valor. Los valores afectan a la gente tan profundamente que morirá por ellos, matará por ellos, hará sacrificios por ellos y luchará por ellos. Muchos soldados han combatido y muerto en nombre del honor y el orgullo de su país. La gente renuncia a fortunas en nombre de la integridad. Hay personas que han dejado al amor de su vida en nombre del orgullo y el respeto a sí mismos.

De modo que cuando decides crear un acuerdo ganador-ganador con otra persona, tu deber es prestar especial atención a si se cumplen los valores de esa persona o no. Puedes preguntar: «Y bien, ¿por qué es responsabilidad mía? ¿Por qué la otra persona no se preocupa de sí misma? ¡Yo me ocupo de mí mismo!». Tengo dos respuestas para esta línea de pensamiento. La primera es: defiendo el uso de la actitud mental de la responsabilidad que te hace responder a ti de todo lo que pasa en tu vida. La segunda respuesta es que dispones de instrumentos que ayudan a inducir valores y estos instrumentos son mejores que los de la mayoría de la gente.

La mayoría de la gente no tiene un conocimiento consciente de sus propios valores esenciales. Inician acciones en su vida casi al azar; luego, con posterioridad, evalúan sus acciones en el contexto de sus valores. A menudo se consigue de forma inconsciente, lo cual es una fuente de argumentos de culpabilidad. Este proceso no es el preferible y como resultado la gente hace cosas que simplemente no son las convenientes para ellos.

Por otro lado, tú cuentas con mejor bagaje para emplear un proceso más deseable. Con tus habilidades para calibrar y tu capacidad para captar la comunicación inconsciente, con frecuencia te sitúas en una posición más ventajosa, desde la que sabes qué le pasa a la persona con la que te estás comunicando. Gracias a tu comprensión de la congruencia, estás en posición de continuar negociando hasta obtener una reacción claramente congruente tanto por tu parte como por parte de la persona con la que estás negociando. Con las habilidades inductoras que estás a punto de aprender, te encuentras en una posición desde la que puedes mediar con eficacia en las desavenencias y conflictos internos y ayudar a resolverlos *antes* de emprender cualquier acción. Con todas estas técnicas a tu disposición, eres la persona responsable de que se alcancen acuerdos ciento por ciento ganador-ganador en todo momento.

Cuando mantienes una interacción con otra persona, cada uno de vosotros se encuentra en posición de emprender una acción y lograr que esas acciones sigan la línea de los valores esenciales. Los acuerdos y relaciones se desmoronan cuando la gente es fiel a sus valores esenciales. Si trabajas en labores de dirección, deberías saber que lo que sienten tus subordinados es importante para su trabajo. Luego puedes contribuir a que alcancen sus objetivos. Si estás casado, deberías saber que lo que siente tu cónyuge es importante para tu relación. Luego puedes contribuir a satisfacer esos valores. Si tu carrera depende de las acciones de otras personas, como tus jefes, entonces deberías saber qué es importante para ellos en lo que al trabajo que desarrolláis se refiere. Luego puedes ayudarles a lograr esos objetivos.

La PNL pone mucho énfasis en los valores, y por buen motivo. Aunque el proceso de inducción de valores sea relativamente directo, requiere cierta destreza verbal. Cuando estás intentando llegar a los niveles más profundos de la gente, hace falta contar con sintonía y tolerancia; mantener ambas cosas cuando alguien se empeña en plantear preguntas de forma persistente no es la más sencilla de las artes. No obstante, puedes adquirir cierta destreza con relativa rapidez.

¿Cómo deduces lo que otra persona valora? ¿Qué preguntas formulas? ¿Qué procesos sigues? El proceso es en esencia bastante simple. En realidad, sólo hay una sola pregunta que hacer, pero para darle variedad se crean tantas versiones diferentes de esa pregunta como sea posible.

Pregunta para averiguar lo que otra persona valora: Para ti ¿qué es lo importante de...?

Si una persona quiere comprar una casa nueva, preguntas: «¿Para ti qué es lo importante de comprar una nueva casa?».

Cuando sigues esta línea de preguntas, lo que buscas es una pauta. Estás procurando que las respuestas a tus preguntas sean más generales y abarquen más aspectos. En PNL esto se denomina «ascender» o «generalizar» (*chunking up*). Si Gina dice que comprar una casa nueva es importante porque le hace ilusión trasladarse al barrio de New Balogosta, tal vez no esté generalizando, pero si dice que es importante porque se sentirá más segura, entonces probablemente estéis haciendo progresos. Hay muchas maneras de que Gina pueda sentirse segura; comprar una casa nueva quizá sea sólo una de ellas. Comprar una casa en el barrio de New Balogosta sería un aspecto más específico de comprar una casa y, por lo tanto, no sería ascender o generalizar; más bien podría ser lo contrario: descender o particularizar.

Comprar una casa en el barrio de New Balogosta podría ser dar una visión lateral. Tal vez la casa no sea la cuestión: tal vez vivir en cierto barrio o tener cierto *status* o contar con ciertas amistades o crear un cierto estilo de vida sea lo principal en este caso. Sea como sea, continúa con tu línea de preguntas hasta que descubras una vía clara para llegar a una nominalización.

Para ilustrar el proceso, he aquí un ejemplo simplificado:

Gina: Voy a gastar todos mis ahorros en comprar una casa. (*Tú podrías empezar por decir que es una estupidez, que Gina va a malgastar sus ahorros y lo lamentará más tarde. Podrías tomar nota de algunas incongruencias sobre lo que está diciendo y podrías determinar si está cometiendo un gran error. O bien podrías hacer algunas preguntas para ver cómo ve ella la situación.*)

Tú: Eso es dar un gran paso. ¿Qué hay de importante para ti en comprar una casa nueva? (*Comienzas el proceso de inducir valores.*)

Gina: Vivir en New Balogosta. (*Desciende o contesta oblicuamente.*)

Tú: ¿De verdad? ¿Por qué es importante para ti vivir en New Balogosta?

Gina: Tiene calles magníficas para pasear. (*Probablemente desciende o particulariza.*)

Tú: ¿Pasear por calles? ¿Qué tiene eso de importante?

Gina: Es importante para mí tener gente cerca y encontrarme con gente. En mi piso no coincido con nadie. Me siento como en una celda. (*Empieza a ascender hacia un valor.*)

Tú: ¿Qué hay de importante para ti en el hecho de estar con gente?

Gina: Bien, sobre todo tener gente con la que hacer cosas y charlar. (*Asciende.*)

Tú: ¿Qué te parece importante de hacer cosas con gente y charlar con ellos?

Gina: La compañía. (*Ahí está el valor.*)

Tú: ¿Qué hay de importante para ti en tener compañía? (*Para comprobar que no se trata de una respuesta falsa.*)

Gina: Bien, simplemente es importante. (*Ahí tienes la confirmación.*)

Este es un ejemplo del proceso y, como puedes imaginar, quizá resulte bastante tedioso si no se hace con cierta gracia. Sin embargo, a pesar de lo aburrido que pueda parecer, si mantienes la afinidad, quizás acabes conociendo algo muy importante acerca de esta persona. Para Gina, la compañía es muy importante.

Digamos que eres un amigo preocupado y que crees que Gina está tomando una decisión errónea. Deseas lo mejor para ella y quieres que cuente contigo. Al ayudarla a analizar sus verdaderos valores, además puedes buscar formas alternativas de satisfacer esos valores. Apuntarse a un gimnasio podría ser una manera mucho más económica de encontrar compañía y también podría funcionar mejor.

Por supuesto, en el mundo real, la gente tiene muchos valores que operan simultáneamente y las cosas no son tan estereotipadas como en este ejemplo. Aun así, al ayudar a Gina a tomar conciencia de lo que de verdad es importante (sus valores) y las diferentes maneras de satisfacer esos valores, tienes posibilidades de ayudarla a dar con una línea de acción mucho más eficaz.

Digamos que llegas al punto en que hay que definir un valor sólido y que ha llegado el momento de colaborar a centrarse en que ese valor se cumpla. Para Gina, ese valor es la compañía. Aquí se nos presenta un problema. No tenemos ni idea de lo que significa compañía para Gina. Sabemos lo que significa para nosotros y sabemos lo que dice el diccionario, pero no sabemos qué significa para Gina. Para ti, compañía podría significar un perro y un gato, pero para Gina podría ser una casa llena de invitados cada noche. Aquí es donde empezamos a obtener información sobre cuál es el modelo del mundo para Gina.

Los criterios y las equivalencias son las descripciones cualitativas de cómo se cumplen los valores. Si quieres contribuir a que alguien se sienta querido, bien puedes hacer cosas que a ti te harían sentirte querido o puedes hacer cosas que harían que esa persona se sintiera querida. ¡Hay una gran diferencia! Lo primero funciona en ocasiones, lo segundo funciona siempre.

Para inducir criterios,[6] una vez más, tenemos que hacer una pregunta sencilla:

Pregunta para elucidar criterios: ¿Cómo sabrías que tienes (determinado valor)? ¿Qué verías, oirías, sentirías y te dirías a ti mismo?

Veamos otro ejemplo simplificado, descriptivo:

Tú: ¿Cómo sabrías que dispones de compañía en tu vida? (*Empieza el proceso de elucidación de criterios.*)

Gina: Bien, tendría alguien con quien hablar cada noche. (*Un buen comienzo.*)

Tú: ¿Sería la misma persona o diferentes personas o alguna combinación? (*Intentando ser más específico.*)

Gina: Serían ambas cosas. Sería alguien a quien sentirme próxima y con quien compartir mis pensamientos más personales. Pero también serían diversas personas a quienes simplemente saludar y con quienes mantener una conversación agradable. (*Gina ha empezado a facilitarnos al menos dos criterios. Uno es compartir los pensamientos personales, otro es la diversidad de personas. Otro podría ser una conversación agradable. Llegados a este punto, podrías optar por centrarte en un criterio concreto y ser más específico o podrías buscar más criterios de manera general.*)

Opciones:

Tú: (*Para ser más específico con «pensamientos personales»*): ¿Cómo sabrías si de verdad tienes a alguien con quien compartir tus pensamientos más íntimos?

Tú: (*Para conseguir más criterios*): ¿Qué más tendrías en tu vida si tuvieras compañía?

Tú: (*Para comprobar si «conversación agradable» es un falso criterio*): Oh, venga, ¿desde cuándo mantienes conversaciones agradables con la gente en la calle?

Este proceso podría continuar durante un tiempo, pero estoy seguro de que conseguirás llegar a donde quieres.

Cuando elucidas criterios de esta manera, dibujas un mapa de carreteras que ayuda a alguien a llegar a sus valores esenciales. Por ejemplo, si quieres ser un «amigo de verdad», parte del proceso consiste en saber qué implica ser un «amigo de verdad» para la otra persona. Necesitas saber qué criterios tiene sobre la verdadera amistad. Pero también tendrás que asegurarte de que conoces tus verdaderos criterios y ayudas a la otra persona a cumplirlos. Esto crea auténticas relaciones ganador-ganador, que os sirven a ambos.

Los procesos para inducir e identificar valores y criterios son sencillos y pueden seguirse con poca o nula experiencia. Sirve de ayuda tener cierta destreza verbal para que las cosas se mantengan corteses y agradables, y también sirve de ayuda disponer de una variedad de preguntas que hacer. He aquí unos pocos ejemplos de diferentes versiones de preguntas que se pueden plantear:

Para inducir valores:
- ¿Qué hay de importante para ti en [...]?
- ¿Qué significaría para ti tener [...]?
- ¿De qué te serviría tener [...]?
- ¿Cómo cambiarían las cosas para ti [...]?
- ¿Cuán significativo es [...] para ti?

Y así sucesivamente. (Ten en cuenta que ninguna de estas preguntas empieza con un *por qué*.)

Para inducir y verificar criterios:
- ¿Cómo sabrías que tienes (valor)?
- ¿Qué verías (oirías, sentirías, te dirías a ti mismo) si tuvieras (valor)?
- ¿Qué tipo de cosas serían diferentes si tuvieras (valor)?
- ¿Cómo estarías seguro de que de verdad tienes (valor)?
- ¿Podrías tener (criterio que se verifica) y aún no tener (valor)?
- ¡Vamos! ¿De verdad intentas decirme que (criterio que se verifica) te haría sentir como si tuvieras (valor)?

Y así sucesivamente.

Aunque el proceso de inducción de valores y criterios puede parecer tedioso, ten en cuenta lo fácil que resulta de este modo descubrir las cosas más importantes en la vida de una persona. Sólo en una conversación de quince minutos, puedes comprender a una persona mejor que después de años haciendo cosas juntos. Ciertamente se trata de un proceso que merece la pena dominar.

Repaso general del proceso de escucha

Probablemente, buena parte de lo que acabas de leer será nuevo para ti. He aquí un visión general y sucinta del proceso, con alguna información añadida para ayudarte a mantenerlo claro en tu mente:

Para escuchar con eficacia:

1. *Ten un propósito cuando escuches.* Cada vez que escuchas, debes centrarte en el propósito por el cual escuchas. Si escuchas porque quieres oír lo que alguien está diciendo, entonces escuchas para recoger información o por mero entretenimiento. Si estás escuchando porque deseas crear un vínculo con esa persona, entonces ése es tu propósito. Si escuchas para determinar cómo alcanzar un acuerdo ganador-ganador, tu propósito es éste. Deberías saber cuál es tu propósito y tenerlo siempre en mente. Si te vas por las ramas (o, para ser más exactos, cuando te vayas por las ramas) sin satisfacer tu propósito, es responsabilidad tuya lograr que las cosas vuelvan a encauzarse en la dirección correcta. Cuando tienes un propósito, aprendes a cumplir tus objetivos en un cantidad de tiempo más breve y de forma más productiva.

2. *Mantén el nivel más alto de respeto, apreciación y tolerancia en todo momento.* Compartir cosas que son importantes es algo enormemente cortés y generoso. Haz saber a la otra persona que lo comprendes así. Si alguna vez percibes que estás perdiendo la sintonía, detén el proceso y

vuelve a entrar en contacto con la persona para averiguar qué está pasando. Mantén la afinidad al máximo nivel. Cuando mantienes el respeto, la apreciación y la tolerancia, descubres que tu nivel de afinidad aumenta muy deprisa.

3.   *Pregunta «qué» o «cómo» en vez de «por qué».* Aunque no me he ocupado de esta cuestión de forma específica, se trata de un consejo positivo en términos generales. Las preguntas «por qué» tienden a inducir creencias en la gente y generalmente carecen de transcendencia para la conversación. Contribuyen a que la gente se estanque aún más en posiciones que pueden ser perjudiciales si no se trata de opciones ganador-ganador o si constituyen falsas limitaciones. Si la gente no está conforme con una idea y tú preguntas «por qué» está en desacuerdo, te corresponderán y expondrán motivos del «por qué» de su desacuerdo. Éstos son «motivos» que probablemente no existían un momento antes (recuerda, la gente es primero emocional, y racional en segundo lugar). Una vez la gente crea estos motivos falsos, los motivos pueden adquirir vida propia y confinar a sus creadores en una posición limitadora o una posición ganador-perdedor. Esto hace mucho más sugerente aportar soluciones que merezcan la pena. La pregunta «¿Por qué estás enfadada con la nueva política de asistencia?», probablemente inducirá una mezcla de emociones negativas y justificaciones de su enfado. Pero la pregunta «¿Qué tendría que suceder para que te sintieras mejor acerca de esta situación?», presenta muchas más probabilidades de obtener información de alta calidad. Establece una dirección e inicia el proceso para crear estados emocionales más positivos. Las preguntas «qué» y «cómo» generalmente son un poco más difíciles de formular; no obstante, los beneficios van mucho más allá. Juega con ellas y comprueba lo creativo que puedes ser al evitar la palabra *por qué* en tus preguntas.

4.   *Cuando sea apropiado para el contexto y para tu objetivo, induce valores y criterios.* Conserva siempre una fuerte sinto-

nía y mantén la tolerancia y el respeto hacia la persona cuando lo hagas.

5. *Calibra para detectar palabras pronunciadas con énfasis.* Las cosas que son importantes de verdad para la gente se expresan por lo general con tonos diferentes de voz y con más regularidad. Si la directora continúa diciendo a la gente que la «satisfacción del cliente» es el aspecto más importante del negocio, presta atención a ello. La eficiencia, la reducción de costos, el incremento de la producción, una mejor calidad, la satisfacción de los empleados, la integridad y todas estas otras cosas también pueden ser importantes; pero si la directora continúa poniendo el énfasis en la «satisfacción del cliente», entonces se trata de un valor que merece la pena explorar más a fondo, sobre todo a través de criterios específicos que puedes ayudar a cumplir. ¡Confía siempre en la comunicación corporal por encima de las palabras! Si te llegan dos mensajes diferentes, sigue investigando hasta que estés seguro de que comprendes cuál es de verdad la respuesta más profunda.

6. *Aclara el significado individual de las palabras importantes* —tanto si son valores o criterios como palabras a las que se da énfasis—. Por ejemplo, si tu entrevistador dice que busca a alguien que pueda ser *eficiente*, tú preguntas: «¿Cómo sabrá si ha contratado a alguien eficiente?». Una vez que descubres las palabras claves importantes para una persona, entonces investigas para determinar qué significan esas palabras. La mentalidad-diccionario afirma que esas palabras tienen distintos significados específicos, que son los mismos para todo el mundo. La escucha eficaz asevera que las palabras tienen significados enormemente diferentes para gente diferente. No des por sentado que conoces el significado de cualquier palabra, pide siempre una aclaración en términos más tangibles.

7. *Sigue con el proceso.* Continúa hasta conseguir ideas claras, congruentes, sobre lo que quieres saber. «¿Es de verdad eso lo que quieres? ¿Qué quieres de verdad?» La gente no está acostumbrada a saber lo que quiere y lo que valora.

En muchas ocasiones, necesitas concederles tiempo para que se imaginen qué es importante para ellos, luego concédeles el espacio para compartirlo contigo. Si obtienes una respuesta muy rápida para una pregunta profunda, normalmente es señal de que en realidad no se está accediendo a los valores esenciales. No abandones el proceso y ten paciencia.

8. *Emplea la historia como indicativo de criterios y valores.* Si *lealtad* es una palabra en la que tu jefe hace hincapié, pregúntale: «¿Cuándo fue la última (mejor) vez que tuvo un empleado "leal"? ¿Qué hacía más "leal" a esa persona que a los demás?». Obtén la información de cómo tu jefe toma determinaciones sobre la lealtad. Tal vez creas que la lealtad significa trabajar muchas horas, mientras que para tu jefe puede que la lealtad signifique decir a los demás que son personas estupendas. Continúa con el proceso hasta que determines qué conductas observables constituyen una nominalización.

9. *Define las distinciones.* Supón que estás siendo entrevistado para un trabajo, que preguntas qué busca la empresa y te dicen que quieren una persona con cierta titulación, que pueda comenzar en dos semanas, que tenga cierta experiencia y que desempeñe el trabajo correctamente. Concreta las distinciones más importantes preguntando: «Hay mucha gente con ese tipo de titulación, esa experiencia, que pueda empezar de aquí a dos semanas y que hará el trabajo correctamente. ¿Cuáles serían los factores decisivos? ¿Qué diferencias marcan la diferencia? ¿Cómo van a determinar quién destaca sobre los demás?». Las respuestas a estas preguntas te proporcionarán un poder tremendo que puedes aprovechar con los patrones verbales de los que nos ocuparemos en capítulos posteriores.

10. *Plantea cuestiones complicadas.* Más adelante, en este libro aprenderás a plantear temas delicados con facilidad y comodidad. Hasta entonces, recuerda que las cuestiones complicadas lo son únicamente porque afectan a la gente en un plano profundo. Cuando explores cuestiones deli-

cadas, serás capaz de deducir algunos valores muy importantes y profundos de una persona y crear una comunicación profunda, más significativa.

11. *Corresponde a los regalos que te hagan.* Involucrarse y crear una interacción con otras personas son procesos bilaterales. Recibes pero también das. La mayoría de la gente nunca dispone de las habilidades que estás aprendiendo en este libro. Esto te ofrece la posibilidad de que se produzcan intercambios unilaterales. Puedes deducir rápidamente los valores esenciales de la otra persona, pero esa persona tal vez no disponga de la habilidad necesaria para hacer lo mismo contigo. Puedes calibrar los conflictos internos de los demás, pero ellos tal vez no dispongan de las habilidades para seguir tu ejemplo. Por consiguiente, ofrece este tipo de información sobre ti mismo. Corresponde a niveles tan profundos o más profundos, tan vulnerables o más vulnerables, como los niveles de la otra persona. Tus regalos serán bien acogidos.

Hemos comentado por qué es importante escuchar con eficacia, hemos explicado qué escuchar y cómo escuchar. Ahora es el momento de concluir nuestro discurso sobre la manera de escuchar respondiendo a la pregunta, «¿cuándo escuchas y cuándo hablas?».

Escuchar es muy importante, pero no es lo mismo que persuadir. Las habilidades para influir y persuadir se exponen en el siguiente capítulo. Escuchar sólo te prepara para esas actividades importantes y, puesto que se trata de una preparación, es preciso hacerlo primero. Siempre se escucha primero. Si durante las relaciones y comunicaciones posteriores descubres que tu información tal vez no es muy precisa, vuelve al principio y escucha de nuevo. Escuchar es un proceso maravilloso y potenciador. Hazlo bien y hazlo a menudo.

7

Incrementar la receptividad de tus palabras

¿Qué te parecería volverte sumamente desenvuelto en tu comunicación? ¿Cómo sería no quedarte nunca sin palabras? ¿Te gustaría ser capaz de conseguir que tus ideas resultaran increíblemente sugerentes? ¿Y qué tal si pudieras hacer todas estas cosas sólo con leer este capítulo?

Bien, no te excites demasiado, ya que lograr este tipo de elocuencia requiere tiempo. Se necesita algo más que quince minutos para desarrollarla y la mayoría de la gente no lo alcanza en toda su vida.

No obstante, si quieres adquirir habilidades de este tipo, continúa leyendo. Este capítulo contiene estrategias excelentes para que aumentes tu actual nivel de elocuencia. Todas ellas se pueden conseguir con una mínima cantidad de práctica, y todas ellas te ayudarán a ser mucho más eficaz en la comunicación verbal.

En resumidas cuentas, encontrarás una diferencia distintiva en la manera de enfocar el proceso del habla. La mayoría de la gente cree que lo que dices, las palabras que empleas, son importantes. Y lo son. Pero aún es más importante *cómo* lo dices. Tu comunicación no verbal, tus presuposiciones y los estados emocionales creados en el proceso de comunicación desempeñan papeles muy importantes en la calidad de la comunicación.

Todos conocemos personas con el don de la palabra. Se expresan con holgura y facilidad, no importa de qué tema hablen. Comparten sus sentimientos más delicados con gracia y elegancia. Te tranquilizan cuando te sientes dolido y te animan cuando estás feliz. Siempre saben decir lo correcto. Incluso cuando tienen que transmitir alguna mala noticia, no suena tan mal si viene de ellos.

Algunas personas disponen de este don, pero la mayoría no. Y, para quienes carecen de él ¿queda alguna esperanza? ¿Hay alguna posibilidad? ¿Puedes aprender a comunicarte de esa manera?

Existe un prolongado debate sobre cómo adquirir este tipo de habilidades y cómo desarrollar nuestra personalidad. Es el clásico debate sobre «se nace o se hace». Los que defienden las dotes naturales afirman que o has nacido con estas aptitudes o no. Si no has tenido esa suerte, no hay posibilidades de aprenderlas. Igual que tu color de cabello, no tiene sentido intentar cambiar ciertos aspectos de tu personalidad. Puedes emplear tintes o desteñirlos, pero su color natural permanece inalterable. La gente que respalda este argumento busca constantemente el gen o secuencia genética en tu estructura de ADN que determine cada característica dada. No puedes cambiar de genes como cambias de pantalones.

Los defensores de la educación mantienen que la personalidad viene determinada por las experiencias. Puesto que todo lo has tenido que aprender en algún momento, queda abierta la posibilidad de aprender algo otra vez, quizá de una forma nueva. Puedes cambiar de personalidad. La gente que apoya este argumento busca constantemente en padres, hermanos o compañeros estas conductas cruciales que crean cada característica.

El debate podría prolongarse mucho más ya que la respuesta no es sencilla. Se han realizado abundantes estudios sobre el tema, pero la verdad pura y llana es que no conocemos las respuestas; cabe poner en duda que vayamos a dar con alguna respuesta a lo largo de nuestras vidas, pero será de ayuda tener en cuenta lo que sabemos. Sabemos con seguridad que la gente con formación lingüística consigue mayor eficacia en la comunicación. Sabemos con toda certeza que la gente que realiza cambios esenciales en sus estrategias con objeto de crear interacciones con otras personas se vuelve más efectiva en la comunicación. Tenemos la convicción de que cada uno de nosotros dispone de posibilidades significativas de progreso y mejora.

Sugiero que la manera de conseguirlo consiste en aprender nuevas estrategias. Los próximos capítulos están repletos de ejemplos magníficos, de los cuales probablemente no habrás oído hablar con anterioridad. Creo que te sorprenderá disponer de tantas estrategias sencillas y elegantes, justo ahora, para ayudarte a tener éxito.

Momento oportuno: esperar la ocasión de juego

Por ahora hemos prestado atención a cómo tiene lugar la comunicación y hemos considerado la importancia de la comunicación no verbal. Hemos estudiado la importancia de los estados emocionales y aprendido con respecto a la comunicación inconsciente. Hemos analizado la manera de apreciar incongruencias en la comunicación y de advertir cambios en los estados emocionales de los demás. Hemos explorado el proceso de sintonía: como lograrla y mantenerla. Mediante estas discusiones hemos centrado buena parte de nuestra atención en otras personas y prestado especial interés a lo que sucede con ellas. Estos son algunos de los aspectos esenciales para ser un gran oyente.

Esto nos lleva al aspecto de la oportunidad. En una ocasión tuve el placer de trabajar con un hombre de talento al que me referiré como Joseph. Era un comunicador experto y estaba especialmente dotado para conseguir que las cosas se llevaran a término en el lugar de trabajo. Tenía una capacidad natural para convencer a los demás con sus ideas y hacer que se aplicaran con la mínima resistencia y el máximo apoyo. Para él eran críticas, dos cosas. La primera era algo a lo que él se refería como «leer a la gente», a lo que nos referimos como calibración. Lo segundo era la «oportunidad».

Una tarde, Joseph tenía una reunión con su superior inmediato. Esto era una situación en cierta forma poco habitual, sobre todo porque Joseph había adquirido tal libertad de actuación que en raras ocasiones mantenía interrelaciones con su jefe. No obstante, cuando lo hacía, era el tipo de reunión que establecía la dirección de los meses siguientes. Esta vez, Joseph tenía unas cinco cosas en mente que quería que fueran aprobadas y se había preparado de acuerdo con esta idea. Acudió a la reunión con intención de conseguir que cada una de ellas se aprobara.

Más tarde, aquel mismo día y después de la reunión, le pregunté a Joseph qué cosas había aprobado su jefe y cuáles no. Para sorpresa mía, dijo que ni siquiera llegó a plantearlas. Comentó que su jefe simplemente no tenía un ánimo *receptivo*. Por lo tanto, Joseph dedicó la tarde a otros asuntos y no planteó sus propuestas.

Más o menos una semana más tarde, Joseph tenía otra reunión con su jefe. Aún quería que le aprobaran tres asuntos en concreto y una vez más preparó las cosas de acuerdo con esto. Acudió a la reunión con la intención de conseguir que le aprobaran las tres propuestas.

Tras esta reunión, le pregunté una vez más a Joseph qué cosas habían aprobado. Esta vez, Joseph me sorprendió de otra manera. No sólo había conseguido que le aprobaran los tres puntos previstos, sino que también había conseguido la aprobación de otros seis asuntos que ni siquiera tenía pensado tratar. Joseph dijo que su jefe estaba de un ánimo tan *receptivo* que decidió seguir presentando propuestas. Joseph consiguió todo lo que pidió, incluso cosas que pensaba que tardarían mucho más en realizarse.

"Ahora tal vez no sea el mejor momento
para pedir un aumento. Inténtelo mañana."

Joseph era un maestro a la hora de aplicar el concepto de la oportunidad. Los grandes deportistas también recurren a la oportunidad. Si alguna vez has oído hablar a grandes atletas sobre su rendimiento, probablemente habrás oído la expresión «esperar la ocasión de juego». Comprenden que la dinámica de las relaciones humanas forma parte de un flujo. Puedes desplazarte con ese flujo o puedes intentar enfrentarte a él. Puedes permitir que las cosas vengan a ti o intentar forzarlas para que sigan tu dirección.

Los océanos también funcionan así. Si alguna vez te has bañado en el mar, probablemente has pasado bastante tiempo entrando y saliendo del agua. Cuando las olas son grandes, advertirás que hay momentos adecuados para entrar en el agua y otros momentos que no lo son tanto. Si tienes intención de nadar más allá de donde rompen las olas, mejor que primero tomes notas de cuándo llegan las olas. Una vez has llegado donde querías, te hará falta prestar de nuevo atención a las olas para volver a la orilla.

Cerca de la orilla, los océanos tienen un efecto llamado resaca. Cuando una ola llega a la orilla, la corriente de agua se desplaza hacia la orilla. Después, hay una contracorriente que regresa al mar. Este retorno del agua es lo que crea la resaca, y puede dificultar nadar hacia la orilla hasta hacerlo a veces imposible. Si nadas en un mar con una fuerte resaca, mejor que sepas buscar el momento oportuno, o te verás haciendo señales al salvavidas.

Llegar a la orilla es fácil cuando sabes ser oportuno. En vez de intentar nadar como un loco contra la corriente de la resaca, simplemente tienes que dejarte llevar por el agua. Es posible que las corrientes te arrastren en cierto modo mar adentro, pero no pasa nada. Deja que la resaca te lleve a donde sea. Luego, de inmediato, vendrá una ola. Cuando se acerque, puedes empezar a nadar en dirección a la orilla, aprovechando el flujo de la ola para complementar tus esfuerzos. Tú y la ola os moveréis con sincronía y tus esfuerzos te llevarán más lejos y más rápido de lo que esperabas. Después de unos pocos ciclos de nadar con las olas, sin combatir la resaca, probablemente te sorprenderá estar de repente de pie con el agua hasta la cintura, preguntándote cómo has llegado tan pronto y tan fácilmente.

Las relaciones humanas presentan flujos, como ocurre con el

océano, con un partido de baloncesto o con el jefe de Joseph. A veces las cosas surgen en tu camino, otras veces simplemente no. Las técnicas descritas en este libro te aportarán la capacidad para compensar las ocasiones en las que las cosas no van del todo bien, pero deberías tener presente que es algo muy parecido al esfuerzo de un nadador entrenado luchando contra la resaca: es mucho trabajo y hay una manera más sencilla.

Con cada proceso y técnica enumerada en este libro, descubrirás que hay ocasiones en que las cosas fluyen sin más y otras que son una especie de lucha. Cuando quieres establecer cierta sintonía con alguien, habrá ocasiones en que recibas su aprobación y todo funcione a la perfección, y habrá ocasiones en que simplemente no será así. Con tu capacidad para calibrar y comprender la comunicación inconsciente, estás mucho mejor preparado para entender la corriente y avanzar con ella.

La calibración de la comunicación inconsciente es uno de los mejores indicadores de si viene una ola o si la resaca te arrastra mar adentro. Puesto que buena parte de lo que haces como oyente y comunicador se basa en la aprobación, es importante que conozcas el proceso fluido de las relaciones humanas.

Estamos a punto de descubrir algunas pautas lingüísticas penetrantes y muy poderosas. Aplicados de modo deficiente, o sin sintonía, estos patrones pueden causar estragos. Cuando se aplican correctamente, con respeto, tolerancia y sintonía, estos patrones abren puertas que ni siquiera sabías que existieran. Por lo tanto, mientras continuamos, me gustaría que aceptaras el marco de referencia de avanzar con la corriente.

Alcanzar un asunto de interés mutuo

En la discusión anterior sobre valores y criterios (capítulo 6), mencioné que la deducción de criterios ayuda a obtener información sobre el modelo del mundo de una persona. La frase «modelo del mundo» es relativamente común en la PNL y hace referencia a uno de sus temas esenciales.

RESPETAR EL MODELO DEL MUNDO DE OTRA PERSONA

Mientras te relacionas con otras personas, tu eficacia aumenta de forma impresionante cuando muestras respeto por su modelo del mundo. Este proceso tiene dos aspectos distintivos:

1. Reconocer que otra persona tiene derecho a sus propias creencias, valores y mentalidades.
2. Reconocer que la gente funciona en el mundo de acuerdo con su modelo del mundo.

El primer punto presenta distinciones importantes. Todos tenemos perspectivas diferentes de la vida y concepciones diferentes de cómo funciona el mundo. A veces muy similares a las de los demás. Otras, nuestras ideas serán muy diferentes. Al margen de si nos gustan o nos disgustan, si estamos de acuerdo o en desacuerdo, si valoramos o no las ideas de otra persona sobre el mundo, es importante mantener el respeto hacia esa persona y sus ideas. El respeto es diferente a la conformidad. Es diferente al apoyo. El respeto simplemente es el reconocimiento de que cada persona tiene derecho a sus propias opiniones e ideas.

Además, reconocer que la gente tiene derecho a sus propias ideas es diferente a tolerar ciertas conductas derivadas de ellas. De lo que estamos hablando aquí es de conductas que se consideran de manera casi universal como perjudiciales para los demás o para la sociedad, lo cual nos lleva al segundo elemento: reconocer que la gente funciona en el mundo de acuerdo con su modelo del mundo.

En el ámbito de los directores de empresa, es común diferenciar entre las creencias y las conductas, y a menudo hay que referirse a esta distinción en situaciones complicadas. Por ejemplo, cuando un empleado muestra cierta hostilidad hacia cierto grupo de gente, no es adecuado despedir o corregir a esa persona por sus creencias. No obstante, si el empleado actúa de alguna manera que comprometa o injurie a un miembro o miembros del grupo entonces la disciplina sí funciona bien. La práctica general suscribe tratar el comportamiento más que las ideas. Es un consejo sensato en el contexto típico en el que se aplica, no obstante, hay procesos más amplios disponibles.

Puesto que la PNL se basa más en abordar los procesos que los contenidos, tiende de forma natural a abordar la *fuente* de la conducta, en vez de las conductas específicas. Y esto nos lleva de vuelta a las ideas, creencias y al modelo del mundo de una persona.

Al reconocer que la gente funciona de acuerdo con su modelo del mundo, te predispones a entender los procesos implicados en la conducta de otra persona. Insistir en si una conducta es buena o mala, correcta o incorrecta, sólo puede llevarte a hacer juicios sobre otras personas. Esto no resulta muy útil, y tampoco es tu papel juzgar a otros. Por el contrario, cuando investigas los procesos que llevan a una conducta dada, te colocas en una posición favorable para influir sobre esa conducta.

Esta idea está relacionada con la presuposición de la PNL que mantiene que «la conducta es susceptible de adaptación y la conducta presente es la mejor opción disponible para un individuo». En términos sencillos, se trata de una actitud mental según la cual la gente actúa como mejor puede con el conocimiento, las habilidades y los recursos de que dispone. Nos lleva a la conclusión de que las conductas que parecen negativas de manera inherente son conductas verdaderamente adaptativas para la gente que sabe responder a situaciones que resultan un desafío para ellos.

Aplicar esta actitud mental a contextos de la vida real significa responder a conductas «negativas» ofreciendo ayuda en vez de castigo. Una de las mejores maneras de ayudar a otros consiste en conseguir una comprensión más plena de los procesos que llevan a conductas no deseadas. Las raíces de estos procesos normalmente se basan en el dominio de las actitudes mentales, las percepciones, las creencias, las limitaciones percibidas, y así sucesivamente. En otras palabras, para ofrecer ayuda, primero hay que respetar el modelo del mundo de la persona.

Desde el punto de vista del proceso de comunicación, esto exige llegar a asuntos de interés común con la otra persona. A partir de este punto de interés común puedes empezar a influir y persuadir, y de este modo lograr un efecto sobre la conducta de los demás. Tu nivel de influencia es mucho mayor cuando te ocupas del nivel del proceso (el de las actitudes mentales, las creencias y las percepciones), en vez del nivel del contenido (el del comportamiento). En la actualidad, los mejores directivos se dan cuenta de que el liderazgo es algo más que el simple control de conductas «negativas» de otras personas: tiene que ver con apoyar y ayudar a otros a la hora de lograr un cambio deseable.

Por lo tanto, el primer proceso que vamos a tratar en el área de la comunicación hablada tiene que ver con llegar a un terreno de interés mutuo con quien te escucha. El proceso que voy a sugerir proviene directamente del campo de la hipnosis, más en concreto del modelo Milton de la PNL. Milton Erickson fue uno de los precursores mundiales de la hipnoterapia conocido por su extraordinario éxito a la hora de ayudar a los demás. Dos de los aspectos más importantes de su éxito fueron su capacidad para crear niveles profundos de confianza con sus clientes y su capacidad para persuadir a sus clientes para que se mostraran muy receptivos a sus ideas. Su experiencia se basaba en el dominio de las palabras y el tono de voz.

El modelo Milton es una derivación de las técnicas verbales y tonales empleadas por Erickson para lograr su gran éxito. Los detalles intrincados de este modelo se discuten en los libros *Patterns of Hypnotic Techniques of Milton H. Erickson M. D.* (Modelos de técnicas hipnóticas del doctor Milton H. Erickson), volúmenes 1 y 2, de Richard Bandler y John Grinder, editados en 1975 y 1977, respectivamente. Estos excelentes libros son especialmente útiles en la práctica de la psicología o la hipnoterapia. Nuestros propósitos nos limitarán a una fracción parcial pero importante del modelo Milton, modificado para su uso en aplicaciones cotidianas. En términos de PNL, nos ocuparemos del proceso aplicado de compartir y guiar verbalmente, que ayuda a alcanzar un campo de interés mutuo con quien nos escucha.

Compartir verbalmente es el proceso de expresar en palabras aspectos de la experiencia de otra persona. En términos sencillos, tiene que ver con decir cosas que ambos reconocéis como ciertas. Suena simple pero tal vez descubras que requiere un esfuerzo consciente, al menos al principio. Compartir verbalmente te exige ver el mundo a través de los ojos de la persona con quien estás hablando y verbalizar las cosas que ves. Es un medio a través del cual puedes entrar en el mundo de la persona con quien hablas. Te ayuda a compartir perspectivas y a entenderos un poco más el uno al otro. Si se hace con integridad y respeto, es un proceso que crea afinidad e inspira fuertes sentimientos de confianza (para ambos).

Con objeto de entender el proceso de compartir verbalmente, debemos distinguir entre la verdad, la percepción y la perspectiva. Consideremos por un momento una escena en la que el presidente de una empresa está pronunciando un discurso. Hay cuatro personas en las que vamos a centrar la atención. Uno es el conserje, quien está contento con su trabajo. Ha trabajado para la empresa durante veinte años y está contento de que la empresa le haya dado un puesto de trabajo durante ese tiempo. Está muy agradecido al presidente y está contento de trabajar duro para mantener la empresa en marcha.

La segunda persona es un mando intermedio, una empleada de la empresa que se siente frustrada con su trabajo. Siente que la compañía le ha mentido y engañado y culpa al presidente. Sospecha que es un corrupto y le guarda rencor.

La tercera persona es una directora ejecutiva que trabaja cerca del presidente. Conoce a fondo la situación por la que está pasando el presidente y es consciente de que este discurso ha sido solicitado por la Junta de Dirección. Era algo que el presidente no quería hacer, pues intuía que la información era engañosa; no obstante, le han presionado para que lo hiciera. Comprende que al presidente le ha costado elaborar el discurso, pero él ha intentado en la medida de lo posible dar la impresión de que apoya totalmente la información.

El presidente, la cuarta persona incluida en esta trama, tenía la impresión de que si la gente estuviera enterada de sus diferencias con la Junta, representaría un problema para ellos a nivel emocional; intuía que los empleados necesitaban de un liderazgo fuerte y unificado. La directora ejecutiva respeta la fuerza del presidente y su integridad y le valora por mantener la prioridad del bienestar de sus empleados a pesar de que pasa por un proceso tan difícil.

Todas estas personas oyen el mismo discurso, pero lo oyen desde perspectivas diferentes. Mantienen diferentes actitudes mentales hacia el presidente, la empresa y el acontecimiento en sí. A través de sus perspectivas personales, filtran e interpretan los datos que reciben para crear un significado.

Ahora considera la frase, «El presidente demostró un gran liderazgo al pronunciar ese discurso». ¿Es una afirmación cierta?

Desde la perspectiva del conserje, es una afirmación cierta. El conserje ha advertido que el presidente actuó de forma muy «presidencial» y explicó la información para que la gente pudiera entenderla. El conserje por lo general no llega a enterarse de los temas tratados en los discursos, así que le ha parecido que todo el discurso muestra una gran capacidad de liderazgo, por parte de un hombre que obviamente está ayudando a mantener viva y en crecimiento su compañía. El conserje percibe que este hombre es un gran líder.

Desde la perspectiva del mando intermedio, el discurso no demostraba en absoluto liderazgo. Fue engañoso y falaz, configurado por los rasgos malignos y desagradables que caracterizan la conducta del presidente. Podía percibir el engaño en su lenguaje corporal y en el tono de voz. Era un ejemplo más de su falta de integridad y esfuerzos por engañar y embaucar a los demás al hacer las cosas a su manera. Percibe que este hombre no es un buen líder y siente un gran deseo de desacreditar cualquier esfuerzo suyo.

Desde la perspectiva de la directora ejecutiva, el discurso mostraba un gran liderazgo. Pese a las circunstancias desafiantes, el presidente fue capaz de presentarse de una manera profesional. Demostraba una posición de liderazgo pese a los recelos respecto a la información. Su comedimiento y fuerza son una gran inspiración para ella. Percibe que este hombre es un gran líder y ahora defiende aún con más vigor sus acciones.

Y, finalmente, desde la perspectiva del presidente, el discurso no demostró capacidad de liderazgo. Sentía que estaba renunciando a sus propios principios a causa de la coacción. No estuvo dispuesto a defender sus valores internos y en su lugar optó por el camino fácil. Mostró cobardía en ese discurso, no liderazgo. El presidente percibe su propia falta de carácter.

Considera las frases siguientes de estas cuatro perspectivas y piensa en quién estaría de acuerdo con ellas y quién no:

- El presidente pronunció un buen discurso.
- El presidente es un gran líder.
- Puedes confiar en el presidente.
- El presidente tiene un fuerte sentido de los principios y valores morales.
- El presidente se equivocó al ceder a los caprichos de la Junta.
- Si el presidente fuera mejor hombre, podría haber resuelto este dilema de una manera más honrosa.
- Dijera lo que dijera el presidente, no importa. Lo importante fue su presencia como líder.
- Algo falla en el carácter del presidente que hace difícil creer en él.
- El presidente mintió durante su discurso.
- El presidente lo hizo lo mejor que pudo.

Si las cuatro personas mencionadas tuvieran ocasión de discutir cada una de estas frases, sus ideas sobre lo verdadero y falso serían muy diferentes. Eso es porque nunca podemos saber qué es verdaderamente cierto y qué falso. Sólo podemos tener nuestra propia *percepción* de la verdad.

Tal vez empieces a detectar algunas pautas que van cobrando forma en este libro. Anteriormente he dicho que no es muy útil pensar en términos de lo bueno y lo malo. He dicho lo mismo sobre tomarse las cosas como buenas o malas. Ahora incluso llego a decir que la verdad y la falsedad son cuestiones de percepción. ¿Todavía se tambalean los muros?

Algunas personas son muy estrictas con estos conceptos. No obstante, cada una de estas cuestiones se entiende mejor en términos de percepción individual. Nuestra percepción de lo que sucede en el mundo es lo que nos permite tener opiniones. No sabemos qué existe de verdad en el mundo; simplemente sabemos lo que captamos a partir de nuestros sentidos y lo que interpretamos a partir de la monumental cantidad de datos que recogemos.

El proceso de acompañar verbalmente exige evitar imponer tus lecturas de pensamiento, conclusiones, juicios, juicios de valor y opiniones acerca de los demás y hablar en cambio sobre cosas que se percibirán como descripciones detalladas de la experiencia de la otra persona: desde la perspectiva de la otra persona. Te obliga a cambiar tu perspectiva y a incorporarte a su modelo del mundo. Hasta el momento hemos discutido conceptualmente cómo acompañar o compartir la experiencia presente. Pero ¿cómo hacerlo? ¿Qué procesos específicos se pueden emplear? ¿Cómo saber qué palabras emplear? ¿O qué experiencia compartir?

Comencemos por aprender diversos sistemas de estructuración de las frases para que compartan más de cerca la experiencia actual de otras personas. Aunque presento estas técnicas casi como universales, es útil tener en cuenta que se trata de un proceso individual personal. En general, cuanto más específicamente adaptes tus palabras a tus oyentes, más eficaz serás con ellas.

EJEMPLOS DE INTERPRETACIONES COMPARADAS CON OBSERVACIONES BASADAS EN LO SENSORIAL

La primera manera de compartir verbalmente la experiencia presente es hablar según las observaciones basadas en lo sensorial. Esto significa expresar tus observaciones, observaciones que son igualmente accesibles para la otra persona. Las observaciones pueden tener su origen en cualquiera de nuestros sentidos, pero te exigen que te abstengas del proceso de hacer interpretaciones. Si no estás acostumbrado a distinguir entre observaciones e interpretaciones, esta puede ser una experiencia que te abra los ojos. Con un poco de práctica, este proceso resulta bastante sencillo. Por ejemplo, ten presente las diferencias entre los siguientes ejemplos:

Estás jugando a golf...

Interpretación: Sí que hace calor hoy. («Calor» es relativo.)

Observación basada en lo sensorial: El sudor me corre por la frente.

Interpretación: Este hoyo es muy largo para un par 4. («Largo» es relativo.)

Observación basada en lo sensorial: Aquí dice que este hoyo tiene 552 yardas.

Interpretación: Qué día tan bonito para jugar al golf. («Bonito» es relativo.)

Observación basada en lo sensorial: El cielo está claro; sólo veo unas pocas nubes en el horizonte.

Las distinciones entre interpretaciones y observaciones basadas en lo sensorial son muy importantes. Las interpretaciones obligan a quien te escucha a considerar *tu* modelo del mundo y no logran hacerle saber que estás deseoso de comprender *su* modelo del mundo. Alternativamente, las observaciones de origen sensorial crean afirmaciones que coinciden con la experiencia sensorial presente de quien te escucha y le permite saber que estás viendo cosas que coinciden con su manera de percibir el mundo. Los efectos son impresionantes.

Al enlazar una serie de observaciones basadas en lo sensorial (OBS), creas una percepción cada vez más fuerte del terreno de interés mutuo que compartes con quien te escucha. Esta percepción será precisa, ya que necesitarás pensar en cosas desde su perspectiva para poder tener éxito. Consideremos un ejemplo sencillo tomado del mundo de los negocios:

Situación: Te encuentras en una reunión y tu labor consiste en transmitir ciertas malas noticias sobre un proyecto que acusa mucho retraso.

Tú: Ahora que nos encontramos todos aquí (*OBS*) y son las 8 y 35 minutos de la mañana (*OBS*) voy a hablar del proyecto Transportador. (*Ya has empezado, estás compartiendo su experiencia y es una OBS.*) El pasado viernes nos reunimos para discutir el proyecto (*OBS*) y a casi todo el mundo le preocupaba que no se pudieran cumplir los plazos del programa (*OBS*); como grupo expresamos la necesidad de hacer mejor nuestro trabajo (*OBS*)...

Análisis: Empiezas con seis OBS, una seguida de la otra, y luego podrías introducir algunos datos y hechos mensurables que además serían OBS. Con este tipo de base establecida, es muy probable que hayas convenido un terreno de interés mutuo. Con toda probabilidad, esto preparará al grupo para el proceso posterior que da a entender la necesidad de tomar iniciativas, para lo cual introducirás afirmaciones que vamos a tratar a continuación: observaciones, conclusiones, juicios, valores y opiniones.

Compartir verbalmente es así de sencillo. Requiere un poco de práctica, pero el simple proceso de leer este libro ajustará con casi toda probabilidad tu conocimiento para que el proceso te resulte bastante fácil. Una vez que has aprendido a compartir verbalmente, estás listo para tomar la iniciativa. Empezaremos la transición estudiando algunos métodos para presentar observaciones, conclusiones, juicios, valores y opiniones que se incluyan en medio de ambos.

Las siguientes cinco categorías de modelos de lenguaje pueden crear o anular tu capacidad para compartir verbalmente un terreno de interés común con otra persona. Todas ellas se centran en el resultado de acompañar la experiencia presente y evitar desavenencias con quien escucha. Este es el verdadero testamento de mantener un asunto de interés mutuo con quien te escucha. Además, estas afirmaciones te permiten introducir apuntes de tu modelo del mundo.

MODELOS DE CONSTRUCCIONES DE FRASES

En cada categoría empiezo por enumerar un ejemplo de una frase incorrecta (una que probablemente creará disconformidad), luego describo los principales problemas asociados a ella. En los ejemplos que siguen, empiezo por hacer cambios sencillos en la formulación para que pueda aceptarse de manera más universal (que haya más probabilidades universales de crear acuerdo). Presta especial atención a estas construcciones y a los cambios sutiles en la elección de los términos: son el punto crucial para establecer una comunicación que se entienda y se reciba. Te recomiendo que estudies este apartado con atención; muchos de los cambios son sutiles, pero significativos. El nombre descriptivo del tipo de afirmación se enumera en primer lugar y va seguido de la frase y, luego, de una explicación:

Observaciones

Observación de lectura de la mente: «Me doy cuenta de que esto te pone triste». Puesto que nadie puede saber en realidad lo que alguien está sintiendo, es imposible saber de verdad si alguien está triste. Muchas personas ven una frente arrugada y la equiparan a un estado de tristeza, pero eso es una lectura del pensamiento. Una persona con el entrecejo fruncido puede estar triste o no, sin que tenga relación con ello. En cualquier caso, la persona estaría disconforme con la afirmación y diría que es falsa. Las lecturas de la mente deberían evitarse excepto en circunstancias excepcionales que trataremos en un apartado posterior.

Observación interpretada: «Veo que frunces el entrecejo». Esto no es del todo una lectura de la mente, aunque comparte aspectos con ella. Si ves a una persona con la frente arrugada y con la curva de los labios hacia abajo, por definición podríamos hablar de una persona ceñuda. Pero también podría ser un respingo, una mueca o una consecuencia natural de la tensión muscular. Además, una expresión ceñuda se asocia a un estado de desánimo, de modo que si tu interlocutor tiene la frente arrugada y la curva de los labios hacia abajo, pero se siente en un estado bastante positivo o neutral —o incluso aunque estuviera en un estado positivo o neutral—, entonces probablemente no estaría de acuerdo con la frase. Cada uno de estos guiones podría convertirse en fuente de desacuerdos con el oyente. Las interpretaciones que se manifiestan con hechos a menudo pueden dar origen a disconformidad.

Lectura de la mente remota: «Algunas personas pensarían que estás triste por esto». Esto es una lectura de la mente —de «triste»—, pero se ofrece desde la perspectiva de «algunas personas». Esto hace que sea más probable que quien oye acepte esta lectura de la mente como que están compartiendo su modelo del mundo.

Interpretación remota: «Algunas personas pensarían que ceñudo». Se trata de una interpretación —interpretar «ceñudo» al ver una frente arrugada y una curva de los labios hacia abajo»— desde la perspectiva de «algunas personas». Una vez más, es probable que quien oye acepte esto como que se está acompañando su experiencia más que como una interpretación normal y corriente.

Observación: «Puedo ver que la curva de tus labios se tuerce un poco hacia abajo». Esta es una observación estricta. Es mensurable. Este tipo de afirmación cuenta con el máximo potencial para ser percibida como verdadera y para provocar aceptación en quien la escucha. La gente no está acostumbrada a hablar por lo general en estos términos. No obstante, con cierta práctica podrías descubrir que es uno de los patrones verbales más útiles que tienes a tu disposición.

Las perspectivas «remotas» pueden adoptar varias formas. *Algunas personas, mucha gente, no mucha gente, cualquiera, una persona observadora, una persona sin información, un neófito en el tema, una persona perfeccionista,* y así sucesivamente, son ejemplos de frases que se pueden usar en estas situaciones.

Conclusiones

Conclusiones presentadas como hechos: «Necesitamos tomar una decisión acerca de este contrato». Esta es una conclusión por parte de quien habla, pero se presenta como si fuera una verdad reconocida globalmente. Este tipo de construcción tiene muchas probabilidades de suscitar desavenencias o debate. Crea una atmósfera poco tolerante e implica que no se están considerando otras opciones. Esas personas interesadas en considerar todas las opciones se opondrán a una manifestación de este tipo aunque estén de acuerdo con la conclusión. Percibirán que es prematuro cerrar el debate sobre el tema. Este tipo de construcción es el origen fundamental de los «abogados del diablo». Las conclusiones presentadas como hechos deberían emplearse sólo en circunstancias especiales una vez establecidas plenamente la sintonía y la confianza.

Conclusión presentada como opinión: «En mi opinión, necesitamos tomar una decisión sobre este contrato». Esta es una conclusión por parte de quien habla, pero en este caso quien habla la presenta como tal. Evita el problema de presentar la opinión como un hecho estricto. Esta afirmación también puede iniciar el debate; sin embargo, aún te concede más margen con quien escucha. Puesto que se presenta como una opinión, ayuda al oyente a sentirse seguro de que no estás descartando prematuramente otras opciones y que estás abierto a oír otras opiniones. Quien escucha está menos forzado a disentir en este punto y tiene más probabilidades de permitirte continuar con el debate. Este tipo de manifestación tiene buenas posibilidades de crear un acuerdo con quien escucha.

Conclusión remota: «Podría decirse que necesitamos tomar una decisión en relación con este contrato». Esta es la manera más segura de expresar una conclusión y de que se acepte la aseveración. Es la que más probabilidades tiene de que quien escucha se muestre conforme. La elección del sujeto de la perspectiva distante debería ser una opción razonable, por ejemplo: «Una persona *nerviosa* diría que...», sería una opción que podría crear desacuerdos mientras que: «*Parte de mí* quiere decir que...» podría ser una opción preferible.

Juicios

Juicio: «Esta es una buena empresa». Los juicios crean categorizaciones en relación a lo «bueno» o lo «malo». En este caso, quien habla ha decidido lo que es «bueno» y ha determinado que la empresa se incluya en esta categoría. Hay grandes posibilidades de que quienes escuchan estén en desacuerdo con este juicio. O bien tendrán una idea diferente sobre lo que es «bueno» o tendrán ideas diferentes sobre lo bien que esta empresa se ajusta a esa categoría. En cualquier caso, surgen desavenencias. En general habría que evitar los juicios debido a su alto potencial para crear desacuerdo o debate. Intentar imponer tus juicios a los demás se considera en general un abuso.

Preferencia: «Me gusta esta empresa». Esta es la expresión más sincera de un juicio. En vez de determinar el aspecto «bueno» o «malo» de la empresa, esta frase simplemente manifiesta una preferencia personal. Todos tenemos derecho a nuestras preferencias y por lo general sabemos cuáles son esas preferencias; y por lo tanto las afirmaciones de preferencias se aceptan en general con facilidad y despiertan poco o nulo desacuerdo. No obstante, a veces sí que crean debate. Quien escucha puede decidir que se trata de una buena ocasión para discutir la calidad de la empresa y «convencer» a quien habla para que piense todo lo contrario. Por lo tanto, estos tipos de afirmaciones tienen el potencial para crear debate y hacer que la conversación divague y se aparte de donde esperabas encaminarla.

Juicio remoto 1: «Algunos dirían que esta es una buena empresa». Esta afirmación tiene más probabilidades que ninguna de ser aceptada por quien la escucha. Se trata de una manera excelente de mantener la confianza y la sintonía, incluso cuando se presenta un punto de vista potencialmente controvertido. Si vas a presentar un punto de vista controvertido, suele ser eficaz presentarlo en este formato distante, introducir uno mismo la objeción e intentar replicarla. Nos ocuparemos de este excelente proceso más a fondo en un apartado posterior.

Juicio remoto 2: «Tenemos reputación de buena empresa». Se trata simplemente de otra versión de un juicio remoto.

Juicios morales

Juicio moral: «Esto es lo más correcto que podemos hacer». Moralmente concierne a aspectos de «bueno» o «malo». Los juicios morales son similares a los juicios en muchos respectos. Un juicio moral cuenta con un alto potencial para crear debate o desacuerdo y generalmente habría que evitarlo. Intentar imponer tu moralidad a los demás por lo general se considera un abuso. Por otro lado, si quien escucha acepta esta afirmación, se dispondrá de un punto poderoso de influencia. Al apelar a valores morales elevados, los líderes han presionado a lo largo de siglos a los demás a seguirles, lo cual es un proceso que se puede considerar abusivo. Sé precavido con quienes se atrevan a decirte lo que está bien y mal.

Juicio moral personal: «Creo que es lo que tenemos que hacer». De nuevo, se trata de tu opinión, de modo que contará con una posibilidad razonable de ser aceptada como afirmación sincera. No obstante, aún crea una oportunidad de discutir el tema y estimula al oyente a «convencerte» de lo contrario, lo cual se aparta del enfoque de tu conversación.

Observación personal: «Moralmente estoy conforme con esto». Esta frase es sincera de forma más específica que un juicio de valor personal y de algún modo tiene más probabilidades de crear un acuerdo pleno. También en este caso, decir lo que te parece y no te parece se halla estrictamente fuera del terreno de la experiencia de los demás y los intentos de hacerlo así se consideran por lo general abusivos. Un comentario como este es más eficaz a la hora de evitar el debate que un juicio de valor personal, puesto que es una forma poco común de expresión.

Juicio de valor remoto: «Alguien argüiría que se trata de la opción más correcta». Esta es la estructura más aceptada para afirmar un valor. Tiene la máxima probabilidad de ser aceptada por el oyente sin crear debate o interrupciones.

Opiniones

Opinión presentada como hecho: «El rojo es el mejor color para lo que intentamos conseguir». Esta es una opinión por parte de quien habla y tiene muchas probabilidades de estimular debate u objeciones. Los criterios que tienen que ver con qué es lo «mejor» no están establecidos y es probable que quien escucha comprenda de modo diferente lo que sería «mejor». Las opiniones que se presentan como hechos en general deberían evitarse, excepto en circunstancias especiales, cuando ya existe una afinidad.

Opinión presentada como opinión: «Creo que el rojo es el mejor color para lo que intentamos conseguir». Se trata de una opinión manifestada como una opinión. Debido a que todos tenemos opiniones y generalmente las conocemos, es probable que este planteamiento se adecue a la experiencia de quien escucha. Pero, una vez más, aún ofrece una posibilidad de debate de la cuestión, lo cual descarrilaría la conversación.

Opinión remota: «Alguien argüiría que el rojo es el mejor color para lo que intentamos conseguir». Tiene la mayor probabilidad de ser aceptada por quienes te escuchan y evitar la discusión o que se descarrile la conversación.

Cada vez que empieces a hablar con gente, tendrás la ocasión de aplicar observaciones, conclusiones, juicios, juicios morales y opiniones. Así se inician los procesos para dar a conocer a otras personas tu modelo del mundo, y constituye una parte necesaria de los procesos de persuasión e influencia. La manera en que presentas estas afirmaciones marcará una diferencia tremenda en cuán efectivo eres a la hora de crear un oyente receptivo.

El nivel de afinidad que tengas con tus oyentes tendrá un efecto significativo sobre las libertades que puedes tomarte en el proceso de compartir y guiar. Si tienes ante ti un oyente hostil, recomiendo que lo acompañes mucho y que sólo puntualmente y con cautela aventures comentarios, conclusiones, juicios, valores y opiniones, empleando sobre todo las versiones más aceptables. Por lo general, así se abrirá el camino para la comunicación efectiva en el futuro, aunque precisará múltiples interacciones. Si tu oyente ya se muestra muy receptivo, tal vez quieras pasar más deprisa a alguno de los terrenos más susceptibles de ser debatidos.

Cuanta más sintonía consigas con quien te escucha, más amplia será la base común de compresión y más eficaz serás en el proceso posterior de entendimiento y aceptación de tus ideas.

Influencia verbal

Ya he mencionado en varias ocasiones la persuasión y la influencia. No obstante, aún no he dado mi definición precisa de esos procesos, ni para qué clases de situaciones resultan útiles. Mucha gente aún se aferra a la idea de que la persuasión sigue planteamientos ganador-perdedor, que la influencia tiene que ver con conseguir que alguien más se ponga de acuerdo contigo sin tener en cuenta qué sería lo mejor para la otra persona. Sin embargo, se trata de un paradigma incorrecto que eventualmente sabotea los procesos de quienes tienen la desgracia de emplearlo.

La persuasión *no* es el proceso por el cual se consigue que alguien se ponga de acuerdo contigo: es el proceso por el que se anima a alguien a comprender tu modelo del mundo.

La influencia *no* es el proceso para conseguir que la gente haga lo que tú quieres: es el proceso para facilitar a la gente más opciones de comportamiento y hacerles ver, a partir de tu modelo del mundo, las ventajas de las conductas que estás sugiriendo.

La persuasión y la influencia *no* requieren que otros emprendan ninguna acción del tipo que sea: respaldan a los demás a la hora de entender que hay más opciones disponibles y de darles ideas sobre cómo esas opciones pueden mejorar. Apoyan a otros a la hora de materializar la opción que han tomado.

Cuando concluyas tu proceso de determinar las opciones ganador-ganador, tomarás en cuenta otras perspectivas, otros puntos de vista y otros modelos del mundo, así como el tuyo propio. Tienes en cuenta los valores, creencias y deseos de la persona o personas con la que estás tratando, así como las tuyas propias. Con esta comprensión, a menudo te encontrarás a ti mismo disponiendo de soluciones excelentes. Cuando mantienes opciones ganador-ganador incuestionables, la gente *querrá* en consecuencia tomar parte en el proceso, si lo entienden de la misma manera que tú. La persuasión y la influencia son los medios mediante los cuales ayudas a los demás a ver los beneficios generales ganador-ganador de las cosas que estás proponiendo y mediante los cuales les animas y les apoyas para que pasen a la acción.

Emplear las habilidades de influencia y persuasión te coloca en un buen lugar para ocupar el rol de líder. A medida que incrementas el alcance de tu influencia, empiezas a funcionar con naturalidad en el papel de líder. Esto puede ser un rol excelente y útil.

Por desgracia, también mucha gente se aferra aún a paradigmas ineficaces sobre el liderazgo. Muchos equiparan liderazgo a responsabilidad y trabajo, o a tomar decisiones en nombre de los demás. Algunos equiparan liderazgo a tener poder sobre otros. Hay quien lo considera un medio para dirigir a la gente hacia una opción dada, dejando así de lado su libertad de acción. Una vez más, se trata de un pensamiento de vencedores y perdedores.

Cuando la gente continúa operando desde paradigmas ineficaces de persuasión, influencia y liderazgo, a menudo deciden que no quieren tomar parte en esos procesos. Se trata de una decisión que da la casualidad que yo comparto: no es conveniente desempeñar un papel en los paradigmas ineficaces que acabo de mencionar, son paradigmas ganador-perdedor. Sin embargo, al adoptar paradigmas efectivos de procesos saludables y solidarios, descubres que puedes ser la persona que quieres ser, y que alrededor de ti otros también lo consiguen.

Los líderes de hoy en día expresan un paradigma diferente, el que se apoya en la premisa ganador-ganador. El liderazgo es un proceso solidario. Tiene que ver con conseguir la atención de la gente y enseñarles un camino mejor. Cuanta mayor cantidad de gente te concede su atención, mayor magnitud de liderazgo. Cuanto mejor es el sistema propuesto, mayor será la calidad de tu liderazgo. La gente se beneficia de contar con este tipo de líderes en su entorno.

El proceso de compartir y guiar se inicia simplemente considerando el modelo del mundo de la otra persona, se sigue dando a conocer a esa persona partes de tu modelo del mundo y, finalmente, se continúa con persuasión, influencia y liderazgo.

Consideremos un ejemplo que recientemente sucedió en mi vida: una amiga mía estaba muy ansiosa; de hecho, hacía semanas que estaba visiblemente molesta. La causa de su ansiedad era la conducta de su antiguo novio, a quien ella consideraba un impresentable desde que habían puesto fin a su relación.

Al escucharla, me percaté de que ella no había aceptado ninguna responsabilidad en la situación y, por lo tanto, se sentía impotente y la víctima de esa ruptura. Había distorsionado los sucesos de las pasadas semanas para sustentar sus generalizaciones sobre lo impresentable que había sido aquel hombre. Era incongruente con sus sentimientos negativos hacia él.

Mediante sugerencias, le ayudé a ver las cosas desde el punto de vista de la responsabilidad. Atraje su atención a *su* papel en el proceso de ruptura y la ayudé a reexaminar esas conductas que tanto la alteraban por parte de un antiguo novio, y también accedimos a su fuente interna de incongruencia y la exploramos.

Como resultado, llegó a ver que ella también había intervenido en la creación de la situación que había desembocado en la ruptura; comprendió que la decisión era buena. Volvió a acceder a los sentimientos de amor que le inspiraba aquel hombre y resolvió su conflicto interno. Consiguió centrarse y estar más segura de sí misma, lo cual le dio mayor convicción y confianza. Durante la siguiente semana, continuó comentando lo centrada y calmada que se encontraba como resultado de nuestra conversación.

Este es el tipo de seguridad que experimentamos la mayoría de nosotros de forma regular. La calidad de nuestra vida viene determinada por cómo manejamos situaciones como estas, tanto con nosotros mismos como con otros. El proceso de persuasión e influencia tiene que ver con captar la atención de la gente y mostrarles un camino mejor.

Proceso de persuasión e influencia verbales

El proceso de persuasión e influencia verbales es relativamente sencillo; ya hemos tratado varios aspectos del mismo. Continuaremos desarrollando los demás aspectos a través de la sección completa de habilidades verbales. He aquí el proceso en conjunto:

1. Ten en cuenta el modelo del mundo de la otra persona.
2. Escucha a la otra persona. Hazte una idea de quién es, qué quiere él o ella, qué le preocupa, y así sucesivamente. Escucha cualquier limitación pertinente que exprese en sus patrones de lenguaje.
3. Fomenta y mantén la sintonía.
4. Llega a un terreno de interés mutuo. Emplea patrones verbales para crear el máximo acuerdo con quien te escucha.
5. Calibra para buscar un estado emocional de receptividad. Piensa en términos de flujo y en qué dirección circula.
6. Guía al oyente hasta tus ideas.
7. Calibra buscando un acuerdo continuado o áreas de preocupación. Calibra hasta determinar el flujo continuo.
8. Aborda los intereses e intereses potenciales. Continúa manteniendo un profundo respeto hacia la otra persona y sus puntos de vista.
9. Calibra buscando la resolución de preocupaciones, y un acuerdo continuado.
10. Continúa manteniendo la sintonía en todo momento. Si se pierde la sintonía, restablécela antes de seguir adelante. Retrocede en el proceso si es necesario restablecerla.
11. Niégate a aceptar nada que no sea una opción ganador-ganador incuestionable.
12. (Opcional) Para inspirar la acción, ayuda a determinar cursos de acciones ganador-ganador que ayuden a cumplir los valores y criterios de la otra persona.

Este proceso funciona; es una manera de mantener la interacción y persuadir a la gente que te permite conservar tu respeto por los demás y por tu propia integridad. Cuando aplicas este proceso, eres muy efectivo en tus tratos con los demás. La gente te respetará y te ayudará a sentirte bien en lo que respecta a sus intercambios contigo. Funcionarás como un líder y la gente acudirá a ti buscando orientación. Te elegirán y se sentirán recompensados por ello. Ayudarás a otras personas a comprender los resultados que verdaderamente quieren, les ayudarás a tener éxito y les inspirarás a trabajar en equipo para crear resultados beneficiosos para todas las personas implicadas. La gente se sentirá satisfecha de tenerte en su equipo. Este proceso puede constituir una base significativa de tu éxito.

Continuaremos refiriéndonos a este proceso de persuasión e influencia verbales en otras partes del libro. Por el momento nos hemos ocupado de todos los puntos excepto del 4, del 6 y del 8, cada uno de los cuales tiene que ver con las habilidades verbales. Hemos iniciado los puntos 4 y 6 y seguiremos analizándolos en la sección siguiente. Los puntos 6 y 8 irán entrelazados con el material del resto de apartados y capítulos de habilidades verbales, y cada uno de los artículos se reforzará a medida que avancemos. Por lo tanto, sigamos adelante.

Empleo de patrones de lenguaje

Hasta ahora hemos identificado algunos tipos específicos de habilidades verbales. Hemos discutido el proceso de encontrar un terreno de interés mutuo. Hemos comentado el proceso de acompañar verbalmente, en el que no sólo dices cosas ciertas, sino que también dices cosas que acompañarán la experiencia del oyente y se percibirán como verdaderas desde su perspectiva. Hemos demostrado cómo las observaciones, conclusiones, juicios, juicios morales y opiniones pueden transformarse en afirmaciones que los demás acepten más fácilmente, y cómo ese proceso puede ayudar al oyente a empezar a explorar tu modelo del mundo. Hemos comenzado a examinar el proceso de influencia y persuasión y compartido ideas sobre el liderazgo. Ahora vamos a explorar cómo potenciar estas habilidades.

Aprender a reformular tus afirmaciones para que acompañen

la experiencia de quien te escucha es el primer paso a la hora de crear fuertes comunicaciones verbales. Esto constituirá la piedra angular de cada una de las posteriores habilidades verbales. Para cuando hayas concluido los capítulos de habilidades verbales, habrás estado expuesto a este proceso muchas veces y tal vez te parezca bastante fácil incorporarlo a tu propia comunicación.

Consideremos un ejemplo que resalta algunas prolongaciones de las habilidades verbales que ya hemos tratado. Implica sólo una porción del proceso de persuasión e influencia, de modo que, a efectos de este ejemplo, da por supuesto lo siguiente: ya se ha escuchado exhaustivamente, ambas alternativas son ganador-ganador, y la calibración continúa de forma regular. En este ejemplo los comentarios sobre cada segmento importante se insertan entre paréntesis:

Situación: Eres un directivo y quieres contratar a un nuevo administrativo que refuerce tu personal. Necesitas la aprobación de tu superior y quieres persuadirle para que dé su aprobación. Él dispone de autoridad para tomar la decisión, pero se opone sistemáticamente a la contratación de nuevas personas debido a los costes y al tiempo que precisa su formación. No obstante, coincide con los directivos de la empresa en cuanto al incremento de las ventas y el aumento de la productividad.

Planteamiento débil (con comentarios explicativos): Quería hablar hoy con usted porque necesitamos contratar a una nueva persona (*«necesitamos contratar a una nueva persona» es una conclusión manifestada como un hecho*). Esta nueva persona ahorrará tiempo (*otra conclusión*) a las otras ocho personas que trabajan en la oficina, lo cual les permitiría ser más eficientes (*opinión y conclusión*). Actualmente, la mayoría de nosotros pasamos varias horas al día desempeñando trabajos administrativos que podría ejecutar alguien con un sueldo más bajo (*una conclusión que podría iniciar una discusión; por ejemplo: «¿Por qué dedicáis tanto tiempo a esto? No deberíais tener tanto trabajo administrativo que hacer...»*). Sería preferible (*un juicio expresado como un hecho*) contratar a una nueva persona. Podemos hacerlo con un mínimo de entrevistas (*esta conclusión podría iniciar una discusión*) y podemos incrementar nuestra productividad al menos en un 15 por ciento (*opinión y conclusión sin datos de respaldo, podría iniciar un debate*). Eso compensaría sobradamente desde un comienzo la contratación de la nueva persona en ahorro directo (*la opinión y conclusión podrían iniciar un debate, lo cual apartaría la conversación del tema*). ¿Puedo contar con su aprobación? (*Esta última frase fuerza una decisión afirmativa o negativa y deja al director aferrado a un «no» si esa es su primera opción emocional. Limita la posterior capacidad de persuasión.*)

Problemas potenciales: Se trata de un planteamiento lógico, metódico. Si eres una persona realista, que sólo quieres que alguien te ofrezca los factores determinantes, tal vez este planteamiento te resulte sugerente. Mucha gente piensa de manera equivocada que ser tan directo es el mejor método para persuadir a la gente. Por desgracia, resulta eficaz en pocos casos. Tal vez funcionara para Spock pero, en el mundo real, funciona en raras ocasiones. No logra crear un espacio de coincidencia emocional.

Presenta algunas dificultades estructurales que contribuyen a la falta de eficacia del planteamiento. En concreto, está lleno de opiniones y conclusiones establecidas como hechos. Cualquier frase del párrafo podría cuestionarse y apartaría la atención del proceso de aprobación. Por ejemplo, si tu superior piensa que no estás dedicando tantas horas al día a desempeñar trabajos administrativos o, aún peor, piensa que lo estás haciendo, pero que no debería ser así, eso podría iniciar el debate. Ponerse a discutir esto os aparta de la vía que llevaría a una decisión. Un debate lógico en profundidad siempre puede ser anulado por otra rama lógica. Contrariamente a nuestras creencias sobre la lógica, puede emplearse para justificar en realidad cualquier postura argumental.

Planteamiento más eficaz (con comentarios explicativos): Quería hablar hoy con usted para discutir algo de lo que tal vez no se haya percatado (*inicia el planteamiento acompañando la experiencia presente; «de lo que tal vez no se haya percatado» es por de-*

finición algo de lo que no se puede discrepar). La mayoría de personas de mi departamento han acudido a mí para expresar sus preocupaciones sobre el trabajo administrativo que están haciendo (*se percibiría como algo sincero*). Tienen la impresión de que están dedicando («*tienen la impresión*» *es cierto; decir «están dedicando...*» *sería una opinión, pero* «*tienen la impresión de que están dedicando...*» *describe sus sentimientos, que por definición quedan fuera del conocimiento de los demás*) demasiado tiempo a esta labor y que su productividad se resiente. Hago todo lo posible para ocuparme de estas cuestiones cada vez que se presentan (*se percibiría como algo cierto*). Coincido con ellos (*acompaña las actividades presentes que han tenido lugar*) en el hecho de que no deberíamos tener que dedicar (*respalda la opinión probable del directivo, lo cual evita un posible debate y un desvío de la atención*) tanto tiempo a actividades administrativas, que debe haber maneras de reducir al mínimo el tiempo invertido (*una vez más evita una desviación; las cinco frases acompañan la experiencia actual*).

Por desgracia, no creo que mi actuación al respecto esté dando buenos resultados (*opinión expresada como opinión*), ya que yo mismo también he encontrado las mismas dificultades (*se percibiría como cierto: tú conoces tus «impresiones»*). Estoy dedicando mucho más tiempo del que creo conveniente a mis propias actividades administrativas (*conclusión presentada como una opinión; «del que creo» convierte la afirmación en un hecho y así evita la discusión*). Sé que es necesario tener muy presente el aumento de costes (*comparte su sistema de creencias, fomenta un terreno de interés mutuo*), pero también sé que necesitamos estar muy atentos a cualquier sistema de ahorro de dinero (*comparte su sistema de creencias, estimula un terreno de interés mutuo*) y de incremento de los ingresos (*las tres cosas comparten el sistema de creencias del director y probablemente encontrarán su aprobación*). En mi opinión (*cualquier cosa dicha después de «en mi opinión» debería percibirse como sincera y reduciría una necesidad inmediata de debatir la conclusión*), nos encontraríamos en una posición mucho más favorable (*juicio y conclusión presentada como opinión*) si contratáramos a un administrativo, con un sueldo más bajo, que nos dispense de parte de esta carga rutinaria de papeleo.

No siempre es el mejor sistema (*acompaña su posible rechazo inmediato de la idea*), sobre todo con el tiempo que conlleva contratar a alguien (*nos ocuparemos de replicar a las objeciones en un apartado posterior*), pero en este caso me gustaría de verdad que lo considerara («*me gustaría de verdad» le concede la oportunidad de negarse, lo cual impide la reacción de sentirse arrinconado*). He pensado mucho en esto (*acompaña tu actividad actual*), y no me gusta la idea de intentar convencerle de ello (*también acompaña tu actividad actual*), pero, en este caso, creo (*«creo» convierte esta frase en sincera, posponiendo tal vez el debate*) que sería de gran provecho para nosotros (*conclusión y juicio presentados como opinión*). Pero antes de pedirle su aprobación (*cambio sutil en la formulación de las palabras: «pedirle su aprobación» emplea la nominalización «aprobación» para presuponer la existencia de una aprobación*), ¿comprende mi posición? (*esta pregunta establece una dirección positiva y permite que el directivo no se sienta comprometido y continúe receptivo a más persuasión*).

Puntos fuertes: Cada frase es una afirmación sincera y presenta tus opiniones como opiniones, no como hechos. También presenta las objeciones esperadas, luego aborda tus reparos a ellas. Ten presente que este planteamiento es mucho más locuaz. No es tan directo, pero es mucho más probable que desemboque en una discusión productiva y en un nivel superior de eficacia.

En los apartados siguientes continuaré presentando análisis como estos, para que las cosas empiecen a cobrar sentido mientras sigues leyendo.

Hablar más

Esta sección está pensada sólo para las personas que aún no se sienten cómodas hablando excesivamente. Si eres una de esas personas capaz de hablar y hablar con cualquiera que te encuentres, por favor pasa a la página 213, donde encontrarás algunos mensajes especiales para ti.

El ejemplo anterior pone de manifiesto que los planteamientos más fuertes son más verbosos. Sucede así. El discurso pronunciado por John F. Kennedy para anunciar la entrada de este país en la carrera espacial podría haber durado sólo dos frases, pero no fue así. Las habilidades necesarias de persuasión e influencia requieren hablar con más frecuencia y durante periodos más prolongados de tiempo. Aprenderás a tomar parte activa a la hora de guiar tus discusiones. Aunque puedes ser muy influyente durante el proceso de escucha (especialmente a la hora de plantear preguntas), tu poder de persuasión más efectivo se produce mientras hablas.

Esto no siempre es lo que la gente quiere hacer. De hecho, cuanto más ineficaz eres, más probabilidades hay de que este proceso no te atraiga. No obstante, estar dispuesto a hablar con libertad (empleando el proceso de persuasión e influencia) tiene suficiente importancia y necesitamos abordarlo directamente.

Existen tres motivos principales por los cuales la gente a veces se siente reacia a ser locuaz, y vamos a considerarlos de uno en uno antes de seguir adelante (de hecho, hay un cuarto motivo que consideraremos más tarde en este capítulo). Estos tres motivos son:

1. Crees que hablar demasiado es una pérdida de tiempo.
2. No sabes qué decir y no te sientes cómodo hablando.
3. Te interrumpen constantemente.

Estudiemos cada uno de estos puntos individualmente. Si crees que hablar es una pérdida de tiempo es probable que tengas razón. Si piensas así, la manera en que hablas tal vez signifique una pérdida de tiempo. Los comunicadores más eficaces se percatan del poder de las palabras porque cuando hablan obtienen resultados poderosos. Pero no todo el mundo lo consigue.

Cuando aprendas las técnicas verbales y los modelos de conducta presentados en este libro valorarás mucho más el poder de la palabra. Descubrirás que una conversación de quince minutos puede ahorrarte el trabajo de una semana y un frasco de aspirinas por las frustraciones. Descubrirás que una serie de conversaciones de cinco minutos contribuirá a que consigas ascensos y aumentos de sueldo que años de buen trabajo y buenos resultados no te procurarán necesariamente. Descubrirás que te sientes mejor de forma regular, que reduces el nivel de tensión y estrés de tu vida cotidiana. Hablar más puede hacer mucho por ti, pero sólo cuando logres hacerlo de forma eficaz.

El segundo problema que encuentran algunas personas para hablar más gira en torno al nivel de habilidad. El hecho de que no te sientas a gusto hablando o que creas que no sabes qué decir es un indicativo del nivel de habilidad. Considérate afortunado: mucha gente en todo el mundo se encuentra en la misma situación, pero aún no ha descubierto un libro como este que les sirva de guía. Este libro quizá no sea la cura para todos tus males, pero es efectivo a la hora de ofrecerte pautas sobre qué decir y cuándo decirlo. La mayoría de la gente pasa toda su vida sin que se le conceda esta oportunidad.

Tu primer avance cualitativo en el nivel de habilidad llegará sencillamente planeando tus enfoques. Como ya hemos mostrado, decir sólo lo que quieres no es eficaz. Tienes que emplear el proceso de persuasión e influencia verbales. El proceso de compartir verbalmente la experiencia actual por sí solo te permite plantear posibles objeciones, poner reparos a las mismas y presentar con más amplitud tus opiniones. Cuando consigas estas tres cosas, descubrirás que ya has dicho mucho más. Una vez que dispongas de la receta para una buena comunicación, será cuestión de seguir las instrucciones. El misterio desaparece, es reemplazado por procedimientos sólidos que funcionan.

Si no te sientes cómodo hablando, lo más seguro es que exista un motivo: no te desenvuelves bien y por lo tanto parece un fracaso cada vez que lo intentas. Cualquiera que continúa haciendo algo con resultados deficientes pierde pronto la motivación para seguir haciéndolo. Es natural. Como ya has descubierto, las habilidades interpersonales se *pueden* aprender. Entre estas habilidades se encuentra la de cómo aprender a hablar más.

Estas habilidades te ayudarán a tener éxito. Cada vez que conversas, dispones de otro ejemplo más de cómo conversar te ayudó a conseguir algo que querías. En muy poco tiempo, la comunicación te parecerá algo positivo y te sentirás muy cómodo haciéndolo. Por supuesto, es más fácil hablar con algunas personas que con otras, pero tu nivel global de comodidad y éxito aumentará. No sólo te sentirás mejor mientras hablas, también te sentirás mejor al darte cuenta de que sabes lo que estás haciendo. Ya no dependerá del capricho de la suerte; será tu propia habilidad la que deslumbre.

El tercer reto a la hora de hablar puede ser que te interrumpen demasiado cuando hablas o, aún peor, te ves obligado a amedrentar un poco a tus interlocutores simplemente para que tus palabras se oigan. Son problemas habituales que pueden limitar tu efectividad. El motivo de un gran porcentaje de interrupciones es la objeción a una afirmación. Si no hay objeciones, el oyente por lo general se contenta con seguir escuchando. Cuando dices cosas que son objetables para tus oyentes, incluso si los oyentes no te interrumpen, a menudo preparan réplicas en su cabeza; y no oyen lo que dices a continuación. Hablar más no siempre es lo más efectivo; no puedes intimidar a los demás para que te escuchen a lo largo de toda la conversación. Pero acompañar la experiencia actual y compartir tu modelo del mundo puede formar parte de un proceso muy efectivo. Si de manera constante te interrumpen, constatarás que tu conversación se va por las ramas y resulta un poco farragosa. La gente «contradice» lo que tú quieres decir y no consigues dirigir la conversación con efectividad.

Que te interrumpan depende de dos factores. En primer lugar, de cierta falta de sintonía. Si la persona con la que te estás comunicando percibe un nivel muy alto de confianza y sintonía, puedes decir casi cualquier cosa y continuarás contando con un oyente satisfecho. En segundo lugar, de un fallo a la hora de emplear estas estrategias de eficacia verbal. A continuación, consideraremos algunas técnicas para poner reparos a las objeciones antes de que se produzcan; es una manera eficaz de mantener el control de la conversación sin ser interrumpido. Algunos de los demás patrones verbales también serán aplicables a esta cuestión. En resumen, si sufres interrupciones significa que se puede mejorar cierto nivel de destreza (en algunos casos, también significa una persona poco considerada; no obstante, eso es mucho menos usual de lo que tú podrías imaginar en un principio).

En resumidas cuentas, si te encuentras un poco comprometido a la hora de hablar más, comprende que se trata de una respuesta común. Pero permíteme hacer hincapié en que el desafío merece la pena. Recuerda que el cambio a veces requiere hacer cosas que «no te son propias». Cuando te enfrentes a este desafío e incorpores estas habilidades, conseguirás diferencias significativas en tu vida.

Existen varios motivos de la importancia de hablar más. Los tres básicos son:

1. Ser capaz de hablar más rato sin que te interrumpan indica una capacidad superior para obtener y mantener niveles altos de confianza y sintonía.
2. Cuando estás hablando, tienes un control máximo sobre los temas y la información que se están considerando y de la perspectiva desde la que se enfoca de buen principio.
3. Cuando estás hablando, aumentas el potencial para persuadir e influir.

Si has pasado la mayor parte de tu vida hablando poco, la idea de hablar más tal vez no te atraiga demasiado. No obstante, te garantizo que cuando empieces a usar las estrategias verbales de este libro, tu experiencia cambiará de forma impresionante.

En vez de encontrar discrepancias y disputas a cada paso, descubrirás una audiencia que asiente con conformidad, que, en vez de estar esperando a que hagas una pausa para poder contradecir tu argumento, escuchará lo que dices y lo considerará más reflexivamente. Por supuesto, siempre encontrarás opiniones variables, pero estas opiniones dejarán de crear controversia o rechazo; por el contrario, serán constructivas y sustentadoras. Descubrirás que el proceso de persuasión e influencia verbales te ayuda a incorporar elementos importantes a tu vida, con ayuda de la gente destacada que te rodea.

Si siempre te has sentido cómodo y dotado para hablar, espero que siguieras mi consejo de saltarte la sección anterior. La siguiente información va dirigida a todos los lectores.

Ahora que ya me he extendido sobre las virtudes de hablar, tengo una última cosa que decir. Hablar es siempre un proceso bilateral, y escuchar exhaustivamente es algo que debería darse al mismo tiempo. Debes continuar calibrando a tus oyentes, tener presente el flujo de la conversación y observar los indicadores no verbales a lo largo de tu discurso. Las habilidades verbales que hemos comentado son importantes pero no completan el proceso. Debe ir unido a una atención constante para determinar la receptividad de tu oyente. La receptividad es la clave. El proceso de acompañar verbalmente es una manera de llegar ahí, pero aplicar «de forma correcta» las habilidades verbales no es el objetivo: crear receptividad sí que lo es.

Replicar a las objeciones antes de que surjan

La persuasión es una parte muy importante de la efectividad, tu único obstáculo para ser persuasivo son las objeciones. Si nadie objetara nada a lo que dices, serías capaz de persuadir a la gente de cualquier cosa. Tratar de manera efectiva las objeciones es una parte muy importante de la persuasión y la influencia. La habilidad para contradecir objeciones antes de que surjan nos enseña a crear una atmósfera de consentimiento y confianza y nos enseña a desviar las objeciones antes de que pasen a ser temas de discusión. Esto refuerza tus argumentos y aumenta el nivel de confianza de tu oyente. Además, creas la atmósfera de unión y equipo de trabajo y evitas el conflicto y la oposición. Se trata de una estrategia muy valiosa.

Permíteme afirmar muy claramente, no obstante, que ese tipo de objeciones de las que estoy hablando son diferentes a las que tienen que ver con conflictos de valores. Una objeción basada en un conflicto de valores debe tratarse hasta aclarar el conflicto. Las objeciones de las que hablo aquí son objeciones debidas a un fallo a la hora de entender tu modelo del mundo. Estas objeciones pueden provenir de oyentes que parecen poco tolerantes, obstinados y poco dispuestos a oír otras perspectivas, aunque con más frecuencia proceden de oyentes que intentan con buena intención comprender tus ideas, pero no tienen la información necesaria para hacerlo. Cuando tu modelo del mundo difiere del de tu oyente (que siempre es el caso), entonces muchas de las cosas que dices chocarán con algún aspecto de su modelo del mundo. Eso es una objeción.

Este tipo de objeciones va asociado sobre todo al hecho de tener una imagen incompleta y constatar que la imagen aún no tiene sentido. Estas son las objeciones que deben aclararse para que cualquier persona reciba tu información.

Estas objeciones pueden abordarse con eficacia con técnicas verbales. En varios de los ejemplos previos ya he ilustrado la estrategia verbal de plantear posibles objeciones y replicarlas a continuación.

Mucha gente piensa equivocadamente que hay que evitar mencionar posibles objeciones para no debilitar la exposición de tu caso: cuando el precio de tu producto es más alto que el de la competencia, intenta evitar el tema; si tu propuesta precisa la aprobación de la corporación, no hagas demasiado caso. Si la casa nueva es demasiado cara, habla más bien de la piscina. ¿Te crees que nadie va a mencionar estas cosas?

La estrategia que estamos a punto de tratar, sin embargo, consigue justamente lo contrario. Propone que cuando preveas posibles objeciones, las menciones y luego des la réplica.

¿Qué se consigue con esto? ¿Por qué es útil? ¿Qué resortes activa? Mencionar posibles objeciones, seguidas de una réplica, como mínimo consigue los siguientes puntos importantes:

1. Mencionar posibles objeciones crea la sensación de que ofreces una imagen completa de la cuestión a tratar: la gente se siente más segura cuando intuye que les están presentando todos los hechos. No tienen que buscar agujeros, les estás enseñando los agujeros. No tienen que encontrar problemas, les estás explicando cuáles son. No tienen que estar alertas. No tienen que ponerse a la defensiva. Pueden relajarse. Mencionar posibles objeciones

aumenta tu credibilidad de un modo sustancial. Es algo muy respetuoso hacia quien escucha.

2. Mencionar posibles objeciones da plena libertad al oyente para escuchar sin más: cuando los oyentes albergan alguna preocupación que presienten que no se va a abordar, toman nota mentalmente de ella y piensan en cómo sacarla a colación. A veces, ni siquiera llegan a plantearla, pero siguen pensando en cómo expresarla. En cualquier caso, mientras piensan en lo que les inquieta, no escuchan lo que tú estás diciendo en ese momento. Y si tus oyentes no escuchan, tú pierdes efectividad.

3. Mencionar posibles objeciones te permite controlar cómo manejar una objeción: si presentas la objeción con seguridad y tranquilidad y la replicas de inmediato, el oyente recibe la impresión de que tienes el control total. Has demostrado que lo sabes todo sobre el tema y que cuentas con respuestas sólidas. Si no llegas a mencionar la objeción y esperas a que la plantee un oyente, te quedas en una posición defensiva. Aunque respondas con contundencia, tu posición será más débil que si hubieras mencionado la cuestión en un primer momento. Has transformado tu presentación en un debate. Los debates tienen ganadores y perdedores y lo que tú buscas es una solución ganador-ganador.

4. Mencionar posibles objeciones permite al oyente oír tu réplica: si tu réplica incluye un buen punto de vista, mencionar la objeción será una buena manera de introducir un nuevo elemento para convencer a tus oyentes. Muchos oyentes no se sienten cómodos cuando plantean objeciones, aunque las tengan. Si tú mencionas sus objeciones no expresadas, consigues presentarles réplicas que no oirían de otro modo. Además les sacas de apuros, ya que no tienen necesidad de objetar.

5. Mencionar posibles objeciones facilita una comprensión mejor por parte del oyente: si eres capaz de ofrecer una presentación que haga que tu oyente se sienta un experto en el tema, habrás provocado una sensación de confianza

en tu oyente. Recuerda que la gente hace cosas por motivos emocionales: inspirar confianza es algo bueno para tu oyente.

Esto cobra importancia cuando tu oyente necesita compartir la opinión o decisión final con otros. Si tú no estás presente, querrás que esta persona sea capaz de contestar a las objeciones de los demás de forma reflexiva. Si convences a tu jefe de que hay que contratar a otra persona y él lo tiene que explicar a su superior, querrás asegurarte de que tu jefe está preparado para explicar y defender la propuesta. Si su superior plantea una objeción que tu director no puede defender, quedará mal y se sentirá peor. Si le proporcionas las posibles objeciones, estará preparado para convencer a su superior. Tendrá una impresión favorable de ti y de la decisión, lo cual prepara el terreno para una mayor receptividad en el futuro.

6. Mencionar posibles objeciones te ayuda a mantener estados emocionales de receptividad en tus oyentes: mantener receptivos a tus oyentes es un elemento fundamental en cualquier proceso de comunicación. Quieres crear un espacio donde tus oyentes puedan relajarse y descansar con la tranquilidad de que sus objeciones, preguntas e inquietudes serán atendidas, o que se discutirán cómodamente como haga falta. Esta fórmula evita buena parte de la angustia y el desasosiego asociados al temor a un conflicto o desacuerdo potencial y permite disfrutar muchísimo más de todo el proceso.

Por lo tanto, estudiemos la manera de presentar objeciones y darles réplica a continuación. He aquí tres párrafos de un fragmento previo de este capítulo. Presta atención a lo que he hecho:

¿Qué te parecería volverte sumamente desenvuelto en tu comunicación? ¿Cómo sería no quedarte nunca sin palabras? ¿Te gustaría ser capaz de conseguir que tus ideas resultaran increíblemente sugerentes? ¿Y qué tal si pudieras hacer todas estas cosas sólo con leer este capítulo?

Bien, no te excites demasiado ya que lograr esta clase de elocuencia requiere tiempo. Se necesitan más de quince minutos para desarrollarla y la mayoría de la gente no lo alcanza en toda su vida.

No obstante, si quieres adquirir habilidades de este tipo, continúa leyendo. Este capítulo incluye estrategias excelentes para que aumentes tu nivel presente de elocuencia. Todas ellas se pueden conseguir con un mínimo de práctica, y todas ellas te ayudarán a ser mucho más efectivo en tu comunicación verbal.

Presta atención al modelo. El primer párrafo hacía algunas afirmaciones extravagantes, todas ellas en forma de pregunta. Puesto que la gente puede ser de naturaleza sincera o falsa, no hay ningún problema en decir algo que exagere tus ideas de lo que es posible y realista. El segundo párrafo planteaba las objeciones obvias: la elocuencia requiere tiempo y algunas personas nunca aprenden. El tercer párrafo dirigía tu atención adonde yo quería ir a parar: tener en cuenta que las estrategias que voy a explicar tendrán un valor para ti.

Podría haber empezado por el tercer párrafo, cambiando unas pocas palabras, por supuesto. Podría haberte dicho lo valiosas que son estas estrategias y explicarte a continuación que puedes conseguir todo tipo de cosas maravillosas poniéndolas en práctica. Pero, ¿lo habrías creído? ¿Habrías estado receptivo a esa idea o te habrías quedado atascado en las objeciones? ¿No habrías pensado: «Caray, promete mucho, pero, ¡seamos realistas! No basta con leer unas pocas cosas en un libro para luego ser un gran comunicador. Simplemente no funciona así»? Esta sería la reacción de mucha gente.

Pero si simplemente mencionas algunas posibilidades y luego expresas tu objeción, estás mejor preparado para replicar; lo cual, en este caso, es que estas estrategias son útiles y pueden ayudarte a ser más eficaz. Esto es mucho más realista. De hecho no he prometido que vayas a disponer siempre de la palabra adecuada que decir, pero lo dejo como una posibilidad. Además, al mencionar estas posibilidades, estoy demostrando otro proceso verbal poderoso del que trataremos más adelante. Tiene que ver con las «representaciones internas» y crea direcciones específicas para los pensamientos de tus oyentes.

Una reacción probable a este planteamiento podría ser: «Bien, al menos este tipo no me promete la luna. Es bastante realista con algunas cosas. Dice que estas técnicas son buenas y pueden ayudar. Tal vez tenga razón. Vaya, seguro que estaría bien tener siempre la palabra adecuada. Desde luego que sería práctico cada vez que estoy en una de esas reuniones y...».

Replicar a las objeciones antes de que surjan aumenta tu poder de persuasión. Ganas capacidad para mantener el control de las conversaciones y estableces bases más profundas de confianza y sintonía con quien te escucha. Puedes llevar la conversación adonde tú quieras y tu oyente estará contento de seguirte. Es un patrón fácil de aprender, y probablemente descubrirás que es uno de los patrones verbales que emplearás de forma regular. Puede ser una piedra angular en tus técnicas de influencia y persuasión verbales.

De acuerdo, pues he aquí el modelo. Es un planteamiento sencillo en tres pasos:

1. Establece tu punto de vista en función de tu objetivo: deja saber a los demás qué tienes exactamente en mente. Exagera si quieres.

2. Manifiesta las objeciones obvias: emplea palabras como *por supuesto*, *obviamente*, *por desgracia*, y así sucesivamente. Haz que parezca que la objeción es completamente obvia y que sería tonto intentar ocultarla.

3. Inmediatamente después de la objeción, replícala: si puedes conseguir incluir los pasos 2 y 3 en la misma frase, empieza la réplica con un «pero». Funciona todavía mejor.

Otra cosa que recordar. Continúa empleando el proceso de persuasión e influencia verbales. Esta estrategia en concreto es una manera de ejecutar el paso 8 (aborda los intereses potenciales. Continúa mostrando un profundo respeto hacia la otra persona y sus puntos de vista).

Estas técnicas cuentan con el potencial para hacerte mucho

más efectivo. Por supuesto no puedes esperar ser genial nada más leer esta sección. Hace falta estar familiarizado con estas técnicas de tal manera que puedas usarlas con facilidad; pero una vez conseguido esto, tal vez descubras que eran más fáciles de aprender de lo que pensabas.

No puedes esperar dominarlas de inmediato. Aprender estas habilidades puede requerir cierto tiempo, sobre todo para integrarlas a tu estilo de comunicación. Lo más agradable es que tendrás un modelo muy específico que puede aprenderse. Es un planteamiento fácil en tres pasos.

Esto tal vez no tenga sentido para ti de inmediato. En ocasiones, al principio es un poco confuso. Pero si dispones de cierto tiempo y, sobre todo, lo intentas una o dos veces, es probable que empieces a familiarizarte con el modelo. Tal vez incluso lo reconozcas mientras alguien lo pone en práctica contigo.

Quizá hayas advertido que los últimos tres párrafos han sido demostraciones de este modelo. Si te has dado cuenta, felicidades; demuestra una gran atención. Si no te has percatado, también está bien. Simplemente demuestra que este modelo es una manera muy natural de hablar y conversar. No hay en absoluto nada artificial o inventado en este modelo. Se trata de una manera respetuosa y cortés de ayudar a la gente a comprender y plantear sus preocupaciones y objeciones inmediatas.

También en este caso, esta estrategia es útil sólo para la clase de objeciones que surgen cuando alguien no ha logrado entender tu modelo del mundo. No sirve para resolver objeciones más profundas surgidas de conflictos de valores. Ese tipo de objeciones deben tratarse mucho más a conciencia y precisan la aplicación de habilidades de escucha verbales y no verbales. No obstante, la proporción entre las objeciones relativas al modelo del mundo y las objeciones relativas a un conflicto de valores con que te toparás será probablemente de 100 a 1. Cuando te ocupas de que sucedan cosas con los demás, descubres que encuentras objeciones superficiales de este tipo una y otra vez. Se pueden resolver con suma rapidez en la mayoría de las ocasiones con este proceso.

Cuando aprendas estas habilidades, tal vez «sepas lo que estás haciendo» en tu comunicación por primera vez en tu vida. Quizá te parezca una sensación poco familiar. Pero es un proceso necesario para ser altamente efectivo. Piensa en lo desafortunado que sería que el presidente del país no supiera qué estaba haciendo. Recuerda que necesitas ser conscientemente competente antes que inconscientemente competente.

Una breve conversación con una compañera de trabajo

Una vez tuve ocasión de asistir a una sesión de técnicas de comunicación celebrada en mi lugar de trabajo. Estaba concebida para enseñar habilidades básicas de comunicación, algunas de las cuales eran similares a las que hemos tratado en este libro. Si alguna vez has tenido ocasión de asistir a una sesión de formación de este tipo en tu lugar de trabajo, probablemente ya habrás experimentado algunas dinámicas interesantes. En primer lugar, mucha gente se resiste a este tipo de formación. Se siente amenazada y coaccionada para «cambiar», y el proceso la incomoda. Estas personas a menudo tienen miedo de quedar en evidencia o de explorar algo demasiado personal delante de sus compañeros de trabajo. Según el ambiente de la empresa, la gente responde de diferentes maneras, que pueden ir desde una excitación moderada por disfrutar de esta oportunidad, hasta una hostilidad abierta al proceso. Cuando la hostilidad está presente, poco después puede producirse el sabotaje.

En nuestro caso, la mayoría de la gente se mostraba escéptica acerca de los beneficios de esta sesión de formación. Muchos se oponían a la misma e intentaban evitar asistir alegando que tenían demasiado trabajo. La mayoría de quienes no consiguieron evitar la sesión, asistieron con mente y actitud cerradas. El instructor me inspiraba mucha pena.

En uno de los ejercicios en concreto, nos ocupamos de alguna información básica sobre las observaciones basadas en lo sensorial y en lecturas de la mente. Nos pidieron que formáramos parejas e hiciéramos un ejercicio sencillo. Las instrucciones eran que la persona 1 dijera cinco o seis frases a la persona 2. La persona 2 tenía que escuchar aquellas palabras y luego formular preguntas «sí o no» a la persona 1. La persona 2 debía continuar con estas preguntas hasta que recibiera tres respuestas afirmativas seguidas.

La dificultad en este tipo de ejercicios consiste, por lo general, en que las personas introducen lecturas del pensamiento, conclusiones, opiniones, juicios y toda una variedad de distorsiones en sus preguntas. No se limitan a plantear cuestiones basadas en lo sensorial en sus preguntas. Por ejemplo, si la persona 1 dice: «Fue un viaje impresionante en la montaña rusa», la persona 2 a menudo responde con cosas cómo: «¿Disfrutaste del viaje en la montaña rusa?». («No, fue impresionante, pero en realidad no lo disfruté.») «¿Te excitó montar en la montaña rusa?» («No, me impresionó, pero, para mí eso es diferente a excitarse.») Y así sucesivamente. Pero con una formación lingüística sencilla (como la que hemos visto), es muy fácil salir airoso en este ejercicio. «¿Te montaste en la montaña rusa?» («Sí.») «¿Fue impresionante?» («Sí.») ¿Recuerdas haber montado en la montaña rusa alguna otra vez?» («Sí.») Puesto que yo ya contaba con una buena preparación en este tipo de habilidades, confiaba bastante en que sería un proceso bastante rápido y mundano. Me sentía incluso un poco decepcionado porque el ejercicio no iba a enseñarme demasiado. Pero me equivoqué.

Me emparejé con una compañera de trabajo que llevaba un tiempo en la empresa, aunque nunca habíamos tenido ocasión de conocernos bien. No estaba seguro del tipo de persona que era y estoy convencido de que ella sentía la misma incertidumbre sobre el tipo de persona que era yo. No obstante, podía apreciar que se encontraba hasta cierto punto inquieta. Aparentaba ciertas reservas y cuestionaba su valor. Era una participante reacia, aunque perfectamente profesional y estaba dispuesta a «seguir el juego».

Antes de iniciar el ejercicio, aproveché un momento para decirle algunas cosas que compartían su experiencia (siempre es una buena manera de romper el hielo). Dije cosas como: «Bien, parece que estamos a punto de hacer un ejercicio. Me hace ilusión, ya que la verdad es que aún no he tenido la oportunidad de conocerte y tal vez esta sea una ocasión de hablar un poco más». Incluso me adelanté a una posible objeción suya diciendo: «Sé que mucha gente piensa que no merece la pena perder el tiempo en esto, pero al menos se someten al proceso sin ningún conflicto directo. Eso suele contribuir a que sea más agradable para los demás». Estuvo conforme y sirvió para iniciar el proceso de establecer cierta sintonía. Ambos nos sentimos bastante cómodos llegados a este punto. Pese a su resistencia a la formación, parecía en principio dispuesta a hacer el ejercicio como le indicaban.

Empezó ella con el papel de persona 1 y pronunció varias frases. Yo escuché con atención y tomé la información necesaria para completar mi tarea. Le formulé tres preguntas directas, todas las cuales eran muy sencillas y servían perfectamente para acompañar sus frases. Obtuve tres síes inmediatos y pensé que el ejercicio había concluido. Pero mientras miraba a esta mujer, ella me observaba de forma muy diferente. En sus ojos advertí una mirada que antes sólo había descubierto en los ojos de los amantes. Parecía querer decir algo, pero no lograba pronunciarlo. Le pregunté de qué se trataba y con la voz más cariñosa y comprensiva que jamás le había oído usar, manifestó: «Me siento como si acabaras de leerme el pensamiento».

Este es el poder de compartir verbalmente la experiencia actual.

8

Manejando situaciones difíciles

Unas páginas más atrás ya hemos hablado de hacer distinciones, en concreto de la diferencia que marca la diferencia. En comunicación, la diferencia que marca la diferencia es la que se constata al manejar situaciones difíciles.

Cuando te encuentras a ti mismo comentando temas que presentan una carga emocional o cuando te ves en medio de situaciones de este tipo, dispones de una oportunidad excelente para fortalecer las relaciones y crear impresiones duraderas. La gente sólo experimenta una carga emocional cuando algo la afecta a un nivel emocional profundo; cuando esto sucede, disfrutas de una oportunidad para comunicarte directamente a niveles más profundos. En situaciones en las que existe una carga emocional, tus acciones pueden producir una profunda impresión en los demás.

Este capítulo describe cómo tomar ciertas situaciones negativas o «débiles» y transformarlas en situaciones positivas y «fuertes». Consideraremos tres clases de situaciones que a menudo provocan conflictos y describiremos cómo transformarlas en experiencias positivas y motivadoras. Aprenderás a dar malas noticias con elegancia y a animar a quien te escucha a pasar de un estado mental negativo a un estado mental motivado. Aprenderás a disentir con desenvoltura, a hacer comprender tus puntos de vista y a aumentar el potencial para crear una respuesta positiva por parte de tu oyente. Finalmente aprenderás un método sencillo para ofrecer una reacción constructiva en la que tu oyente esté más satisfecho con el intercambio y tenga una mayor motivación para responder. Cada una de estas situaciones es un reto comunicativo que aprenderás a transformar en una oportunidad. En vez de evitar estas situaciones, aprenderás a aprovecharlas de modo constructivo.

Hasta aquí nos hemos ocupado de un proceso excelente para la comunicación (el proceso de persuasión e influencia verbales) y hemos reforzado algunos de los pasos con ciertas técnicas verbales importantes. De forma resumida, estas habilidades verbales son:

1. Acompaña la experiencia actual empleando observaciones basadas en lo sensorial.
2. Estructura tu lenguaje de tal modo que tus opiniones e ideas sean aceptadas por los demás más fácilmente.
3. Establece y guía la dirección de tus conversaciones.
4. Menciona objeciones y dales una réplica.
5. Habla más (a menos que ya hables demasiado, en cuyo caso, habla de modo más eficaz).

Estos serán los pilares de cada una de las técnicas que estás a punto de aprender.

Dar malas noticias con elegancia

Imagina que eres un directivo y que tu empleado Ted ha hecho todo lo que le has pedido; sabes que espera un buen aumento y confía en que se lo concederán. Y a ti te gustaría de verdad concedérselo porque se lo merece. Además de eso, ha esperado mucho más que muchos de los demás empleados, de modo que debería haberlo recibido hace mucho tiempo.

Toca completar su informe anual y tú pides un buen aumento para él. Por desgracia, le es denegado. Los recortes presupuestarios y la amenaza de despidos hacen impracticable conceder cualquier aumento. La oficina central ha decidido una congelación salarial y no te queda otra opción. Has tenido que hacer piruetas de todo tipo para evitar reducir tu plantilla. Pese a que sigues la actitud mental de la responsabilidad, esta situación parece totalmente fuera de tu control.

¿Cómo se lo explicarás a Ted? No quieres que se vaya, pero comprendes que tal vez ésa sea la opción preferible para él. No quieres que se sienta desmotivado, pero sabes que es algo comprensible. ¿Qué puedes hacer?

Le llamas para su informe. Tú te ocupas te todas las cuestiones de rendimiento y finalmente llegas al punto en el que se habla de dinero. Estamos a punto de analizar la fase final de este proceso, así que da por sentado que ya has completado las partes apropiadas del proceso de persuasión e influencia: has escuchado a Ted, has obtenido información importante sobre sus valores y deseos y comprendes bien qué constituiría una victoria para Ted. Tienes una buena idea de cuál es su modelo del mundo y has creado un buen nivel de sintonía. Has estado calibrando a Ted en busca de mensajes interpuestos, y continúas calibrando para hacerte una idea de cómo está recibiendo la comunicación. El informe ha ido bien hasta este punto y la conversación fluye con un buen nivel de aceptación mutua. Tú dices: «Lo siento Ted, pero la empresa ha decidido una congelación salarial. No puedo concederte un aumento. Tal vez el año que viene la congelación se levante».

¿Qué reacción crees que tendrá? ¿Crees que se sentirá motivado a trabajar más duro? ¿Crees que será aún más leal a la empresa? No es probable. Quizá se sentirá muy enfadado y decepcionado, aunque no lo demuestre. Probablemente empezará a pensar de inmediato en las opciones de que dispone. ¿Podría obtener un trabajo mejor en otro sitio? ¿Dónde? ¿Qué debería hacer? ¡Vaya situación más miserable!

De modo que, ¿podrías haber dicho alguna otra cosa? ¿Algo que hubiera cambiado las cosas para Ted? ¿Alguna cosa que hubiera resultado más eficaz? Bien, lo creas o no, ¡tengo algunas sugerencias! A ver qué te parece decir esto a Ted: «Ted, has sido un trabajador perfecto. Estoy muy contento de que trabajes aquí y de tener la ocasión de trabajar contigo. Te respeto de verdad y me gustaría concederte un buen aumento. Por desgracia, de todos modos, tengo que darte malas noticias. Unas noticias que detesto darte, ya que pienso que son desagradables. Pero de cualquier modo te las tengo que comunicar.

»Como sabes, este año está siendo complicado. Se nos ha exigido hacer algunos sacrificios importantes. La empresa se enfrenta a posibles recortes presupuestarios y reducciones de plantilla. Pero no te preocupes, conservas tu empleo y no voy a bajarte el sueldo. La única cuestión es que aún no puedo concederte un aumento. Se ha establecido una congelación salarial y no puedo hacer nada al respecto. Lo siento mucho, sobre todo en tu caso, ya que has sido una persona fantástica con la que trabajar. Si pudiera conceder un solo aumento, te lo daría a ti. Pero no puedo.

»Quiero que sepas que entenderé que te plantees buscar otro trabajo. Sé que todo esto tiene que ser muy decepcionante para ti. Para mí también lo es. Creo, no obstante, que tu futuro aquí todavía es bueno. Nos enfrentamos a tiempos difíciles, pero tengo la seguridad de que estos tiempos cambiarán muy pronto. Y creo que eres una de las personas que nos ayudarán a conseguir ese cambio. Con gente como tú, fiel a la compañía, pienso que superaremos el bache sin problemas. Y espero poder recompensarte cuando esto suceda. Me gustaría de verdad que te quedaras.

»Y aunque tal vez resulte difícil, quisiera pedirte que pasaras a otro nivel. Todos vamos a tener que hacer incluso más de lo que hacemos ahora. Pero lo superaremos.

»Sé que no era esto lo que esperabas de este informe. Imagino que estarás decepcionado de verdad, pero también sé que eres el tipo de persona que responde bien en los momentos difíciles. Sé que puedo contar contigo. Ya cuento en gran medida contigo. Gracias por ser un trabajador tan excelente. Y una gran persona. De modo que tómate un tiempo para pensar en lo que hoy te he dicho. Tu informe es estupendo y estoy muy contento de tenerte aquí. Espero que optes por quedarte con nosotros y que le saques provecho. Trabajamos muy bien juntos y trabajar aquí ofrece otros beneficios aparte del dinero. Pero eso tú ya lo sabes.

»Ojalá hubiera podido concederte un buen aumento. Pero esperemos que llegue con el tiempo. Gracias, Ted».

Lo sé, lo sé, eso es hablar mucho. Pero una vez tienes la pauta, te parecerá fácil hablar tanto. Cuando cuentas con un método y un proceso, es fácil completarlo con palabras. Un proceso te da motivos para decir las palabras que dices.

Es importante que seas capaz de imaginar cómo va a responder Ted a este tipo de planteamiento. Por supuesto seguirá sintiéndose decepcionado, pero ¿puedes imaginar alguna manera de que se sienta más motivado? ¿No crees que trabajará aún más duro? ¿No crees que saldrá de la entrevista con una mejor impresión respecto a ti como su jefe? Pese a no haberle concedido el aumento, sabe que te cae bien, que le aprecias, que le respetas, que eres sincero con él y que tu deseo es concederle un aumento. ¿Qué más puede pedir alguien de un directivo? Y todo esto lo has hecho sin hacer quedar mal a la empresa.

Por experiencia te puedo asegurar que así es cómo Ted saldrá de la entrevista. Por supuesto, este monólogo es sólo parte de un proceso general y continuarás comunicándote con Ted siempre que sea necesario, pero la esencia del proceso se parecerá mucho a lo que acabo de describir. Estudiemos la mecánica de cómo se hace. Es una extensión bastante sencilla de la mecánica ya explicada. Hasta ahora ya hemos estudiado lo siguiente:

1. Acompaña la experiencia presente empleando observaciones basadas en lo sensorial.
2. Estructura tu lenguaje de tal modo que tus opiniones e ideas sean aceptadas por los demás más fácilmente.
3. Establece y guía la dirección de tus conversaciones.
4. Menciona objeciones y dales una réplica.
5. Habla más (a menos que ya hables demasiado, en cuyo caso, habla de modo más eficaz).

Ahora analicemos cada parte de esa estrategia y considera cómo se aplica al ejemplo de Ted. En primer lugar, *acompaña la experiencia actual*. Por lo general, constituye un buen punto de partida. En el intercambio con Ted, hemos empezado justo después de que haya tenido lugar la lectura de un informe, de modo que buena parte del proceso de acompañar la experiencia ya se habrá hecho, pero esta parte de la conversación aún incluye un poco más. Empezaba con, «Tengo que darte malas noticias», «Como sabes, este año está siendo complicado», «La empresa se enfrenta a posibles recortes presupuestarios y reducciones de plantilla», «conservas tu empleo» y «se ha establecido una congelación salarial».

En segundo lugar, *estructura tu lenguaje para que tus opiniones e ideas sean aceptadas con mayor facilidad por los demás*. Aquí es donde aparece la habilidad artística de cada uno. ¿Qué ideas y opiniones compartes? De todos los millones de opiniones que circulan por tu mente, ¿cuáles escoges? Ya sabes construir una frase que será aceptada con mayor facilidad partiendo de prácticamente cualquier opinión o idea, pero ¿cuáles escoges?

Ahora es cuando debes regresar a la noción de que la gente hace cosas por motivos emocionales, no lógicos. Es preciso que apeles a las emociones. De modo que cuando tengas que transmitir alguna mala noticia, apela a las emociones que crees que el oyente siente.

Considera algunas de las cosas que he dicho: «Estoy muy contento de que trabajes aquí..., pienso que son desagradables..., detesto..., sé que tiene que ser decepcionante. Para mí también... Tengo la seguridad de que estos tiempos cambiarán pronto... Y espero... me gustaría de verdad que te quedaras. Y aunque sea duro... Imagino que estás decepcionado de verdad... Ojalá hubiera podido concederte un buen aumento».

Cada una de estas frases expresa una emoción, mía o la que imagino como suya. A menudo se llama «hablar con el corazón». Dices lo que sientes. Algunas personas, sobre todo en el mundo empresarial, creen que no deberíamos hablar de sentimientos, que no es profesional, es el viejo síndrome del «trágatelo y compórtate como un hombre». «No demuestres miedo.» Ese tipo de estupidez. Pero los humanos somos seres emocionales y si quieres comunicarte bien con los demás, les dejarás conectar contigo a un nivel emocional.

Si detestas darle malas noticias, díselo. Si te hubiera gustado concederle un buen aumento, díselo. Hazle saber tus emociones. Y hazle saber que estás en sintonía con lo que estás sintiendo. Si crees que va a sentirse decepcionado, pues díselo. Si crees que puede perder la motivación, díselo. Hazle saber que le entiendes. Esa es otra manera de acompañar su experiencia. Tal vez no te haya dicho o te haya demostrado cuál es su experiencia, pero normalmente puedes adivinarlo. Luego expresa lo que imaginas para que pueda aceptarse de modo universal, es decir, cambia «te sientes decepcionado» por «imagino que podrías sentirte decepcionado».

Concede permiso a la gente para que sea humana. Es mucha la gente que prohíbe neciamente a otras personas tener reacciones «negativas». Pasan por alto el hecho de que las personas pueden deprimirse, enfadarse, decepcionarse, desanimarse y así sucesivamente. Actúan como si la gente siempre debiera estar optimista y alegre. Ellos intentan ser un buen ejemplo, en otras palabras, intentan ser un robot optimista. Fingen no deprimirse nunca ni enfadarse ni sentirse rechazados, y si sienten la amenaza de una emoción negativa, se ocultan en un despacho, cierran la puerta y confían como locos en que nadie se entere de que son humanos. ¿A quién creen que pueden engañar?

Defiendo una forma de comunicación más humana. Reconoces que todos somos seres humanos y que todos tenemos emociones y sentimientos. Aceptas la existencia de nuestras emociones y comprendes que son una manera saludable de tratar las diversas condiciones de la vida. Por supuesto, tus acciones siguen siendo adecuadas. No puedes ponerte a gritar a la gente sin más cuando estás enfadado. Pero tienes derecho a sentir enojo. Tienes derecho a sentir decepción, frustración, escasa motivación, etc. Actúas de forma apropiada, pero también reconoces que tus emociones negativas son parte de una vida normal, saludable. Tratas a la gente a un nivel emocional.

En ese monólogo con Ted, ha habido algunas cosas más. Tal vez hayas tomado nota de unas pocas. El tercer punto de la lista anterior es *establece y dirige la orientación de tus conversaciones*. La mayor parte del monólogo estaba ideado para establecer una dirección potencial para Ted. No estoy coaccionándolo ni manipulándolo negativamente. Más bien le sugiero que piense en las cosas de cierta manera, y confío en poder persuadirlo para que las vea desde esta perspectiva. Lo estoy orientando para que considere mi modelo del mundo y para que se plantee responder de cierta manera: «No te preocupes... creo que eres una de las personas que nos ayudarán a conseguir ese cambio... Con... como tú, fiel a la compañía... superaremos el bache sin problemas... Me gustaría de verdad que te quedaras... me gustaría pedirte que pasaras a otro nivel... hacer incluso más de lo que hacemos ahora... también sé que eres el tipo de persona que responde bien en los momentos difíciles... sé que puedo contar contigo... tómate cierto tiempo para pensar en lo que hoy te he dicho... espero que optes por quedarte con nosotros y que le saques provecho».

Como parte de un proceso global de comunicación, además incluiría otras partes del proceso de persuasión e influencia verbales, como la calibración de la conformidad congruente con cualquier acción que Ted considere emprender. Recuerda que esto sólo es una parte verbal de un proceso mucho más complejo.

El cuarto punto en la lista dice: *menciona objeciones y dales una réplica*. Por supuesto que lo hice, pero en este caso no se trataba tan sólo de objeciones. Respondía a reacciones potenciales. Las reacciones y objeciones están muy relacionadas. Ted podría reaccionar buscando un nuevo trabajo. Podría reaccionar mostrando menos motivación. Son posibles reacciones y las he abordado simplemente como objeciones potenciales. Las mencioné y luego le ofrecí una idea de cómo preferiría yo que él respondiera.

Para añadirle elegancia, menciona y replica las posibles objeciones y las posibles reacciones.

En quinto lugar, *habla más*. ¡Me atrevería a decir que eso lo he hecho bastante bien! Pero no era simple palabrería insensata; cada palabra tenía un propósito y apoyaba la estructura de lo que estaba haciendo.

A continuación, algo que aún no he mencionado de modo explícito: di la verdad y mantén tus propias pautas de alta integridad. Lo que compartí con Ted era cierto para mí. Si de verdad creo que las cosas van a mejorar y planeo en serio compartir los beneficios con Ted cuando esto suceda, es perfectamente apropiado decírselo. Palabra por palabra, la sinceridad literal es vital. Si no crees en algo, no lo expreses en voz alta.

Resulta muy perjudicial decir cosas que no signifiquen nada para ti o palabras que signifiquen algo que no serás capaz de transmitir. Existen muchas expresiones coloquiales, como «Las cosas funcionarán», «Con el tiempo todo acaba arreglándose», «Tendrás tu oportunidad», «Lo bueno llega si se sabe esperar», etcétera, pero sugiero que las evites. Han perdido su impacto a través del abuso y uso erróneo y, en cualquier caso, no suelen ser apropiadas para estas situaciones.

Habla en serio con quienes te escuchan. Cuéntales exactamente lo que ves y lo que te gustaría crear. Una colección de refranes sin sentido no es nada comparado con las palabras de un comunicador comprensivo e inspirador. Busca esto último.

En el monólogo con Ted hice una cosa más de la que aún no hemos hablado. Empecé a estirar las cosas un poco más, aparte de decir cosas que pensaba que Ted iba a percibir como ciertas. Empecé por decir algunas cosas que no seguían de modo estricto nuestras pautas para acompañar la experiencia presente. Dos veces en ese monólogo, empecé a expandir las cosas un poco más:

1. «Sé que no era esto lo que esperabas de esta entrevista. Imagino que estarás decepcionado, de verdad, pero también sé que *eres el tipo de persona que responde bien en los momentos difíciles.* Sé que puedo contar contigo.»
2. «Trabajar aquí ofrece otros beneficios aparte del dinero. Pero *eso tú ya lo sabes.*»

Aquí es donde puedes empezar a marcar una dirección nueva y mejor para tus oyentes. Una vez que dices unas cuantas cosas que acompañen su experiencia y estableces la confianza y la sintonía, puedes empezar a guiarles hacia ideas más nuevas, de mayor repercusión. Les llevas a considerar cosas que tú conoces y que quieres que ellos consideren. Les haces pensar en cosas de las que tú eres consciente y en las que quieres que ellos piensen. Incluso les estimulas a creer cosas que crees y esperas que crean. En esto consiste el liderazgo.

En el caso de Ted, le animé a pensar en sí mismo como alguien que respondía bien en los momentos difíciles. Yo pensaba en él de esta manera y, por lo tanto, para mí era cierto, pero no estaba seguro de que él pensara en sí mismo de este modo. Pero apuesto que así lo hizo después de la conversación: al menos más que antes. Y en mi opinión, Ted sacaría provecho de incorporar esa idea a su vida.

También le animé a apreciar algo más de su trabajo aparte del

dinero. Yo presentía que, a un nivel más profundo, Ted era consciente de los beneficios no monetarios de su trabajo. No obstante,
no estaba seguro de lo consciente que era él de esa creencia. Pero al
plantar esa semilla en el momento oportuno, estuve seguro de que
empezaría a incorporar esa noción a su conocimiento consciente. Una vez más, en mi opinión, esa era una manera saludable de
que Ted considerara su trabajo, algo más en lo que Ted saldría ganando.

Estos dos pensamientos, en potencia, podían tener un impacto significativo sobre Ted. No te equivoques al respecto: eran ideas
mías, no de Ted, y, de forma intencionada, las interpuse en la conversación, con la esperanza de que Ted llegara finalmente a aceptarlas en cierta medida. Al realizar este tipo de inserciones, soy
consciente de que intento influir en la vida de Ted de algún modo.

A diario, la gente intenta influir en cierto grado en las vidas de
otras personas. No obstante, cuando lo hagas, sé consciente de lo
que estás haciendo, del porqué lo estás haciendo y si es mejor para
todos los involucrados. Con estas premisas como base de tus acciones, tus fantásticas habilidades verbales funcionarán sinérgica-
mente para lograr resultados maravillosos en tu vida, y para las vidas de quienes te rodean.

Para Ted, esta era una de esas conversaciones que probablemente iba a ayudar a configurar sus puntos de vista sobre él mismo
y su vida laboral. Probablemente tendría un impacto importante
sobre Ted: la conversación era muy oportuna y contaba con una
fuerte carga emocional. Ya habíamos creado una gran sintonía y la
conversación fluía de maravilla: eso es ser muy oportuno. Además,
ambos íbamos a acceder a algunas emociones potencialmente profundas, sustentadoras y comprensivas. Había una fuerte conexión
emocional entre nosotros y Ted se mostraba muy receptivo. Sin
duda, la carga emocional era fuerte.

Para aumentar la receptividad en tu oyente, busca el momento oportuno y emplea fuertes emociones.

Así es cómo esto funciona. He aquí lo que probablemente pa-
sará por la mente de Ted (entre paréntesis) a medida que progresa
el monólogo (recuerda que tú estarás calibrando mientras hablas):
«Ted, has sido un trabajador perfecto. Estoy muy contento de que

trabajes aquí y de tener la ocasión de trabajar contigo. Te respeto de verdad y me gustaría concederte un buen aumento». (*Vaya, sí que habla bien de mí. Además, parece que se lo cree. No es sólo palabrería.*)

«Por desgracia, no obstante, tengo algunas malas noticias. Unas noticias que detesto trasmitirte ya que creo que son desagradables. Pero de cualquier modo te las tengo que comunicar.» (*Ajá, malas noticias. Apuesto a que tiene que ver con mi aumento. Vaya, está molesto por ello. Debe de ser algo serio. Maldita sea.*)

«Como ya sabes, este año esta siendo complicado. Se nos ha exigido hacer sacrificios serios. La empresa se enfrenta a posibles recortes presupuestarios y reducciones de plantilla.» (*Ya está, lo sabía. Me preocupaba, además. Me pregunto si alguna de estas cosas me afectará. ¿No irá a despedirme ahora, o sí?*)

«Pero no te preocupes, conservas tu trabajo y no voy a bajarte el sueldo.» (*¡Qué alivio! Perder mi trabajo o que me bajen el sueldo. ¡Eso sería horroroso!*)

«La única cuestión es que aún no puedo concederte un aumento. Se ha establecido una congelación salarial y no puedo hacer nada al respecto.» (*Maldición, vaya fastidio. Igual tengo que dimitir y buscarme otro empleo.*)

«Lo siento mucho, sobre todo en tu caso, ya que has sido una persona fantástica con quien trabajar. Si pudiera conceder un solo aumento, te lo concedería a ti. Pero no puedo.» (*Bueno, al menos me aprecia.*)

«Quiero que sepas que entenderé que quieras buscar otro trabajo.» (*Vaya, no puedo creer que diga eso. Es justo lo que estaba pensando, pero normalmente un jefe no te dice estas cosas.*)

«Sé que esto tiene que ser muy decepcionante para ti. Para mí también lo es.» (*Vaya palo. A él también se la han jugado, lo veo.*)

«Creo, no obstante, que tu futuro aquí todavía es bueno. Nos enfrentamos a tiempos duros, pero tengo la seguridad de que cambiarán pronto. Y creo que eres una de las personas que nos ayudarán a lograr ese cambio. Con gente como tú, fiel a la empresa, creo que superaremos el bache sin problemas.» (*Bien, al menos empieza a sonar un poco más halagüeño. Tal vez deba quedarme. Pero ¿qué puedo esperar?*)

«Y espero poder recompensarte cuando esto suceda. Me gustaría de verdad que te quedaras.» (*Vaya, quizá las cosas funcionen aquí.*)

«Y aunque tal vez sea duro, me gustaría pedirte que pasaras a otro nivel. Todos vamos a tener que hacer incluso más de lo que hacemos ahora.» (*Maldición, más trabajo. Pero yo puedo hacerlo, creo que puedo.*)

«Sé que no era esto lo que esperabas de esta entrevista. Imagino que estarás decepcionado de verdad, pero también sé que eres el tipo de persona que responde bien en los momentos difíciles. Sé que puedo contar contigo. Ya cuento contigo en gran medida.» (*Piensa que soy el tipo de persona que persevera. Tal vez tenga razón. Quizá yo soy así. Me pregunto qué ve en mí.*)

«Gracias por ser un trabajador tan excelente. Y una gran persona. De modo que tómate un tiempo para pensar en lo que hoy te he dicho. Tu informe es estupendo y estoy muy contento de tenerte aquí. Espero que optes por quedarte con nosotros y que le saques provecho.» (*Desde luego, está bien trabajar para este tío. Me aprecia de verdad.*)

«Trabajamos muy bien juntos, y trabajar aquí ofrece otros beneficios aparte del dinero. Pero eso tú ya lo sabes.» (*Oooh, ¿y yo qué sé? ¿Otros beneficios? Supongo que eso ya lo sé. ¿A qué se refiere? ¿Al ambiente, por ejemplo? ¿A la gente con la que trabajo? ¿A mi jefe? Supongo que tiene razón. Me pregunto qué más cree que yo sé. Tendré que pensar en esto un poco más cuando tenga tiempo libre.*)

«Ojalá hubiera podido concederte un buen aumento. Pero esperemos que llegue con el tiempo. Gracias, Ted.» (*Sí, yo también lo deseo. De verdad quería ese aumento. Espero que llegue. Este tipo parece bastante honesto y directo. Si cree que va a llegar, confiaré en él.*)

Puesto que abordé el modelo del mundo de Ted lo mejor que pude, él se sintió libre para dedicar su tiempo a responder a lo que estaba sintiendo. No tenía que preguntarse qué era verdad y qué eran patrañas. Sabía que lo que yo decía era cierto. Así que cuando dije algunas cosas de las que él no estaba seguro, como el hecho de que respondiera bien en los momentos difíciles, tal vez las aceptó simplemente como suposiciones razonables. Al fin y al cabo, todo lo demás era cierto, así que no podía estar equivocándome en esas otras cosas. Si tienes un amigo que siempre tiene razón, ¿no tenderías a confiar en él si te dijera algo de lo que tú no estuvieras seguro?

Paradójicamente, compartir malas noticias puede ser una buena manera de motivar a la gente y crear un fuerte vínculo emocional. No tiene sentido malgastar una oportunidad. Si tienes que compartir algunas malas noticias, haz un favor a tus oyentes y ayúdales a salir del trance con buen ánimo. Si yo hubiera aplicado el primer planteamiento, Ted podría haberse quedado verdaderamente deprimido después de nuestra charla. Pero encontró más motivación y ánimo, y nuestra relación se fortaleció aún más.

Discrepancia cortés

Seguro que has visto en la televisión parejas peleándose y gritándose entre sí. Su hijito se acerca y pregunta: «¿Estáis peleándoos?». Los padres contestan: «No, simplemente no estamos de acuerdo».

Incluso un niño distingue la diferencia entre una discrepancia y una pelea. Pero la realidad es que ambas cosas están muy relacionadas. La mayoría de las personas se ofenden cuando alguien no está de acuerdo con ellas y mucha gente reacciona con enojo.

Puesto que la emoción es una clave a la hora de ser efectivo con la gente, es necesario que seas consciente del impacto emocional de lo que dices y haces. Cuando necesites discrepar con alguien deberías ser consciente de lo que dices y haces. Si no es así, es posible que te encuentres con un oyente enojado (o que además conteste a gritos), y el enojo rara vez es útil en situaciones de comunicación.

De modo que, ¿cómo discrepar de alguien al tiempo que le estimulas a ser receptivo en vez de enfadarse? ¿Qué estrategia funciona en este caso? ¿Deberías limitarte a decir que estás de acuerdo con él, aunque no sea así?

Hay maneras de disentir que provocan enfado y hostilidad. Hay otras maneras que suscitan aprecio y respeto. ¡Procuremos lo segundo!

La estrategia para discrepar con gracia es muy similar a lo que acabamos de aprender. Implica acompañar la experiencia de quien escucha y luego expandirla un poco más. La manera en que comuniqué a Ted que era el tipo de persona que responde bien cuando las cosas se ponen feas es la manera de disentir con elegancia.

Esta es la mecánica:

1.   Acompaña la experiencia de quien escucha el tiempo necesario para mantener una sintonía razonable.
2.   Expresa tu discrepancia.
3.   Ofrece a tu oyente una salida.

Supón que eres el director de un equipo de ventas. Todo el mundo está trabajando para vender un producto nuevo, pero los resultados no son convincentes. El equipo de ventas se está desanimando. Empiezan a hablar entre ellos y deciden que les gustaría cancelar la introducción del producto. La empresa ha cancelado este tipo de introducciones con anterioridad y el personal de ventas tiene la impresión de que aprovecharía más el tiempo vendiendo productos mejor establecidos en el mercado.

Tú no estás conforme. Sabes que ya habéis invertido demasiado en el nuevo producto y piensas mantenerlo pese a los resultados.

He aquí una posible conversación:

Tú: ¿Cómo van las cifras del nuevo producto?
Vendedor: No demasiado bien. Ha sido un producto difícil de vender.
Tú: ¿Cuál ha sido la dificultad?
Vendedor: Ha sido difícil educar a nuestros clientes para que conozcan nuestro nuevo producto. Es duro llegar a la gente y, cuando lo hacemos, tenemos que dedicar mucho tiempo a hablar del producto. Esto hace complicado contactar con mucha gente. Y cuando llegamos a los clientes, no están de verdad abiertos a la idea. Creo que va hacer falta cancelar esta introducción del producto. Es demasiado trabajo y no estamos llegando a ningún lado. Si nos centramos en los demás productos, podemos obtener mejores resultados. (Advierte cómo el sentido de la

pregunta anterior ha permitido que la respuesta se mueva en esta dirección. A veces es lo apropiado, pero deberías saberlo cuando lo hagas.)

Tú: Esa no es una opción. Necesitamos hacerlo; ya hemos invertido demasiado, de modo que hay que seguir en ello. Eres responsable de los resultados, de modo que consíguelos. Para eso te pagan. Si los resultados no responden, no estás haciendo tu trabajo. Por lo tanto, sigue insistiendo.

¿Qué tipo de respuesta crees que suscitará esta conversación? ¿Rabia? ¿Frustración? ¿Cuán motivado crees que se sentirá el vendedor ahora? ¿Qué tipo de resultados crees que obtendrá el equipo de ventas?

Este era un ejemplo de discrepancia simple. El vendedor quiere dejar el producto y tú no. Tú tienes la última palabra, de modo que tu decisión es la que vale. Hasta aquí está claro. Pero ¿cómo puedes disentir, defender tu decisión y ayudar al vendedor a seguir motivado y triunfar en su cometido?

Reemplacemos la última frase por otra:

Tú: Ya veo que te está dando algunos problemas. A veces introducir un nuevo producto puede significar mucho trabajo. Probablemente tampoco sea muy divertido, sobre todo si los resultados no se ven. Tal vez incluso pueda parecer una salida fácil cancelar sencillamente la introducción. Por desgracia no lo es.

Hemos invertido mucho en este proyecto y si cancelamos la introducción, perderemos mucho más de lo que te imaginas. Tenemos que seguir con ello. Sencillamente, la cancelación no es una opción. Tenemos que seguir adelante con esta introducción aunque aún no veamos los resultados.

Mira, llevas mucho tiempo trabajando aquí. Sabes cómo vender y sabes cómo superar los obstáculos. También sabes cómo dar la vuelta a las cosas. Te he visto hacerlo. Hay ocasiones como esta en las que necesito tu apoyo más que nunca. Necesito que lleves la iniciativa, que nos infundas ánimo a todos para que esto funcione. Si tú te desanimas, el desaliento se contagiará. Dentro de poco, todos los demás estarán igual. Apuesto a que todo el mundo habla ya de dejarlo. Y ya sabes los malos resultados que se obtienen cuando todo el mundo está desanimado.

Eres la persona en la que deposito mi confianza. Y puedes lograrlo. Por eso tienes este trabajo. Por eso lo has hecho tan bien. De modo que ayúdanos a salir de este aprieto. Pon tus ideas en orden e imaginemos cómo lograr que esto funcione de verdad. Estoy seguro de que guardas algunas ideas en la manga para ocuparte de estos desafíos. Ponlas encima de la mesa y encarrilaremos el asunto por buen camino. Te aprecio de verdad, sobre todo en momentos como este.

Este planteamiento funciona. Sigue los pasos explicados. Primero, acompaña la experiencia presente. En segundo lugar, manifiesta la discrepancia abiertamente: «Dejar el producto no es una opción». Y tercero, ofrece una salida a tu interlocutor. Que el vendedor pueda salvar las apariencias. Le has dicho que cuenta con aptitudes excelentes, le has pedido que tome la iniciativa y le has dado la oportunidad de responder con algunas nuevas ideas.

Además de expresar tu disconformidad de manera que pueda ser aceptada, probablemente has motivado a este vendedor a trabajar mucho más a la hora de vender el producto. Una motivación así en sí misma es suficiente para resolver el problema. Una vez más, esta conversación es una versión más locuaz que la anterior, pero no intentamos decir la misma cosa sin más. Estamos intentando crear las emociones necesarias. El enfado no es algo necesario. La motivación y la confianza, sí.

Ofrecer una salida a la gente es algo vital. Si no lo haces, creas emociones que pocas veces resultarán útiles, como la vergüenza, el descrédito, la inseguridad, el fracaso, la rabia, la frustración, etcétera. Los arrinconas. Estas emociones son destructivas y contribuirán a aumentar el fracaso.

Si ofreces una salida a la gente, le ofreces motivación. Los demás se percatan de que tienen ocasión de salir del lío en que se encuentran y quedar como héroes. Tienen ocasión de sentirse orgullosos, triunfadores, seguros, excitados, felices, satisfechos, realizados, etcétera. ¡Eso es mucho mejor que la vergüenza!

Si encuentras un grupo de personas en un lugar poco conveniente y quieres que salgan de ahí, como mínimo hay dos maneras de abordar el problema. Si les amenazas y les llamas estúpidos, lo normal es que se enfaden. Pero si les muestras la puerta y les das permiso para marcharse, mejor no te pongas en su camino. Y te darán las gracias por haberles enseñado la salida.

El comentario intercalado

Imagina que una colega está haciendo una presentación. Ha dedicado seis meses con su equipo al diseño de una nueva licuadora. Está deseosa de convencer de las nuevas características a los directivos superiores para poder pasar a la nueva fase de creación. Describe la nueva forma del contenedor, la hoja de aleación especial, el lustroso aspecto externo, la prestación especial para daiquiris. En conjunto, piensa que está muy bien diseñada y lista para su lanzamiento. Y eso mismo es lo que explica a los directivos.

La mayor parte del grupo parece muy complacido, pero hay una persona que obviamente está descontenta. Tras la presentación, tu colega da paso a las preguntas y comentarios. El directivo descontento es el primero en hablar y dice: «No ha hecho nada para reducir el ruido. Eso es importante y, por lo tanto, pienso que aún tiene que trabajar más en ello».

¡Bam! ¿No es una respuesta dura? Aunque tenga razón y sea cierto que solucionar la cuestión del ruido mejoraría la licuadora, ¿cómo se sentirá? ¿No conseguirá con ello desilusionarla? ¿Cómo crees que se sentirá al regresar junto a sus compañeros de trabajo con ese tipo de respuesta?

¿Y qué tal si el directivo expresara las cosas de modo un poco diferente? Por ejemplo, si dijera: «Has tenido algunas ideas verdaderamente acertadas con este proyecto. En concreto me gusta el nuevo diseño. Los compradores de productos para el hogar hoy en día se preocupan más por el aspecto de las cosas, así que creo que vas por el buen camino en ese sentido. Y la función daiquiri es fantástica. Eso cautivará de inmediato a un gran segmento del mercado.

»No obstante, hay algo que me preocupa y que no mencionaste en tu presentación: la cuestión del ruido. Si podemos reducir la cantidad de ruido que genera nuestra licuadora, creo que contaremos con otro punto primordial a la hora de vender el producto. Si no habéis reducido de modo considerable el ruido, me gustaría que lo estudiarais un poco más.

»Pero hasta el momento ha hecho un trabajo estupendo. Creo que vamos a contar con un producto superior. Gracias, una gran presentación.

¿No esa una manera mucho más atractiva de ofrecer un comentario? ¿No se sentirá la diseñadora mucho mejor al oír esto? El resultado es el mismo, ella aún tiene que estudiar más la cuestión del ruido, pero, mientras en el primer caso se siente desanimada, en el segundo se siente estimulada.

A menudo nos referimos a este tipo de reacción como «sándwich *feedback*» o comentario intercalado. El proceso es sencillo de aprender y supone una gran diferencia sobre cómo es acogido tu comentario. Recuerda, el objeto de ofrecer tu reacción debería ser que quien te escucha lo acepte y lo considere, no que tú parezcas más listo o inteligente. Para lograr lo primero, tal vez sea necesario que ofrezcas tus reacciones de una forma que sea fácil de aceptar. Si alguna vez te has encontrado en una reunión en la que alguien se ha propuesto hacer quedar mal a otra persona, quizá con comentarios mordaces, sabes que es una manera fácil de crear mala atmósfera y conflicto. Y también es una manera muy poco eficiente de conseguir que alguien acepte los comentarios.

Las normas generalmente aceptadas sobre las reacciones y comentarios son que deberán ser pertinentes, útiles y específicos. Mientras cumplas con estos criterios, cabe suponer que tu reacción es buena. Por desgracia, los comentarios que cumplen sólo estos

criterios son a menudo una fuente de resentimiento y resistencia.

En mi opinión, los comentarios deberían presentarse de tal modo que sean acogidos con facilidad. Ofrecer tus reacciones no tiene que ver con tener razón; tiene que ver con ayudar a alguien a mejorar. Las mejores ideas son inútiles a menos que alguien las acepte y actúe en consecuencia.

He aquí la mecánica para ofrecer comentarios intercalados:

1. Empieza por mencionar aspectos que te hayan gustado y/o con los que estés de acuerdo. Acompaña la experiencia presente.

2. Menciona las áreas con las que disientas o las áreas en las

que veas espacio para nuevas mejoras. Según la situación, puedes suavizar la reacción con operadores modales de posibilidad.

3. Ofrece una «salida» a tu receptor: una manera de salvar las apariencias.
4. Acaba con una perspectiva más amplia y observaciones positivas, normalmente una afirmación general de apreciación.

Estudiemos el ejemplo anterior. Aquí se repite con comentarios entre paréntesis: «Ha tenido algunas ideas verdaderamente acertadas con este proyecto» (*afirmación general positiva*). «Me gusta en concreto el nuevo diseño. Los compradores de productos para el hogar hoy en día se preocupan más del aspecto de las cosas, por lo tanto creo que va por el buen camino con esto» (*aspecto específico que le ha gustado*). «Y la función daiquiri es fantástica. Eso cautivará de inmediato a un gran segmento del mercado» (*aspecto específico que le ha gustado*).

«No obstante, hay una cosa que me tiene intrigado y que no ha mencionado en su presentación: la cuestión del ruido. Si podemos reducir la cantidad de ruido que genera nuestra licuadora, pienso que contaremos con otro punto primordial a la hora de vender el producto. Si no habéis reducido el ruido de forma considerable, me gustaría que lo estudiarais un poco más» (*aspecto susceptible de nuevas mejoras o investigaciones*).

«Sé que no fuimos explícitos con la cuestión del ruido, pero deberíamos haberlo hecho» (*ofrece al receptor una salida, de modo que puede salvar las apariencias*).

«Pero hasta el momento ha hecho un trabajo estupendo. Creo que vamos a contar con un producto superior. Gracias, una gran presentación» (*comentario general positivo y expresión de apreciación*).

Toma nota del impacto de este tipo de reacción. Ofrece a quien hace la presentación una salida respetable y cierto estímulo. Si no había considerado la cuestión del ruido, aún le quedan muchos puntos de los que sentirse orgullosa. Puede salir de la estancia diciendo: «Hemos hecho mucho trabajo positivo, sólo necesitamos ajustar un poco». Cuando regrese junto a su equipo, ésta puede ser su actitud mental. Este tipo de proceso puede incluso ayudarle a aumentar su autoestima y a fomentar sentimientos de orgullo y motivación.

Recuerda el primer ejemplo de reacción ineficaz en esta situación: «No ha hecho nada para reducir el ruido. Eso es importante y por lo tanto, pienso que aún tiene que trabajar más en ello».

Este planteamiento tiene varios errores cruciales. En primer lugar, no reconoce los aspectos positivos del trabajo. Eso es un golpe abrumador a la motivación y la inspiración.

En segundo lugar, no ofrece una salida a la persona. Parece una presentación en la que sólo se pudiera aprobar o suspender. Y ella ha suspendido. Presenta una actitud de «Vete e inténtalo otra vez, y en esta ocasión ¡hazlo bien!». Todo desarrollo se detiene en este punto. Quien hace la presentación se queda delante de sus superiores posiblemente turbado y sin dignidad. Es una posición muy deshumanizadora para hacerla vivir a alguien. En esta situación, es fácil que responda con rabia, lo cual obviamente no contribuye al éxito de la licuadora.

Tercero, fuerza a acabar la situación con una nota agria. A los ponentes profesionales se les enseña con frecuencia que lo que mejor recuerda la gente es lo primero y lo último que dices. Por supuesto, cuando ofreces reacciones intercaladas, la gente recordará sin duda la parte central, ya que eso configura sus instrucciones para cuando sale de la sala. Pero el impacto emocional de lo que se dice llegará de las partes iniciales y finales del comentario. Con una reacción directa, negativa, todo lo que oyen es negativo. Responden a la negatividad.

Los comentarios intercalados son un planteamiento respetuoso, humanista. Reconoce la valía de quien te escucha. Fíjate que no he dicho que este planteamiento reconozca la valía de la presentación o de cualquier otro contenido. Esta distinción es fundamental. Mucha gente te dirá que el comentario debería ir dirigido al contenido, no a la persona. Te dirán que puedes decir que el trabajo de una persona es ínfimo, pero no deberías decir que la persona es de bajísima categoría. Te dicen que si expresas el comentario de este modo, la persona no se lo tomará como algo personal.

Seamos realistas. Toda reacción se toma como algo personal. Como «profesionales», podríamos intentar fingir que no se toma como algo personal, pero por supuesto lo es. Deberías dar por sentado que cualquier reacción negativa será percibida de modo negativo por quien la escucha. La gente quiere sentirse orgullosa y triunfante. Cuando no se tiene éxito, lo característico es sentirse mal. No es lógico, pero es un aspecto de la naturaleza humana. Estructura tu reacción de tal manera que quien te escuche tenga más oportunidades para responder de forma positiva.

Si crees que esto es «dulcificar» el comentario, lo es, en cierto modo. Pero eso no significa que quien te escucha deje de oír el comentario. Recuerda, dulcificar las cosas es una manera de que una medicina desagradable sepa mejor. Recibes de todos modos los efectos de la medicina, pero no tienes que atragantarte con su sabor horrible. En efecto, hace más fácil tomar más píldoras en el futuro.

Tus oyentes seguirán beneficiándose de la medicina. Créeme, escucharán la parte del «espacio para la mejora» del comentario. Garantizado. Suavizar las cosas simplemente reconoce a la persona y su trabajo. Lo convierte en un proceso mucho más agradable y lo hace de tal manera que otra píldora posterior no será una cosa tan desagradable.

Recuerda, cuando la gente recibe un comentario, se encuentra en una posición vulnerable. Su trabajo puede ser escudriñado y criticado y se toma toda reacción de forma personal. En ese momento es la única persona criticada, es un proceso unilateral (ni siquiera hay una oportunidad de réplica). Es como estar sometido a juicio. De modo que sé un juez misericordioso.

Se trata de una técnica muy simple y, por lo tanto, no hace falta extenderse mucho. Daré un ejemplo sencillo más, en esta ocasión en un contexto doméstico, en vez de uno empresarial.

Imagínate que vuelves a casa del trabajo y tu hija adolescente te sorprende con una cena a base de pescado que ya está preparada para ti. Es la primera vez que te prepara la cena y te gustaría animarla todo lo posible. Cuando te sientas y empiezas a comer, te pregunta llena de ansiedad si te gusta. Por desgracia, está mala de verdad. El pescado está demasiado hecho, ha quedado seco y duro. Cuando te pregunta si te gusta, ¿qué dices? Si no hubieras leído esta sección, tal vez habrías dicho algo así como lo siguiente (te ofrezco una opción múltiple):

a)   «Está bueno de verdad» (*mintiendo*).

b)   «Está bien» (*ocultando la verdad*).

c)   «Bueno, el pescado está un poco seco, pero me gusta» (*intentando decir la verdad, pero disimulándola*).

d)   «Bien, el pescado no me importa mucho, pero me encanta que hayas cocinado esta noche» (*honesto pero no muy efectivo*).

e)   «El pescado está demasiado hecho. Está demasiado seco. ¿No sabes que el pescado no es como la ternera? No hace falta cocinarlo tanto (*honesto, pero deshumanizador*).

Pero ahora dispones de nuevas técnicas. Nuevas opciones. De modo que construyamos un comentario «sándwich» que mantenga motivada a tu hija para que vuelva a cocinar en otra ocasión y que le ofrezca algún conocimiento sobre cómo cocinar el pescado.

Primero, algunos comentarios positivos. ¿Qué te gusta de la comida? ¿Tiene buen aspecto? ¿Estaban bien los demás aspectos de la comida? ¿Te impresionó su seguridad en la cocina? ¿Qué te ha gustado? Imaginemos lo siguiente:

Comentarios positivos: «Cariño, has hecho un buen trabajo, de verdad. Has preparado una cena tú solita. Ni siquiera sabía que podías hacerlo. Y pareces tan segura. ¿De dónde has sacado las recetas? ¡Estoy totalmente impresionada! Y la manera en que lo has servido, parece preparado por un *gourmet* de un gran restaurante. Las zanahorias están impresionantes: me encantan las zanahorias».

Tal vez este comentario sea un poco más largo de lo que pensabas, pero, qué diantres. Sé generoso con tus elogios. Ahora el espacio para la mejora.

Espacio para la mejora: «Diría, de todos modos, que quizás el pescado está un poco más hecho de lo necesario. El pescado es un plato difícil cuando se empieza a cocinar. La mayoría de la gente —incluso los *chefs* de los restaurantes— creen que se hace como la ternera o el pollo, pero no es así. Con que lo cocines un poco ya basta, quedará más jugoso y tierno».

Es probable que ya sepa que el pescado está seco. Le has dicho que lo has advertido, lo has dicho de forma suave (*quizás* el pescado está *un poco más hecho* de lo necesario...), luego le facilitas una salida; es algo comprensible, la mayoría de la gente piensa que el pescado es como la ternera o el pollo, incluso los *chefs* de los restaurantes. Luego le ofreces alguna información útil, de modo que la próxima vez que cocine, se sentirá incluso más segura. Y, muy importante, le has dicho la verdad. Aprenderá a confiar en ti por ello.

Ahora el final: algunos comentarios positivos, generales de alabanza y aprecio. ¿Por qué no aprovechar esta oportunidad maravillosa que tu hija te ha proporcionado para involucrarte y conectar con ella? Puedes convertir esta velada en uno de esos momentos especiales que ambas recordaréis durante los años venideros. Venga, seamos emocionales.

Comentarios generales positivos: «Pero ¿sabes, cariño?, esta cena no hubiera podido ser más perfecta. Siento algo tan especial esta noche. Y estoy muy orgullosa de ti. Has crecido y te has convertido en una mujer maravillosa. Hay tantos jóvenes por ahí que atraviesan por momentos difíciles y se meten en tantos problemas... Tú eres mi orgullo y mi alegría. Sé que en pocos años irás a la universidad y lo único que tendré cada noche cuando vuelva a casa serán recuerdos de ti. Recuerdos de noches como ésta. Muchísimas gracias, te quiero».

¿Qué más puedo decir?

9

Defenderte

Hasta ahora, nos hemos concentrado sobre todo en habilidades verbales que pueden emplearse de modo proactivo. He preferido empezar por la naturaleza proactiva de la comunicación para hacer así hincapié en el control total de nuestra efectividad. Puedes conseguir que sucedan las cosas. Puedes *iniciar* el éxito en tu vida.

Por desgracia, habrá ocasiones en tu vida en las que te sentirás atacado emocional y verbalmente. También necesitas saber ser reactivo. La mayoría de las veces, estos ataques no son reacciones de despecho o crueldad, sino la única manera que alguna gente tiene de abordar sus preocupaciones, problemas y temores. La mayoría de la gente nunca ha recibido la clase de formación verbal contenida en este libro y no es consciente de las implicaciones del lenguaje. Sin las habilidades que has desarrollado, es probable que no seas muy bueno a la hora de comunicarte de forma saludable, solidaria, capacitadora, en las relaciones personales o laborales.

Los improperios verbales de que se ocupa este capítulo son diferentes de la crítica verbal. Es más que probable que existan ocasiones en tu vida en que la gente te ofrezca sus reacciones y críticas —con intención de pedirte que rectifiques algún comportamiento— de la manera más directa y comprensiva que sepan. Eso no es ningún abuso, es una crítica. Si son capaces de hacerlo de la manera cortés que he descrito en este libro no hace falta que nos ocupemos de ello.

No obstante, el *agravio* verbal es un acto insidioso; consiste en insultos y desaprobaciones solapadas. Implica golpes bajos y por sorpresa. No aborda las cuestiones de forma directa, abierta y con intención de apoyar. El agravio verbal en raras ocasiones provoca otra cosa que antagonismo, conflicto y enfrentamientos personales. Pero pese a lo nefasto del proceso, también descubrirás que es la única manera en que gente muy válida sabe tratar ciertos problemas. Lo comentaremos más detalladamente dentro de poco.

Quizá hayas advertido que la mayoría de mis ejemplos se enmarcan en el contexto de un entorno laboral. El lugar de trabajo puede ser nuestro entorno más complicado. En el trabajo nos encontramos bajo presiones externas para conseguir resultados. Nos fuerzan a cooperar con gente con la que de otra manera no tendríamos nada que hacer. Te guste o no, se espera de ti que trabajes con tus compañeros de trabajo, congenies con ellos y rindas junto a ellos.

En el caso de una reunión social, puedes marcharte si la gente allí presente no te cae bien. El trabajo es diferente. En tu vida espiritual y tu desarrollo personal, haces lo que te apetece. No tiene que ser necesariamente así en el trabajo. En las relaciones y el entorno familiar, cuentas con vínculos emocionales estrechos que te unen a la gente involucrada. Una vez más, en el trabajo no es así. En tu hogar, si tienes invitados que no te caen bien o que hacen cosas que te disgustan, puedes pedirles que se vayan. En el trabajo es diferente. Los entornos laborales a menudo te dictan con quién trabajas, cómo trabajas, cuándo trabajas, qué ropa vistes, en qué trabajas, incluso lo ordenado que debe estar tu escritorio. El resto de áreas de tu vida normalmente son menos restrictivas.

Por estos motivos y otros más, los entornos laborales crean un número desproporcionadamente alto de desafíos interpersonales. Sobre todo, en el trabajo es donde encuentras más ocasiones de sufrir ataques verbales, que en ocasiones son la única forma en que la gente sabe relacionarse en un entorno tan difícil y confuso. Por desgracia, los ataques verbales pueden constituir problemas reales si no sabes cómo ocuparte de ellos.

Los ataques verbales son ejemplos claros de situaciones del tipo ganador-perdedor. Cuando alguien te dirige una frase ofensiva, te enfrentas a la perspectiva de meterte en una situación de la que puedes salir perdiendo. Aunque parezca que un rápido contraataque tal vez sea un planteamiento efectivo, no querrás crear otra situación con ganadores y perdedores, aunque seas capaz de salir ganador. Sentirás la tentación de castigar a los ofensores por sus actos crueles; no obstante, actuar así sirve sólo para echar más leña al fuego. Hacer eso puede provocar que te salten chispas a la cara.

Nuestro plan es tomar la situación ganador-perdedor y crear una nueva situación con resultado final ganador-ganador.

Los apartados siguientes describirán cómo identificar los ataques verbales más desafiantes y responder a ellos. Empiezan describiendo la estructura semántica del agravio verbal indirecto. Aprenderás a reconocer niveles diferentes de ataques verbales y cómo ocuparte de ellos. Comprenderás por qué algunas conversaciones suenan bien, pero, en el fondo, te hacen sentir mal. Aprenderás a responder al agravio verbal, sabiendo cuándo ser cortés y cuándo enérgico. Reconocerás los elementos clave de las luchas de poder y cómo reconocer tales situaciones. Aprenderás a rechazar ataques ofensivos y cómo prevenir futuros abusos. Aprenderás todas estas cosas dentro del contexto del respeto hacia los atacantes, demostrando siempre niveles altos de integridad y fuerza personal.

El ataque verbal a menudo va dirigido contra gente que no sabe bien cómo encajarlo. Si has sido víctima de injurias o simplemente crees que la gente se ha aprovechado de ti, este capítulo tal vez te ayude. Al incorporar las técnicas que aparecen aquí, será más difícil que alguien la tome contigo y sabrás desviar futuros improperios. Unas pocas respuestas eficaces por tu parte pueden eliminar muchos conflictos y frustraciones futuras.

Resulta útil comprender que el ataque verbal es un *síntoma* de *falta de desenvoltura* y no una carencia en sí. Si el agravio verbal está presente en tu vida, aprender a responder al mismo te será de ayuda (te ayudará mucho), pero a largo plazo es un planteamiento mucho mejor buscar la causa fundamental del problema y abordarla.

En el último capítulo aprenderemos a comunicarnos en situaciones difíciles. Examinaremos sistemas no sólo para minimizar los efectos perjudiciales, sino también las formas de crear oportunidades a partir de ellos: convertir limones en limonada. En el caso del agravio verbal, nuestro objetivo es el mismo. Por irónico que parezca, cuando te conviertes en objeto de ataques verbales, cuentas con la oportunidad de abordar directamente el problema real, una oportunidad de generar respeto y admiración. Nuestro objetivo es tomar una situación insultante, provocadora, y convertirla en una situación productiva, capacitadora.

Agravio verbal basado en presuposiciones

Como hemos visto, las presuposiciones son una parte natural de la comunicación. Ofrecen niveles más profundos de significado que las palabras por sí solas y nos facilitan una indicación de las estructuras y limitaciones de nuestros modelos del mundo. Cuando escuchas a alguien, puedes oír presuposiciones que te ayuden a entender a la gente a niveles más profundos y que te ayuden a identificar los retos a los que se enfrenta esa persona. Cuando te escuchas a ti mismo, puedes hacer exactamente las mismas cosas. Cuando hablas, puedes usar presuposiciones con decisión para que tu mensaje tenga mucho más impacto y significado. En muchos sentidos, las presuposiciones forman la base de unas relaciones significativas y duraderas con los demás.

Por desgracia, estas mismas estructuras también pueden usarse de manera negativa. Buena parte del penetrante agravio verbal del idioma inglés se pone en práctica con el empleo de presuposiciones. Un ataque verbal basado en presuposiciones es mucho más potente que un ataque directo, ya que las presuposiciones evitan los procesos de filtrado de la conciencia y quedan registradas a niveles inconscientes, más profundos. Cuando una persona le dice a otra: «Eres idiota», puedes tener la certeza de que el receptor del comentario sabe que acaban de insultarle. También puedes tener la certeza de que quien habla ha mermado su propia credibilidad en el proceso. Este tipo de afrenta no es eficaz y no requiere demasiadas respuestas. No obstante, el ataque verbal presuposicional es diferente e indiscutiblemente requiere respuestas efectivas.

Considera esta frase abusiva: «Si me quisieras, vendrías antes a casa después del trabajo». La presuposición es que tú no quieres a quien habla. Incluso la metapresuposición más profunda es que quien habla sabe si tú sientes o no amor. Es probable que ninguna de esas suposiciones sea precisa, pero puede tener un impacto significativo al expresarlas. A menos que te ocupes de estas presuposiciones, seguirán sin cuestionarse y podrán aceptarse como verdades. Tanto quien habla como quienes escuchan las registrarán a niveles inconscientes y, peor aún, a menudo también acabarán creyéndoselas.

Estudiemos un intercambio típicamente abusivo. El líder de una reunión pide un informe. Mientras das el informe, el líder procede a formular preguntas cada vez más detalladas hasta que en algún momento te quedas sin respuestas. Esto se hace unas pocas veces, luego:

Ofensor: Si hiciera su trabajo, estaría mejor preparado.

Tú: Estoy preparado; simplemente no tengo la respuesta específica que está buscando.

Ofensor: Un buen directivo sabe qué respuesta va a hacer falta.

Tú: Mire, he dispuesto de muy poco tiempo para preparar esta reunión y tengo los datos más pertinentes. Da la casualidad de que usted se ha centrado en una parte específica que no he tenido tiempo de estudiar a fondo.

Tras una primera lectura, tal vez pienses que ha sido una defensa bastante buena. Tal vez pienses que te has lucido bastante defendiendo tu posición. Te has defendido a ti mismo, al decir que estabas preparado, sobre todo teniendo en cuenta el tiempo que has tenido para prepararte. Lógicamente, lo has hecho bien. No obstante, lamento decir que tampoco lo has hecho tan bien. No lograste defenderte de algunos ataques básicos. Los ataques eran sutiles y llegan en forma de presuposiciones. Este es el tipo de intercambio que te haría dejar la reunión sintiéndote derrotado, pero, lógicamente, de forma consciente, sin saber cómo o por qué.

La primera frase, «Si hiciera su trabajo, estaría mejor preparado», presuponía que no estabas haciendo tu trabajo. Es un ataque directo a tu rendimiento laboral general, no sólo a tu rendimiento en esta reunión cotidiana. Es un ataque mucho más fuerte contra ti que decir sólo que no estás preparado. La segunda presuposición, más profunda, es que el ofensor está plenamente capacitado para saber si tú estás haciendo bien o no tu trabajo. Esto implica que eres inferior a esta persona y, por lo tanto, está cualificado para juzgar tu rendimiento. En la mayoría de situaciones, esto no sólo es falso, sino que además te coloca en una posición ineficaz. Puedes defender eficazmente tu terreno contra una posición superior, que es la que tu ofensor acaba de adoptar.

Tu defensa a este ataque ha sido: «Estoy preparado; simplemente no tengo la respuesta específica que está buscando». «Has caído. Has mordido el anzuelo.» La cuestión de si estás preparado para una reunión cotidiana es mucho menos seria que las cuestiones planteadas con las otras dos presuposiciones. Por supuesto, puedes defenderte contra el «señuelo» lo mejor posible, pero estás dejando la parte en verdad destructiva de la frase no defendida. Y, aún peor, tal vez no seas capaz de defenderte demasiado bien de las acusaciones más débiles. Te alejas de la batalla totalmente derrotado; y a menos que comprendas el poder de las presuposiciones, ni siquiera sabrás ni cómo ni por qué.

El abuso verbal penetrante emplea un señuelo tentador[1]. A veces, este señuelo es algo que no estás en posición de defender. A veces lleva una carga emocional, de tal manera que casi te ves obligado a defenderlo. Este ejemplo ha empleado una señuelo efectivo. Si no tienes la respuesta a una pregunta legítima, no estás preparado del todo. Tal vez no te guste pensar en ello de esta manera, pero es una parte de la definición de estar preparado. El hecho de que nadie esté preparado para estas preguntas no importa: sigues sin estar preparado del todo y es difícil discutir eso.

La otra presuposición, que está bastante oculta, da a entender que no estar preparado es «incorrecto» o «malo». No obstante, podrías debatir eso en otro momento, ya que aún no es la parte principal del agravio.

El segundo ataque era: «Un buen directivo sabe qué respuesta va a hacer falta». La presuposición era que no eres un buen directivo. Aún más profunda era la presuposición de que el ofensor está plenamente cualificado para determinar qué define a un buen directivo y si tú lo eres o no. Una vez más, tu rendimiento general ha sido atacado y el ofensor se sitúa como tu superior. El señuelo (saber qué respuestas necesitas tener) no tiene transcendencia. Si defendieras el señuelo, estarías permitiendo que las partes más abusivas del ataque quedaran sin defender.

El verdadero espíritu destructivo de este tipo de abuso aumenta mediante una peculiaridad de nuestra naturaleza humana. En las interacciones verbales tendemos a dar por supuesto que una acusación es cierta si no se defiende. Cuando Paula Jones acusó al presidente Clinton de haberla acosado sexualmente, la habríamos creído si la única respuesta del presidente hubiera sido «prefiero no hablar de ello». Las presuposiciones pueden ser maneras sutiles de hacer acusaciones y, por lo tanto, pueden pasar desapercibidas y quedar sin defensa. Mientras que a un nivel consciente no nos damos cuenta de los ataques, a un nivel más profundo, percibimos perfectamente el ataque y nuestra falta de defensa. Dejamos la conversación con una sensación de impotencia, frustración y menor autoestima. No estamos seguros de por qué, pero lo sentimos.

Considera la presuposición clásica, «si me quisieras de verdad, tú...(señuelo)». Si ese señuelo implica volver antes a casa del trabajo, sacar la basura, comprar flores o saludar a alguien en la puerta, el señuelo no es la cuestión verdadera. «Si me quisieras de verdad...» presupone que no amas a esa persona. Si no se defiende tal presuposición, ambas partes se quedan con una sensación de vacío, una sensación de falta de amor; incluso cuando el amor está ahí.

Este es un síntoma irritante presente en muchos problemas fundamentales de las relaciones. Día tras día, las personas se exponen a ataques verbales y abusan unas de otras para poder hacerles frente. El resultado es la degeneración del espíritu de cualquiera implicado en el proceso, sea atacante o receptor. Con el abuso verbal, tanto intencionado como no, todo el mundo sale perdiendo. Por desgracia, sucede con bastante frecuencia.

Por lo tanto, ¿qué podemos hacer? ¿Cómo podemos ocuparnos de estas cuestiones? ¿Cómo podemos reducir la importancia de los problemas asociados al abuso verbal?

Defenderse de presuposiciones abusivas

A estas alturas, la estructura de las presuposiciones abusivas estará bastante clara. Existen presuposiciones y hay un señuelo. El poder destructivo de las presuposiciones abusivas reside en la suposición de que vas a ocuparte del señuelo y a dejar las presuposiciones sin defensa. Sin embargo, dispones de estrategias mucho mejores.

Para neutralizar una presuposición abusiva, haz precisamente lo contrario: deja el anzuelo sin defensa y ocúpate de la presuposición. Considera algunas posibles respuestas al ataque previo.

Ataque abusivo: «Si hiciera su trabajo, estaría mejor preparado».

Respuesta potencial nº 1: «¿Intenta decir que no hago mi trabajo?» (*respondes a la presuposición de que no haces tu trabajo*).

Respuesta potencial nº 2: «Estoy haciendo mi trabajo y lo hago muy bien» (*respuesta más enérgica a la presuposición de que no haces tu trabajo*).

Respuesta potencial nº 3: «¿Insinúa que usted está cualificado para emitir un juicio sobre mi rendimiento? (*respondiendo a la metapresuposición más profunda de que la persona está cualificada para determinar si estás haciendo tu trabajo*).

Respuesta potencial nº 4: «¿Qué le hace pensar que está cualificado para determinar si hago o no mi trabajo?» (*respuesta más enérgica a la metapresuposición de que la persona está cualificada para determinar si estás haciendo tu trabajo*).

Respuesta potencial nº 5 (más agresiva): «¿Qué le hace pensar que está cualificado para determinar si estoy haciendo o no mi trabajo? El objetivo de esta reunión es compartir información, no que intente darme una valoración de mi rendimiento. Si usted estuviera haciendo su trabajo, se ceñiría al asunto que estamos tratando en vez de hacer comentarios tan descorteses e inapropiados» (respondes *más firmemente a la presuposición más profunda, usando luego el mismo modelo del ofensor, «si hiciera su trabajo...», para luego dar algún señuelo tentador de tu cosecha*).

Respuesta inicial (insertada aquí para comparar): «Estoy preparado, simplemente no tengo la respuesta específica que está buscando» (*advierte cuánto más débil parece esta respuesta ahora que tienes otras con las que compararla*).

El segundo ataque es muy similar al primero y puede manejarse de forma parecida:

Ataque abusivo: «Un buen directivo sabe qué respuesta va hacer falta».

Respuesta potencial n° 1: «¿Insinúa que no soy un buen directivo?» (*respondes a la presuposición de que no eres un buen directivo*).

Respuesta n° 2: «Soy un buen directivo y agradecería que dejara de insinuar que no lo soy» (*respuesta más enérgica a la presuposición de que no eres un buen directivo*).

Respuesta potencial n° 3: «¿Insinúa que está cualificado para emitir un juicio sobre mis capacidades como directivo?» (*respondes a la metapresuposición más profunda de que el ofensor está cualificado para determinar si eres un buen directivo*).

Respuesta potencial n° 4: «¿Qué le hace pensar que está cualificado para determinar quién es un buen directivo y quién no lo es?» (*respuesta más asertiva a una presuposición más profunda de que el ofensor está cualificado para determinar si eres un buen directivo*).

Respuesta potencial n° 5 (más agresiva): «¿Qué le hace pensar que está cualificado para determinar quién es un buen directivo y quién no? El objetivo de esta reunión es aportar información, no que exponga usted sus teorías sobre la buena gestión. Un buen directivo sabría cuándo es el momento de ponerse a trabajar y no poner las cosas difíciles siendo insultante y condescendiente» (*respondes con más firmeza a la presuposición más profunda, para emplear luego el mismo modelo con el ofensor, «un buen directivo haría...» con el señuelo tentador de «insultante y condescendiente»*).

Respuesta inicial (insertada de nuevo para comparar): «Mire, he tenido muy poco tiempo para preparar esta reunión y dispongo de los datos más pertinentes. Da la casualidad de que se centra en una parte específica que no he tenido tiempo de estudiar a fondo» *(fíjate otra vez en cuánto más débil parece esta respuesta ahora que tienes las otras para comparar).*

Advierte una vez más que el impacto de los ataques abusivos tiene que ver mucho menos con las palabras en sí que con la estructura de las palabras empleadas. Normalmente no es el contenido lo que importa sino el proceso. La comunicación gira a menudo en torno a suposiciones y mensajes ocultos. Muchas veces, lo que no se dice es mucho más poderoso que lo que se dice. Para ser eficaz, debes considerar todos los aspectos de un mensaje y, sobre todo, las suposiciones y mensajes ocultos. Las presuposiciones son un vehículo primordial para las suposiciones y mensajes ocultos.

En mis ejemplos sobre cómo responder a presuposiciones abusivas, he enseñado al mismo tiempo repuestas moderadas y respuestas más enérgicas. Los diferentes niveles de aserción son apropiados para niveles diferentes; sin embargo, hay que diferenciar la aserción del rencor o la malicia. Las respuestas asertivas son mucho más efectivas cuando van unidas a una mentalidad ganador-ganador y a un deseo de remediar una situación difícil.

Recuerda que la conducta humana es de naturaleza adaptativa; la conducta abusiva es una respuesta adaptada a problemas de distinto origen. Simplemente es la mejor respuesta de que dispone la persona que tiene el problema. La gente que demuestra un comportamiento ofensivo en sus interacciones necesita nuestro apoyo, no nuestra malignidad.

Por lo tanto, consideremos nuestra respuesta asertiva en los casos de (1) ofensores frecuentes y (2) ofensores habituales. En tu vida existen personas que son muy importantes para ti, y también te relacionas con otras personas que son importantes para lo que quieres lograr en la vida. Sean relaciones jefe-empleado, marido-mujer, novio-novia, padre-hijo, relación social-relación social, amigo personal-amigo personal, o del tipo que sean, hay ocasiones en las que las cosas van bien y ocasiones en que las cosas no van tan bien. Si observas que una persona importante en tu vida está lanzando imprecaciones verbales, pero éste no es su método normal de comunicación, puedes continuar con la estructura general en mente. Cuando alguien que normalmente no recurre al ataque verbal lo hace, es probable que se esté enfrentando a algún problema inusual y crea que sus métodos rutinarios de comunicación no resolverán el problema. Cuando el agravio verbal se basa en presuposiciones, la persona no suele ser consciente de su abuso.

La respuesta para estos caos de abusos es directa: hay que centrar la atención en el abuso basado en presuposiciones sin buscar el enfrentamiento, y luego hay que buscar el origen del problema. Por ejemplo, en una situación laboral:

Jefe: Si de verdad quisiera hacer un buen trabajo, yo no tendría que perder el tiempo arreglando sus meteduras de pata.

Tú: ¿Está insinuando que no quiero hacer un buen trabajo? (*método no asertivo para abordar la presuposición de primer nivel de no querer hacer un buen trabajo*).

Jefe: Bien, si quisiera hacer un buen trabajo, no sucederían estas cosas, ¿o sí?

Tú: Déjeme aclarar las cosas desde el principio. Quiero hacer un buen trabajo (*aborda la presuposición*) y, francamente, no tiene la llave de mi cerebro para decirme si quiero o no (*aborda la metapresuposición de que el jefe está cualificado para determinar si quieres hacer un buen trabajo*). Pero esa no es la cuestión aquí. Normalmente no me habla de esta manera, de modo que sé que sucede algo que hay que aclarar. ¿Cuál es el verdadero problema y cómo puedo ayudar? (*dirige la conversación hacia el problema de origen*).

Fíjate en lo que sucede en este ejemplo. Se examina el ataque basado en la presuposición, evitando de este modo el problema de aceptarlo inconscientemente. Además, redirigimos la conversación al origen del problema. De este modo, te ocupas de la falta de desenvoltura, así como de los síntomas.

Pasos para hacer frente al abuso verbal infrecuente de personas que son importantes en tu vida

1.   Ocúpate de las presuposiciones de primer nivel sin ser demasiado contundente. Esto a veces resuelve el problema de inmediato.
2.   Si el ataque continúa, trata las metapresuposiciones de nivel profundo con más contundencia.
3.   Centra la atención en la conducta poco inusual (acompañando verbalmente la experiencia).
4.   Dirige la atención al análisis del problema de origen.
5.   Mantén una actitud emocional abierta y voluntad de ayudar y apoyar.

Este planteamiento es relativamente poco asertivo (no confundas la efectividad con la agresividad), aun así llega al fondo del asunto. Al ocuparte de las presuposiciones abusivas, te ocupas del abuso potencialmente dañino, pero de una forma respetuosa, con mucha integridad, y lo frenas de partida. El resultado final es que ambos entendéis tanto consciente como inconscientemente que vuestra intención es ayudar.

El abuso habitual y frecuente es una situación diferente. Si eres víctima de abusos frecuentes y habituales en tu propia vida, significa que existe un problema más profundo. En este caso resulta útil pensar en función de la responsabilidad. Con ello se evita caer en la trampa de sentirte víctima, asumes una responsabilidad más plena sobre tu vida y tu papel en ella. ¿Qué ha podido suceder para que consintieras tal abuso en tu vida? ¿Cuál podría ser tu papel en el proceso? ¿Qué podrías hacer para evitarlo que no estés haciendo ahora?

Si tu casa se ve invadida por insectos voladores, seguramente no echarás la culpa a los insectos. Buscarás la vía de acceso que ha permitido entrar a los insectos y la cerrarás. Este es el mismo proceso para impedir que el agravio verbal infeste tu vida. Busca las aberturas y ciérralas. En muchas situaciones, el abuso entra en tu vida porque estás desempeñando el papel de víctima. Cuando asumes una responsabilidad y adoptas la actitud mental de la responsabilidad, cierras las aberturas y desvías problemas recurrentes.

Cuando el abuso habitual va dirigido de modo constante contra un individuo específico, la clave está en la responsabilidad. No obstante, cuando los abusos los inicia un mismo individuo de forma habitual y constantemente contra muchos receptores, el asunto es diferente.

Cuando alguien da muestras frecuentes de agravios verbales contra quienes le rodean es un indicio de que la persona está experimentando una dificultad recurrente y exhibe una respuesta repetida con la que pretende abordar esa dificultad. El problema de origen puede ser una baja autoestima o un fuerte deseo de disponer de control. O el problema puede estar relacionado con sentimientos de miedo o dolor. En cualquier caso, puedes estar seguro de que el ofensor padece algún problema. El ataque verbal es seguramente la única estrategia de que la persona dispone para tratar el problema de alguna manera.

Por desgracia, el problema de otro puede convertirse en tu problema, y entonces te hará falta un método seguro para hacerle frente. Aquí es donde la aserción y tal vez la agresividad resultan útiles.

Cuando empecé a jugar dobles por primera vez en tenis, tuve ocasión de formar pareja con un excelente jugador. Cuando un jugador sirve, su pareja se coloca cerca de la red. La pareja confía en ser capaz de devolver el resto del servicio para estar en una posición fuerte de cara a ganar el tanto. La pareja a menudo intenta arrancar restos moviéndose por la pista de un lado a otro hasta el lugar donde espera que el servicio sea devuelto. Un jugador agresivo en la red a menudo conseguirá cazar la pelota y podrá intimidar a la persona que intenta devolver el servicio. Una vez intimidado, el restador empezará a fallar los restos o golpeará con poco acierto las pelotas. El restador puede empezar a perder puntos, no conseguirá ganar ningún tanto, lo cual puede ser muy desmoralizante. Una vez un agresor intimida a un jugador que resta es casi imposible que este gane un punto. La docilidad de quien resta aumenta y la agresividad del jugador en la red también.

Ante esta técnica, una de las pocas contraestrategias de quien resta es lanzar el resto directamente al jugador situado en la red o detrás del jugador que está en la línea. Es una táctica agresiva. Cuando se hace en el momento adecuado, mitiga la agresividad del jugador situado en la red, quien no quiere perder puntos apartándose de donde pueda ir el disparo.

En el primer punto que jugué a dobles en mi vida yo era quien restaba. Mi pareja se preocupó especialmente de explicarme una estrategia para ganar ese punto. Dijo que yo debería golpear el resto con toda la fuerza posible directamente al jugador situado en la red, sin importar si era un buen disparo o si iba a parar al fondo de la pista, y tampoco importaba si ganábamos el punto o no. De hecho, él esperaba que lo perdiéramos. El único propósito era mandarla directamente al jugador situado en la red, con fuerza. Si yo podía darle con la pelota, mucho mejor.

Me quedé un poco preocupado por su falta de deportividad (aunque las pelotas de tenis no duelan al golpearte), así que pregunté qué razonamiento había tras esta estrategia. Dijo que un disparo fuerte lanzado directamente al jugador situado en la red al principio del partido te define como un buen restador. Indica al jugador en la red que tú conoces sus intenciones y que cuentas con una respuesta. Si el jugador situado en la red se pone demasiado agresivo, sabes cómo hacerle frente, de modo que tu oponente necesita ir con cuidado con lo agresivo que se pone.

El aspecto competitivo del tenis es análogo al aspecto confrontativo del agravio verbal. Cuando alguno de los dos se encuentra en inferioridad, no tiene sentido jugar el partido, así que a nadie le importa. Pero cuando el nivel es relativamente equivalente, la motivación para ganar puede ser máxima.

No tengo ni idea qué tal juegas al tenis, pero tus habilidades para hacer frente a los ataques verbales serán excepcionalmente buenas cuando apliques las técnicas aprendidas en este libro y, en concreto, en este capítulo. En algún momento, los ofensores se percatarán de que no tiene sentido intentar competir contigo. No obstante, hasta ese momento, precisas estrategias para ocuparte del abuso. El proceso de contraatacar con dureza es una manera efectiva y rápida de hacerlo. La primera vez que te veas sometido a ofensas verbales, recomiendo que devuelvas la pelota directamente al ofensor, con dureza. Demuestra que eres alguien que sabe a qué se enfrenta y alguien que cuenta con recursos enérgicos para contraatacar. Los matones no se meten con tipos duros; se meten siempre con los más indefensos.

Después de contraatacar con contundencia, habrás mitigado la agresión del ofensor y te encontrarás en una posición mucho más favorable para establecer una comunicación funcional. He aquí la táctica de juego:

Ataque abusivo: Si hiciera su trabajo, estaría mejor preparado.

Respuesta agresiva (nº 5 en el ejemplo anterior): ¿Qué le hace pensar que está cualificado para determinar si estoy haciendo o no mi trabajo? El propósito de esta reunión es aportar información, no que intente hacer una valoración de mi rendimiento. Si usted hiciera su trabajo, se ceñiría al asunto que tenemos entre manos, en vez de hacer comentarios tan descorteses y totalmente inapropiados.

Ofensor (ahora a la defensiva): Eh, yo no pretendía decir que no hace su trabajo; sólo quería obtener la información que necesito. Esperaba que tuviera esa información. Eso es todo.

Respuesta (restableciendo un intercambio funcional, constructivo): De acuerdo, tal vez no he entendido bien. Sonaba como si la hubiera tomado conmigo, y eso simplemente no funciona. Si tiene algún problema conmigo, es preciso que lo plantee de una manera responsable. Simplemente no creo que se puedan tratar asuntos importantes de manera inapropiada. Ahora, si no tiene ningún problema conmigo y ha sido un malentendido por mi parte, entonces le pido disculpas. Y en lo que se refiere a la información, la comprobaré una vez finalizada la reunión. Estaré encantado de ayudarle en cualquier particularidad. Es todo lo que tengo que decir y estoy listo para continuar con la reunión. ¿Le parece bien?

Este tipo de intercambio te permite neutralizar los ataques ofensivos, de este modo se vuelve a centrar la energía en un proceso útil, más funcional. Las terceras partes advertirán este encontronazo e inconscientemente comprenderán todo el proceso. Se quedarán con la impresión de que has sido atacado y que de algún modo has contraatacado, negándote a aceptar el ataque. Percibirán que buscaste una conclusión racional y funcional para una situación hostil en potencia. Tal vez conscientemente no sepan qué sucedió, pero inconscientemente tomarán nota y en cierto sentido sabrán que no eres una persona a la que convenga buscarle las cosquillas. Además, los ofensores presentes en la sala tomarán especial nota. «Mejor no meterse con este, a lo mejor la pelota se vuelve directamente contra mí. Mejor me meto con otra persona más indefensa, con menos posibilidades de ponerme en evidencia durante el proceso.»

Además, esta respuesta ha conseguido algo más. Te ha colocado en una posición superior. Te conviertes en la persona que parece más cualificada para juzgar si el ofensor está haciendo su trabajo o no (al decir, «si estuviera haciendo su trabajo, se ceñiría al asunto que tenemos entre manos, en vez de...») y te colocas como la persona que determina cómo han de tratarse las dificultades en el futuro (presuponiendo que dispones del control sobre estas cosas). Además, presupones de manera conductual que tienes el control de la reunión (al afirmar: «Es todo lo que tengo que decir y estoy listo para continuar con la reunión. ¿Le parece bien?). Luego despachas todo esto con la impresión duradera de «Estaré encantado de ayudarle con cualquier particularidad».

Saldrás de la sala con completo dominio de la situación. Todos los presentes percibirán que no sólo te has defendido, sino que como resultado has acabado en una posición más fuerte. Hazlo unas pocas veces y delante de suficiente gente y tus fuertes respuestas te proporcionarán respeto y cortesía. La aserción y la agresividad a veces son respuestas apropiadas y es útil incluirlas en tu repertorio.

En lo que al ofensor habitual se refiere, le has ofrecido un método funcional para tratar cualquier inquietud, y has sentado la norma sobre lo que es apropiado e inapropiado respecto a ti. Eso es establecer la funcionalidad en tu relación y es todo lo que necesitas hacer. Al cerrar el paso a las injurias verbales, animas al ofensor a buscar soluciones a sus problemas de otras maneras potencialmente más eficaces y funcionales. Al negarte a apoyar sus modelos disfuncionales, ofreces al menos un ejemplo para que el ofensor empiece a cuestionar su propio planteamiento. Si te sientes inclinado a hacerlo, puedes optar por ofrecer consejo en privado o ayudar al ofensor a buscar ayuda profesional.

Nos hemos ocupado un poco del proceso de agravios verbales y del proceso de responder con eficacia al mismo. Descubrirás que la respuesta es relativamente fácil una vez que aprendas a reconocer las presuposiciones inherentes. Ahora traslademos la atención al reconocimiento del abuso basado en presuposiciones con algunos ejemplos específicos. Daré una lista de frases abusivas seguidas de las presuposiciones[2] (normalmente hay más de una, pero enumeraré las más significativas) y el señuelo:

1. «Su descuido está comprometiendo la calidad de este proyecto. Ya llevamos retraso sobre la fecha programada.» Presuposición: eres descuidado y el ofensor está cualificado para hacer esa afirmación. Señuelo: vamos retrasados.
2. «No crea que puede entrar aquí y decidir qué vamos a hacer. No haremos nada hasta que cuente con más información.» Presuposición: el ofensor puede decidir qué vais a hacer como grupo. Señuelo: obtener más datos.
3. «Tenemos mucho trabajo que hacer y vamos a tener que trabajar muchas horas extras.» Presuposición: el ofensor cuenta con autoridad para determinar cuántas horas vas a trabajar. Señuelo: trabajar horas extras.
4. «Si fuera buen alumno, no tendría que estudiar tanto por la noche.» Presuposición: no eres un buen alumno y el ofensor está cualificado para afirmarlo. Señuelo: estudiar esta noche.
5. «Su problema es que no es lo bastante maduro para mantener una relación.» Presuposición: tienes un problema y el ofensor está cualificado para determinar de qué se trata. Señuelo: no eres lo bastante maduro.
6. «Si crees que vas a comprar un ordenador, será mejor que antes te organices mejor.» Presuposición: tal vez no lle-

gues a comprarte un ordenador y el ofensor puede determinar si vas a hacerlo. Señuelo: organizarte mejor.

7. «Cuando te encuentres con problemas de este tipo, ni se te ocurra salir a las cinco de la madrugada. Te esperan muchas largas noches en el futuro.» Presuposición: tienes problemas y el ofensor puede establecer tu horario de trabajo. Señuelo: largas noches.

8. «Si de verdad quieres encajar aquí, tendrás que empezar a prestar más atención a tu aspecto. Te cortarás el pelo y te vestirás como un ser humano respetable.» Presuposición: no encajas y el ofensor está cualificado para determinar que no encajas y por qué. Señuelo: cortarte el pelo y vestirte como un respetable ser humano.

Como puedes ver, el abuso basado en presuposiciones puede presentarse de muchas formas. En un buen porcentaje de casos, habrá dos niveles de presuposiciones. Por ejemplo:

Frase: «Si de verdad quieres encajar aquí, tendrás que empezar a prestar más atención a tu aspecto. Te cortarás el pelo y te vestirás como un ser humano respetable».

Las presuposiciones de primer nivel son:

- No encajas aquí.
- Tal vez, en realidad no quieras encajar aquí.
- No prestas suficiente atención a tu aspecto.
- Cortarte el pelo se considera prestar atención a tu aspecto.
- No te estás vistiendo como un ser humano respetable.
- Vestirse como un ser humano respetable se considera prestar atención a tu aspecto.

Las metapresuposiciones son:

- El ofensor está cualificado para determinar si encajas y si de verdad quieres encajar.

- El ofensor está cualificado para determinar si prestas atención a tu aspecto.
- El ofensor está al corriente de los requisitos referentes al aspecto y está al corriente de cómo se visten los seres humanos respetables.
- El ofensor tiene poder para obligarte a aceptar sus puntos de vista sobre cómo son las cosas.

Las metapresuposiciones son por lo general las más devastadoras. También son las más sutiles. En este ejemplo, el hecho de que tú o cualquier otra persona acepte las metapresuposiciones, implicaría muchas cosas. Establecen que el ofensor tiene autoridad y conocimiento, y tú no. El ofensor casi está diciendo: «Ya veo que no encajas y sé cómo funciona el proceso de encajar; y voy a explicártelo te guste o no. Yo dispongo de autoridad y tú vas a escucharme ya que no te queda otra opción. Por lo tanto, siéntate y cállate mientras te digo cómo funciona».

Prestar atención al señuelo normalmente es un sistema ineficaz que habría que evitar. Abordar las presuposiciones de primer nivel puede resultar eficaz y debería hacerse en la mayoría de casos, sin contundencia con los ofensores infrecuentes y de forma más enérgica con los habituales. Ocuparse de las metapresuposiciones crea la contrarrespuesta más firme y eficaz; además, se puede lograr con poca contundencia, con más energía y con agresividad. La agresividad es apropiada solamente en casos inusuales con ofensores agresivos habituales.

Recuerda, cuanto más profunda sea la presuposición, más impacto puede tener y más poderosa debería ser tu contrarrespuesta. Aunque está muy bien disponer de poder en tus manos, usarlo no siempre es lo requerido o apropiado. Por regla general, serás más efectivo si transformas el conflicto en una situación más funcional. Ten siempre presente que el objetivo es convertir los limones en limonada: no te hace falta una prensa hidráulica de dos toneladas para exprimir los limones que habitualmente caen en tus manos.

Luchas de poder

Tal vez recuerdes una locución empleada en este libro, páginas atrás: «luchas de poder». Se emplea comúnmente en organizaciones, pero describe un proceso que tiene lugar en todos los contextos de la vida. Las luchas de poder se experimentan habitualmente, se habla a menudo de ellas, pero rara vez se entienden. Las presuposiciones verbales y no verbales componen una buena parte de la dinámica de las guerras de poder. Las presuposiciones verbales, sobre todo las metapresuposiciones, implican poder, autoridad y conocimiento. En las luchas de poder, la lucha consiste en coaccionar al «oponente» para que acepte tus presuposiciones.

En la mayoría de los casos, este proceso es impulsado inconscientemente sin entenderse conscientemente, ni siquiera por las partes implicadas en la lucha. Les mueve un deseo de control y poder y emplean términos que para ellos son naturales. No comprenden necesariamente el proceso en términos lingüísticos, pero se ajustan a los resultados. Saben cuándo han conseguido el control o no. Luchan por conseguirlo y odian perderlo.

Cuando te veas inmerso en una lucha de poder, tu objetivo, una vez más, será conseguir que la situación sea constructiva. Responde directa y enérgicamente a cualquiera de las confrontaciones y redirige la atención a las conductas implícitas. Al centrar la atención en las intenciones más sutiles e implícitas de la otra persona, «pones en evidencia» al ofensor y das a conocer sus intenciones. Esto anula el poder que caracteriza el abuso basado en presuposiciones. Una cosa es dar a entender que lo sabes todo y otra es decírselo a todo el mundo.

Las luchas de poder tienen su origen en personas cuyos valores no se satisfacen, pero que disponen de energía para actuar. Intentan satisfacer sus valores de la única manera que saben, que por desgracia en ocasiones es agresiva y ofensiva. Una «buena pelea» libera la energía contenida y alivia algunas ansiedades sintomáticas con alto contenido energético. De esta manera, la lucha parece divertida, incluso estimulante. En cierto grado, este proceso agresivo y competitivo tiene que ver con las necesidades más profundas de estas personas.

Al eliminar la naturaleza competitiva, de enfrentamiento, de la lucha de poder, los ofensores dejan de obtener su compensación de la forma habitual. Si les cierras la puerta y si no les contraatacas, no tienen espacio donde dirigir sus energías; y entonces pasarán a terrenos más fértiles, o acudirán por trofeos más codiciados. Sus relaciones contigo serán más funcionales.

Para distinguirte como alguien que es fuerte y capaz (aunque no estés dispuesto a jugar), en vez de débil y vulnerable, es importante que te mantengas firme cuando haga falta. Si tu autoridad se pone en tela de juicio o se cuestiona algo en lo que tú crees firmemente, debes mantenerte firme y con resolución. El proceso es simple:

1. Contesta a cualquier presuposición con firmeza.
2. Emplea los modelos verbales expuestos en los capítulos anteriores para establecer tus puntos de vista.
3. Ofrece una salida al ofensor.
4. Mantén el poder hablando más (mediante los pasos 1, 2 y 3).
5. Pon punto final al encuentro. Conclúyelo. Sal de la habitación si es preciso. Emplea alguna frase convincente como: «Eso es todo lo que diremos del tema por ahora. Hemos acabado. Discutiré esta cuestión contigo más tarde, pero no aquí, ni ahora. De modo que lo que tenemos que hacer en este instante es volver a lo que nos tenía ocupados». Y mantente firme en esta postura.

Si en el pasado no te has mantenido firme en encuentros verbales, es probable que tu efectividad aumente cuando aprendas las estrategias incluidas en este libro.

No obstante, recomiendo cautela. Es probable que cualquiera con un don natural para hablar, que esté altamente motivado por el deseo de poder y control, domine mucho más en una interacción estrictamente verbal. Estas personas se pasan la vida luchando por el poder y a menudo no se detienen ante nada para librar sus batallas. Tienen mucha más energía que tú para dedicar a una batalla y estarán mucho más motivados para conseguirlo. Si no puedes superar en poder a estas personas como a ti te gustaría, ni puedes incorporar funcionalidad a la situación en condiciones normales, involucrarse en la lucha durante un periodo largo de tiempo sería un proceso en el que todas las partes saldrían perdiendo. Emplea el proceso de cinco pasos enunciado antes cuando lo creas necesario y acaba lo más rápidamente posible. Mantén cualquier conflicto significativo en el ámbito privado para reducir al mínimo las pérdidas. En los entornos empresariales, si superas en rango a la otra persona, emplea tu autoridad. Si sois compañeros de trabajo —y también en otros entornos— emplea tu fuerza de convicción.

Llegados a este punto, sería conveniente decir alguna palabra sobre la convicción. Cuando yo era joven, un viejo amigo me contó una historia sobre personas bravuconas. Su consejo fue éste: «Si un matón te está fastidiando, lo mejor que puedes hacer es lo siguiente. La próxima vez que lo veas, acércate directamente a él y dale un puñetazo en la cara con toda la fuerza que puedas, sin provocación previa. Entonces él te dará una paliza. La siguiente vez que le veas, vuelve a acercarte hasta él y dale un puñetazo en la cara con toda la fuerza que puedas. Una vez más, él te dará una paliza. Haz esto al menos tres veces y hazlo hasta que notes que él empieza a poner una mueca cuando te ve. Aunque te dé una paliza en cada una de estas ocasiones, no esperará con ilusión ese puñetazo que tú le sueltas en la cara. Pronto empezará a evitarte y nunca más tendrás que preocuparte por ese matón, ni por los matones de sus amigos».

Este consejo es mucho más fácil de seguir con los fanfarrones verbales. Si un fanfarrón con labia y talento no deja de importunarte, emplea tu convicción. Cada vez que detectes el más mínimo indicio de injurias, entabla una buena pelea. Finalmente el fanfarrón se cansará del juego y buscará víctimas más dóciles. Tal vez no ganes las peleas contra los ofensores más dotados, pero resolverás tu problema con los matones en general. Con las técnicas que se exponen en este libro te garantizo que serás capaz de aguantar una buena pelea. Además, los matones llegarán a respetarte.

El agravio verbal es un proceso traumático. Deja sentimientos de frustración y desesperación en su estela. Su poder reside en su naturaleza oculta y en el hecho de que la mayoría de las personas son incapaces de reconocer el abuso, lo cual las incapacita para responder a él. Por suerte, una vez que comprendes las conductas y procesos —en concreto, la estructura de las presuposiciones lingüísticas—, el agravio verbal es sencillo de identificar y contrarrestar. Las habilidades que ya hemos compartido te proporcionan munición suficiente para eliminarlos a todos, salvo los ataques verbales más poderosos, y para transformar cualquier conflicto en una interacción constructiva.

Las presuposiciones son una parte natural del lenguaje. Cada frase del idioma inglés incluye algunas presuposiciones. Las hemos considerado aquí bajo una luz relativamente negativa, citándolas como fuente del agravio verbal. Aun así, las presuposiciones se pueden emplear también de forma positiva y poderosa. A medida que seas más consciente de las presuposiciones y de cómo se están usando, descubrirás que son sólo un instrumento de comunicación. Ese instrumento puede emplearse de diversas formas y te otorga una oportunidad tremenda para incrementar tus habilidades de persuasión. Para practicar, tal vez desees advertir el amplio uso de las presuposiciones en el texto de este libro y cómo se emplean para inspirar tu eficacia y éxito continuados. Su eficacia es tan impresionante como cualquier habilidad lingüística que hayas aprendido en el pasado.

Presuposiciones conductuales

Comenzamos nuestro comentario sobre cómo escuchar prestando atención en primer lugar a la conducta. A medida que progresábamos, realizamos la transición al terreno de las habilidades verbales. Hemos recorrido una amplia variedad de habilidades lingüísticas para ganarnos la confianza de los demás, inspirar y persuadir a otros, convencer con nuestras ideas y hacer que nuestras palabras tengan todo el poder posible. Además, nos hemos ocupado de las presuposiciones y el peligro de usarlas erróneamente, como en el caso del ataque verbal basado en presuposiciones. Estas técnicas y estrategias forman una base firme de capacidades verbales efectivas, y te harán un buen servicio, quizá para el resto de tu vida.

Ahora, tras haber recorrido el círculo completo, devolvemos nuestra conversación al tema de la conducta. Vamos a considerar una clase específica de conductas que pueden tener un gran impacto. Durante el resto del capítulo, exploraremos presuposiciones conductuales.

He mencionado antes, en este capítulo, las presuposiciones conductuales, ilustrando el hecho de que a menudo vienen acompañadas por presuposiciones verbales. Las dos están tan estrechamente relacionadas que es difícil hablar de unas sin las otras. Las presuposiciones conductuales transmiten el mismo nivel de profundidad que las metapresuposiciones, pero a menudo tienen más impacto y son más sutiles. Esa combinación las vuelve desde luego muy poderosas. Consideremos un ejemplo.

Hace muchos años trabajé en una empresa que celebraba reuniones anuales muy importantes. Estas reuniones incluían presentaciones ante la Junta a cargo de los directivos generales para explicar el estado de la empresa y los planes futuros. Durante los primeros años, el director general era un hombre llamado Malcolm. Malcolm odiaba estas reuniones y se lo hacía saber a todo el mundo. Cada año, su nerviosismo aumentaba a medida que se aproximaba la fecha de la reunión. Se volvía loco dibujando gráficas y cuadros y recopilando todo tipo de datos, y se esforzaba al máximo para justificar nuevos gastos a la luz de estos datos. Malcolm conocía muy bien el negocio y sabía que sus demandas eran absolutamente necesarias. Y cada año, la Junta denegaba sus peticiones. En raras ocasiones conseguía lo que quería y cuando lo hacía sólo lograba la mitad. Año tras año explicaba a todo el mundo lo duras que eran estas reuniones y cuánto las odiaba.

Unos años más tarde, Malcolm dejó el puesto y su lugar lo ocupó otro director general llamado Steven. Cada año, Steven acudía a estas reuniones y conseguía todo lo que quería, ¡que no era poco! No se sentía nada presionado, de hecho, todo el proceso le aportaba energía. Steven pedía mucho más de lo que Malcolm hubiera considerado posible y cada año lo lograba todo con facilidad. ¿Cuál era la diferencia? ¿Cuáles eran los aspectos clave que Steven empleaba para conseguir lo que quería?

La respuesta reside en el uso de presuposiciones conductuales. Malcolm siempre se vestía con más formalidad para estas reuniones (presuponía conductualmente que era una situación fuera de lo corriente). Se ponía ansioso y nervioso (presuponía conductualmente que era vulnerable al ataque) y por rutina justificaba sus peticiones con abundancia de detalles y datos (presuponiendo conductualmente que los necesitaba para justificar sus peticiones). Presentaba información desde un podio (presuponiendo una presentación formal y una distinción entre él y la audiencia). Empezaba las presentaciones justificando los resultados del año anterior (presuponiendo conductualmente que necesitaba justificarse) y acababa exponiendo sus peticiones para los nuevos presupuestos (presuponiendo conductualmente que no tenía autoridad para decidir por su cuenta). Cuando se las denegaban, se ponía a la defensiva e incluso beligerante. El proceso era un gran desafío para él.

Cuando Steven iniciaba estas reuniones, hacía las cosas de modo muy diferente. Se vestía como hacía normalmente (presuponiendo conductualmente que se trataba de una parte normal del trabajo). Nunca se mostraba nervioso y siempre daba la impresión de total seguridad (presuponiendo un alto nivel de capacidad). En vez de emplear un podio, se sentaba en una silla próxima a uno de los miembros de la Junta (presuponiendo conductualmente que era uno de ellos). Steven no mencionaba los resultados del año anterior y se concentraba sólo en los planes que tenía (presuponiendo que no necesitaba justificar nada y que su visión de futuro era lo más importante que había que tratar). Nunca hacía peticiones para nuevos gastos, simplemente informaba a la Junta de los nuevos presupuestos que había incorporado a sus planes futuros (presuponiendo que no necesitaba pedir permiso, que contaba con toda la autoridad necesaria para hacerlo de antemano) y tan sólo presentaba el papeleo para que fuera firmado mientras hablaba (presuponiendo que no era algo importante).

A Steven nunca le denegaban nada. Conseguía todo lo que quería, que no era poco. Su éxito provenía de sus presuposiciones conductuales y de las presuposiciones verbales con que las acompañaba.

Hay un importante concepto relativo a la defensa de uno mismo contra los abusos verbales. A veces, la mayor defensa consiste en cambiar de juego. Steven nunca salía a jugar de la manera que hacía Malcolm, de modo que los patrones habituales de ataque ya no eran parte de la ecuación. No eran aplicables a estas nuevas circunstancias. Para cuando Steven entraba en la sala, ya había desviado varias confrontaciones primordiales simplemente al cambiar el método de intervención. Atacar a un solitario frustrado e inseguro que está situado de pie tras un podio es muy diferente a atacar a un compañero seguro, con planteamientos de trabajo en grupo, que está colaborando para que las cosas vayan mejor en el futuro. Aunque Steven contaba con habilidades verbales muy buenas, nunca tenía que recurrir a ellas. Los miembros de la Junta percibían la fuerza y la confianza de Steven. La sentían porque él la sentía.

En resumen, he aquí algunos de los conceptos clave que hemos aprendido en este capítulo:

1. Las presuposiciones constituyen la base de buena parte del abuso verbal destructivo presente en nuestra sociedad.
2. Las presuposiciones quedan «ocultas» a nuestra conciencia. Cuanto más profundas son las presuposiciones, más poderosos pueden ser sus efectos.
3. Como mínimo existen tres tipos diferenciados de presuposición: presuposiciones, metapresuposiciones y presuposiciones conductuales.
4. El abuso basado en presuposiciones normalmente es síntoma de otro problema.
5. El objetivo de responder al abuso basado en presuposiciones es ocuparse del problema central y transformar el proceso disfuncional en un proceso funcional.
6. Defenderse contra el agravio verbal basado en presuposiciones requiere responder a la presuposición y evitar responder al señuelo. Cuanto más profunda es la presuposición a la que estás respondiendo, más impacto tendrá la respuesta.
7. Un aspecto crítico de la lucha de poder es el proceso de intentar que otros acepten presuposiciones y respondan en consonancia.
8. Cuando te enfrentas a individuos tan altamente capacitados para los encuentros verbales y las situaciones de lucha de poder no puedes tratar con ellos, y batallar con ellos de forma continuada es una opción con la que todos salen perdiendo. Para reducir las pérdidas delante de otras personas, detén rápidamente la interacción. Trata con estos individuos en privado cuando puedas.
9. Cuando te enfrentas a un bravucón verbal, contraataca firmemente en los encuentros iniciales y expón las intenciones implícitas e inapropiadas.
10. La mejor defensa a menudo consiste en un cambio de juego empleando presuposiciones conductuales. Las presuposiciones conductuales pueden tener el máximo impacto de todas las habilidades comunicativas.

10

Prodigios especiales de la PNL:
habilidades verbales

En capítulos anteriores te animaba a examinar tus objetivos en la vida. Te pedía que consideraras los muchos aspectos de tu vida y que analizaras con atención qué querías realizar. Te dije que quería ser tu colaborador en el proceso y que te ofrecería algunas herramientas que te ayudarían a conseguirlo.

En los dos capítulos siguientes estudiaremos cómo potenciar cada una de las herramientas que has conocido hasta el momento y cómo aumentar tu capacidad para hacerte responsable tanto externa como internamente. Externamente, potenciaremos el proceso de comunicación verbal. No sólo nos ocuparemos de él diciendo lo que queremos decir y consiguiendo que el oyente nos haga caso, sino también comunicándonos a un nivel más profundo. Nos preocuparemos más de lo que piensan otras personas como respuesta a nuestras palabras. Ajustaremos nuestras palabras para ayudar a guiar los pensamientos de otros. ¿Suena increíble? ¿Parece una barbaridad? ¿Cambia algo las cosas? ¡Pues claro que sí!

Internamente, consideraremos no sólo la manera de controlar nuestras propias circunstancias para sentirnos mejor, sino también la forma de sentirnos mejor en cualquier circunstancia. Vamos a dar un paso más en el proceso de control de nuestros sentimientos y a buscar maneras de concedernos una verdadera libertad emocional. En vez de controlar nuestro mal genio, estudiaremos ante todo estrategias que contribuyan a no ponernos innecesariamente furiosos.

¡De este modo, por el contrario, tendremos que ocuparnos de controlar nuestros niveles de satisfacción y felicidad!

Antes de que me lance demasiado con estas ideas, quiero que comprendas que los procesos que estamos a punto de aprender forman parte de las nociones básicas de vivir y comunicarse. Son cosas que la gente hace cada día. No obstante, sólo una pequeña minoría se da cuenta de lo que está haciendo. Estos grupos minoritarios constituyen la gente feliz, realizada y con éxito del mundo. Son la clase de gente que probablemente te encanta tener cerca. Me gustaría ayudarte a convertirte en un miembro de esta elite.

Reencuadre

Los reencuadres son en esencia «formas diferentes de mirar las cosas». Transforman el significado de lo que se dice o lo que sucede. La basura de un hombre es el tesoro de otro y un reencuadre es una manera de transformar la basura en tesoro. Hay varias maneras de reencuadrar una experiencia, y estas son tan fáciles de dominar que se vuelve algo completamente familiar. La práctica es la clave. Empecemos de inmediato con algunos ejemplos:

Objeción n° 1: Tu producto es demasiado caro.

Reencuadre: Desde luego que es caro. De hecho, comparado con el producto de nuestro competidor, es más o menos un 30 por ciento más caro. En dólares, eso es mucho; pero cuando se calcula en horas de producción perdidas por avería, nuestro producto sólo suma unas diez horas. Con que te ahorre a la semana una hora de producción perdida, sólo en el primer año habrás pagado cinco unidades. Las horas de producción perdidas son mucho más caras que cualquier producto que compres nunca. Eso es lo que tenemos que considerar. (*Reencuadra la cuestión del gasto como concepto de ahorro de dinero.*)

Objeción n° 2: Nunca antes había oído hablar de su empresa. Creo que necesito tratar con una marca conocida.

Reencuadre: Sé que nunca ha oído hablar de nuestra empresa con anterioridad y esto se debe a varios motivos. En primer lugar, no nos comercializamos como las empresas grandes. Igual que Coca-Cola es la marca más conocida del mundo y nadie ha oído jamás la marca Safeway. Si pruebas las dos, compruebas que no hay mucha diferencia, pero Coca-Cola es un 50 por ciento más cara. Deberías preguntarte si esa minúscula diferencia merece un 50 por ciento más de dinero. En un artículo como el que nosotros vendemos, tal vez encuentres algunas diferencias con las marcas conocidas, como lo bonita que es la caja, pero además encontrarás en la etiqueta un precio un 50 por ciento más alto. De modo que si puedes aceptar unos folletos que no parecen una revista de tirada nacional, y si quieres ahorrar un poco de dinero, tienes que probar nuestro producto. (*Reencuadra una preocupación referente a una marca desconocida como una ventaja de tener un producto equivalente menos caro.*)

Objeción nº 3: Su propuesta no encaja en nuestros planes actuales.

Reencuadre: Por supuesto que no encaja en sus planes actuales. No la conocía cuando hizo sus planes. Si la hubiera conocido, la hubiera considerado más en serio. No tiene que cambiar todos sus planes, pero necesita ser suficientemente flexible para responder a las oportunidades que se presentan de imprevisto. La industria relojera suiza desdeñó en un principio los relojes digitales cuando tuvieron la oportunidad de hacerlos ellos mismos. Ahora, Japón domina ese mercado porque los japoneses vieron clara la idea, algo a lo que merecía la pena adaptarse. No permita que sus planes actuales le dejen trabado en algo que no es todo lo fuerte que necesita. Eche un vistazo otra vez a mi propuesta. Creo que descubrirá que es más interesante de lo que le pareció en un principio. (*Reencuadra una idea desdeñada como una oportunidad desaprovechada.*)

De modo que, ¿cómo funcionan los reencuadres? ¿Cómo los puedes crear? Bien, una vez conoces la objeción y conoces el punto fuerte de lo que quieres vender, entonces sólo es una cuestión de «darle la vuelta». Estos son los pasos a seguir:

1. Afirma la objeción, por ejemplo: «Tienes razón, desde luego es caro. De hecho...».
2. Presenta tu nueva perspectiva, por ejemplo: «Es caro en dólares, pero si lo calculas en horas de producción perdidas...».
3. Resume la otra versión de la manera más concisa posible, por ejemplo: «Tus costes reales no se calculan en dólares; se calculan en horas de producción perdidas, de modo que es eso lo que tenemos que tener en cuenta».

La persona que en mi opinión mejor aplica el reencuadre en política es Ross Perot. Durante la carrera presidencial de 1992, uno de sus reencuadres me dejó tan asombrado que aún disfruto recordándolo hoy en día. Aunque no recuerdo con exactitud sus palabras, más o menos iba así:

Situación: Un debate presidencial del presidente George Bush, totalmente metido en su papel, con el gobernador de Arkansas, Bill Clinton, con una presencia formidable, y con un hombre poco común, el señor Perot, que comenzó a la defensiva.

Moderador: Señor Perot, ¿qué tiene que comentar sobre la experiencia del gobernador Clinton como gobernador de Arkansas y la preparación que eso significa para la presidencia?

Ross Perot: No viene al caso.

Moderador: (Sorprendido) Perdone, ¿qué ha dicho?

Ross Perot: He dicho que no viene al caso. (Pausa larga e incómoda.) Arkansas tiene dos millones de habitantes, lo cual es una gota en un vaso de agua comparado con el número de gente de este gran país nuestro. Yo podría ir diciendo por la calle que he dirigido mi tienda de la esquina, pero, desde luego, eso no me prepararía para ser gerente de la cadena de almacenes Wal-Mart. Es un juego completamente diferente.

Es un bonito ejemplo de reencuadre. Clinton utilizaba su experiencia gubernamental como principal argumento para convencer de su candidatura; y Perot restó importancia a este aspecto con una sola respuesta. El éxito de Ross Perot en la política (como independiente, consiguió reunir el 19 por ciento del voto popular, incluso después de algunos graves problemas en su campaña) quedó muy bien complementado por su uso frecuente de reencuadres. Lo sobresaliente del reencuadre es la capacidad para encontrar una nueva perspectiva. Aunque por lo general parece que es algo que coges simplemente al vuelo, he aquí algunas maneras concretas de exponer tus ideas:

- *Ascender de nivel lógico*: Si la objeción es específica, a veces resulta útil mirar las cosas desde una perspectiva más amplia. Si tu cliente está preocupado por la radio del coche que piensa comprarse, podrías ascender al nivel de la fiabilidad: «Esa bonita radio no lo será tanto si al final su mecánico acaba escuchándola más que usted».

- *Descender de nivel*: Si la objeción es general, a veces es útil volverse más específico. Si lo que intentas es persuadir a alguien de que tu producto es mejor que el del competidor, podrías centrarte en un aspecto específico. «Bien, tal vez digan que su producto es mejor, pero ¿hasta qué punto es completa su propuesta? Tiene que tener en cuenta todos los detalles en un trabajo como este.» Si te preparan de repente una propuesta antes de comprar, ¿qué tipo de servicio crees que obtendrás una vez que les haya entregado el dinero?

- *Contexto*: Todas las objeciones dependen de cierta serie de circunstancias, el contexto. Si cambias el contexto, la objeción a menudo pierde el sentido. Hay varios contextos que merece la pena considerar: personas, lugares, cosas, actividades, información. Si el producto que quieres vender es un ordenador y este es más lento que el de tu competidor, podrías centrarte en un contexto que no sea el de las actividades, por ejemplo, el de las personas. «No importa lo bueno que sea un ordenador si nadie lo usa. Ese es el fracaso de la industria actual. Gastan cientos de miles de dólares en equipo y su gente acaba usándolo como máquinas de escribir y calculadoras. A sus empleados les gustarán nuestros ordenadores y querrán usarlos. Debe contentar a su gente antes que nada; luego conseguirá los resultados deseados.»

- *Contenido*: A veces, lo único que tienes que hacer es redefinir el significado que tu oyente ha asignado a un comentario dado. Busca una manera nueva de evaluar ese comentario. Digamos que una clienta está molesta porque un vendedor no deja de importunarla y no la deja trabajar. «Puede estar contenta de recibir tantas llamadas. En una ocasión conocí a un directivo que, de hecho, programaba una determinada cantidad de tiempo a la semana para atender llamadas rutinarias de vendedores casuales. Puede parecer una pérdida de tiempo, pero, al contrario, cada vez que necesitaba algo urgente, tenía un contacto preparado. Ahorraba muchísimo tiempo y, sobre todo, se evitaba muchas tensiones, pues sabía con anterioridad qué había disponible. Nunca se sabe cuándo el jefe le pedirá precisamente esto que ahora quiero enseñarle. Tal vez esté perdiendo unos minutos en este momento, pero está ahorrando mucho de su tiempo futuro. Si no ha hecho esto antes, no es de extrañar que se sienta como si no dispusiera de nada de tiempo.»

- *Aplicar a uno mismo*: Muchas veces, se puede volver a dar forma a la objeción y emplearla para objetar a la objeción. Es un reencuadre muy efectivo, pero además puede pre-

ENCUADRE

REENCUADRE

sentarse como extremadamente inteligente o astuto. Para obtener resultados excelentes de este reencuadre, preocúpate por usarlo con pleno respeto hacia la persona implicada. Supón que algunas personas están molestas por algo que ha sucedido, pues creen que echará a perder lo que estás intentando conseguir. Podrías responderles con: «Comprendo que podáis pensar eso, y sé que es lo mejor que podría haber pasado, pero ese tipo de pensamiento sí que va a echar a perder lo que estamos intentando conseguir. Ahora mismo, necesitamos unir fuerzas para que las cosas salgan bien». Empleas la inquietud de algunas personas sobre el proyecto como manera de establecer tu punto de vista. Puedes suavizar los términos con operadores modales de posibilidad (palabras como *podría*, *puede*, *probablemente*, *es posible* y así sucesivamente) si quieres.

Como manifesté anteriormente, estas son sólo unas pocas maneras de crear tus propios reencuadres. Pronto descubrirás que eres un adepto a crear reencuadres de forma espontánea y natural. De hecho, es bastante sencillo. Tal vez incluso encuentres uno o dos en algún punto de este libro.

Situarse en el futuro

Cuando te comuniques con eficacia, formarás parte de un proceso de creación de cambio. En un entorno empresarial, tal vez seas responsable del incremento de la productividad o de mejorar las relaciones interpersonales. Tal vez seas un instrumento a la hora de lograr objetivos y a la hora de ayudar a los demás a unirse a una causa. Tal vez desempeñes un papel integral en el manejo de situaciones problemáticas con las que se encuentra la gente. Estas circunstancias son todas ellas ejemplos de creación de cambio.

Cuando te encuentras en un proceso de cambio con otras personas, estás cambiando sus ideas, percepciones, motivaciones, inspiraciones y mucho más. Estás animando a otros a hacer algo y ayudándoles a que el proceso sea motivador y grato.

La mayor parte del tiempo tendrás que pedir a los demás que cambien de percepciones. Pedirás a la gente que considere su modelo del mundo. Estarás sugiriendo direcciones para sus pensamientos. Y esas actividades pueden ir respaldadas por el proceso de *situarse en el futuro*.

Este proceso puede ayudar a la gente a reforzar su comprensión de los objetivos y resultados. Puede ayudarles a establecer la dirección en sus ideas y a tener presente el mundo real. Es un proceso mediante el cual la gente puede pasar de la abstracción intelectual de una idea a una comprensión de las aplicaciones en el mundo real. Puede ayudarles a analizar objeciones iniciales y dificultades potenciales y resolverlas antes de hacer un cambio. Les ayuda a comprender las implicaciones más amplias de sus acciones potenciales y conseguir una impresión mejor de lo bien que están colocados dentro del marco ganador-ganador.

Cuando ayudes a la gente a descubrir un concepto nuevo, necesitarás también mostrarles un proceso para llevar esa comprensión a la acción. Tu ayuda no será del todo completa hasta que también les ayudes a prepararse para emprender la acción. El proceso de situarse en el futuro refuerza y desarrolla el proceso de cambio.

De modo que, ¿qué es el proceso de situarse en el futuro? ¿Cómo lo consigues? ¿Cuándo lo pones en práctica?

No es más que hacer que quien te escucha piense en el futuro.[1] Si quien te escucha es un cliente molesto y tu objetivo es tener una buena relación con él, consistirá en que ese cliente piense en lo buena que será la relación una vez que los dos hayáis resuelto el problema.

En este libro, estás aprendiendo todo tipo de técnicas orientadas a crear una comunicación más eficaz y poderosa. Quizá ya te has percatado de que estas habilidades te pueden ayudar a ser eficaz (*primer paso en el futuro, introducir una nueva idea*). Cuando mantengas interacciones con otras personas en los siguientes años, verás y comprenderás aspectos de la comunicación de los que antes no eras consciente (*segundo paso en el futuro, acompañar lo que probablemente va a ser tu experiencia*). Ahora mismo, algunas de las técnicas te resultarán sencillas (*tercer paso en el futuro, una sugerencia, acompañando la experiencia probable*) pero a veces te verás consumido simplemente intentando recordar los modelos y cómo reconocerlos (*cuarto paso en el futuro, acompañar una posible situación difícil*). No obstante, con sólo un poco de práctica y algún repaso del material (*quinto paso, hacerte una idea de cómo manejar las dificultades*), acumularás más y más experiencias con estas técnicas (*sexto paso en el futuro, estimular el éxito*). Cada vez que obtengas un intercambio fructífero gracias a estas estrategias (*séptimo paso, animarte a considerar el éxito en términos realistas*), tal vez puedas encontrarte incluso más motivado a aprender el nuevo material (*octavo paso, estimular una respuesta positiva, motivada por tus éxitos futuros*). Tal vez incluso descubras que cada vez te cuesta menos esfuerzo mejorar a medida que pasa el tiempo (*noveno paso, estimular el éxito*).

El proceso de situarte en el futuro practicado en el párrafo anterior es uno de los muchos ejemplos de este libro. Fundamentalmente ayuda a imaginar el futuro, pero hay otros aspectos dignos de mención.

Como he enseñado, la mejor manera de hacerlo es mediante el siguiente proceso:

1. Ten en mente un objetivo ganador-ganador para el futuro.
2. Empieza en el presente y acompaña la experiencia actual.
3. Desplázate al futuro relativamente próximo y acompaña la experiencia probable.
4. Plantea las posibles dificultades, objeciones, confusiones, limitaciones, obstáculos.
5. Aplica los procesos implicados en superar los retos del paso 4.
6. Completa el proceso con una visión del futuro que aporte una descripción más plena del resultado ganador-ganador y refleje los resultados de haber superado los retos del paso 4.

Situarse en el futuro consiste en algo más que marcar una dirección a la persona que te escucha: facilita un camino.

Mucha gente piensa que hablar tiene que ver con pronunciar las palabras que quieren decir. Y para ellos es así. No obstante, comunicarse es más que pronunciar palabras: también tiene que ver con crear un entorno que influya para que quien te escucha sienta de determinada manera, le estimule a pensar ciertas cosas y le enseñe como resultado un camino claro hacia la acción. John F. Kennedy tenía en mente una idea de este tipo cuando pronunció el discurso sobre la carrera espacial. Quería que el pueblo americano se sintiera orgulloso de su país y se sintiera lo bastante excitado como para apoyar sus acciones. Quería que la gente visualizara su objetivo: tener un hombre en la luna para cierta fecha. Sabía exactamente qué estaba haciendo y era eficaz por ello. ¿Recomendarías otra cosa?

Tu comunicación tal vez sea la base para desarrollar grandes relaciones, dirigir excelentes negociaciones ganador-ganador, aumentar el éxito profesional y muchas más cosas. Y puedes lograr todo esto con mucha más consistencia dirigiendo además los pensamientos de quien te escucha hacia esos futuros que imaginas.

MÉTODOS COMUNES PARA SITUARTE EN EL FUTURO

Consideremos varios métodos verbales diferentes para construir el proceso de situarnos en el futuro, dentro del marco de los pasos definidos anteriormente, y ofrecer varios ejemplos sencillos.

1. *Haz preguntas* (las preguntas retóricas normalmente son las mejores): «Sé que sólo estamos en la fase inicial de este proceso, pero ¿qué haría falta para tener una gran relación laboral durante los siguientes años? ¿No es ese el objetivo final de nuestro trabajo? ¿Acaso no se volverían nuestras vidas más fáciles y sería una opción ganador-ganador?» (*se sitúa en una futura relación laboral a largo plazo*).

2. *Describe el futuro*: «Después de alcanzar un acuerdo, tendremos mucho trabajo que hacer, y trabajaremos estrechamente. Hay muchos detalles de los que tendremos que ocuparnos y quiero que sepa que en todo momento, a medida que surjan, estaré dispuesto a tratarlos. Puede estar perfectamente tranquilo sabiendo que estas cosas serán debidamente atendidas» (*se sitúa en un futuro acuerdo*).

3. *Exponer los detalles*: «La próxima semana, cuando vayamos a entregar el equipo, precisaremos de su ayuda durante la primera hora más o menos. Mis técnicos necesitarán saber qué cosas en concreto deben tener en cuenta, como el nivel de ruido, adónde se les permite entrar y qué zonas deberían evitar, qué tipos de interacciones les gustaría que mantuvieran con sus empleados, etcétera. Son detalles que harán que la instalación de la semana que viene sea un éxito» (*se sitúa en una futura instalación exitosa, en el plazo de una semana*).

4. *Establecer un marco temporal*: «Puesto que acabamos de iniciar el proceso, es prematuro tomar una decisión ahora mismo. Por lo general, los directivos en su situación opinan que se necesita más o menos una semana para considerar completamente la propuesta y otra semana, más o menos, para comprobar con otras personas cómo funcionará el proyecto en el contexto de los demás objetivos. De modo que, si está conforme, me gustaría mantener una reunión en el plazo de dos semanas, cuando podamos zanjar cualquiera de las cuestiones pendientes que aún no hayan solucionado» (*se sitúa en una futura reunión para establecer un acuerdo, que se celebrará al cabo de dos semanas con la mayoría de detalles ya resueltos*).

5. *Emplea construcciones si-entonces y cuando-entonces y describe los beneficios de la opción preferida*: «Aún no sabemos si llegaremos a un acuerdo, pero si es así, descubrirá que somos profesionales consumados. Cada detalle, cada punto, se manejará con la cortesía, minuciosidad y eficiencia más completa. Descubrirá que está muy satisfecho de haber establecido este acuerdo y dentro de un año o dos tal vez se pregunte cómo se las había arreglado sin nosotros» (*se sitúa en el futuro de un acuerdo*).

6. *Emplea metáforas y anécdotas personales*: «Encontrarse en su posición a veces puede ser todo un reto. Le llegan todo tipo de asesores explicándole cosas geniales que pueden hacer por usted. Lo sé, porque he estado ahí. Solía trabajar en un cargo similar y contrataba a muchos asesores. Algunos eran muy buenos y otros no eran buenos en absoluto. Pero cuando encontraba uno bueno, merecía la pena todo el tiempo y esfuerzo dedicado a seleccionarlo. Descubrí que hay que dejarse llevar por la intuición y tomar la decisión de contratar a alguien. Eso siempre ha funcionado bien para mí» (*se sitúa en la experiencia futura de la contratación de un asesor*).

7. *Presupón el proceso de situarte en el futuro*: «Es una oportunidad muy buena para ambos. Desde que nos pidió que le hiciéramos una propuesta, me ha entusiasmado la pers-

pectiva de trabajar con usted. Me muero de ganas de empezar a trabajar juntos de manera continuada y superar la planificación preliminar. Estoy seguro de que me parecerá aún más grato trabajar con usted a medida que las cosas estén en marcha, de verdad estoy encantado con esta oportunidad» (*acompaña el trabajo conjunto, lo cual es una aceptación de la propuesta*).

Como puedes ver, los métodos que pueden usarse para acompañar la experiencia futura están cargados de presuposiciones, nominalizaciones, réplicas y otros muchos patrones que ya hemos tratado hasta ahora. De hecho, guardan estrecha relación con la mayoría de técnicas incluidas en este libro.

En páginas anteriores ya hemos comentado los procesos detallados que se pueden usar para obtener información de los demás. En ese contexto, nos centrábamos en detectar cosas importantes para los demás y en reconocer las incongruencias. El objetivo de ese capítulo era ayudarnos a destacar las necesidades y deseos verdaderos de los demás para poder ayudarles a alcanzar sus objetivos. Este es el punto central a la hora de crear entornos ganador-ganador reales, profundos, sustentadores.

Situarse en el futuro es el proceso mediante el cual compruebas tu trabajo. Cuando lo haces para otra persona, no sólo estás estableciendo la dirección y sugiriendo ideas, sino que también estás calibrando la congruencia. Estás destacando posibles objeciones y problemas, confiando en determinar si hay alguna dificultad en lo que tú estás sugiriendo que precise ser atendida. También buscas entusiasmo, motivación y satisfacción que sean congruentes en lo referente a las ideas que estás proponiendo. Cuando obtienes este tipo de respuestas positivas, puedes estar seguro de que el futuro que describes congruentemente es una victoria para esa persona.

De modo que, mientras concluimos esta sección, es útil recordar que cuantas más técnicas abarques, más de ellas serás capaz de aplicar conjuntamente (*te sitúas en el futuro*). Mientras continúas puliendo tus habilidades (*te sitúas en el futuro*), quizá descubras sencillamente que las técnicas crean una sinergia (*te sitúas en el futuro*), en la que cada uno tiene mucho más poder si se usa en conjunción con los otros (*te sitúas en el futuro*). Al final, tal vez descubras que tus nuevas técnicas verbales acaban teniendo un poder y una efectividad que sólo dan años de experiencia laboral (*te sitúas en el futuro*).

Representaciones internas

Uno de los conceptos más frecuentemente empleados en PNL es el de la representación interna. Cuando seas consciente de cómo tus palabras estimulan a otras personas a generar experiencia y te comuniques intencionadamente para incitar a tu interlocutor a crear las representaciones internas que tú escoges, las habilidades comunicativas mejorarán en gran medida. De hecho, no sólo mejora tu capacidad comunicativa, también eres percibido como una persona más capaz y positiva.

He mencionado que eres capaz de dirigir los pensamientos de otra persona e influir sobre ella. He insinuado lo valiosa que puede ser esta capacidad. Y he dado a entender que puedes lograr que tus acuerdos ganador-ganador sean mucho más alentadores y sugestivos. Pero aún no te he facilitado la verdadera materia de reflexión del proceso. ¿Cómo conseguirlo? ¿Cómo saber lo que piensa otra persona? ¿Cómo dirigir esos pensamientos?

El modelo seguido por la PNL es razonablemente sencillo. Como ya hemos comentado, cada tipo de información que recibimos nos llega a través de los órganos sensoriales: información visual por los ojos, información auditiva por los oídos, tacto o información cinestésica por el cuerpo o la piel, información olfativa por la nariz e información gustativa por la lengua. Cuando entendemos algo, lo representamos (re-presentamos) internamente de la misma manera. Si piensas en un bonita puesta de sol, la representas característicamente como una imagen visual. Piensa en las puestas de sol más bonitas que hayas visto. ¿De qué color es el cielo? Probablemente tienes un color en mente. ¿Verde? No, probablemente no.

Cuando consideras este modelo, puedes empezar a comprender lo fáciles que son los errores de comunicación. Si yo menciono una puesta de sol, podría estar imaginando el fondo rojo de una puesta de sol sobre el océano con nubes ondulantes por encima. Tú, por otro lado, quizá te imagines una puesta de sol anaranjada sobre altas montañas azuladas con un cielo claro. Una frase más tarde, cuando yo menciono el bello destello de la puesta de sol, estaré pensando en los destellos sobre el agua. ¿En qué estarás pensando tú? Difícil de adivinar.

Para poder formar la imagen de ese sol, te ves obligado a añadir información. ¿Qué color tiene el sol cuando se pone? ¿Sobre qué se está poniendo? ¿Qué aspecto tiene el cielo alrededor? ¿Hay nubes? No has obtenido de mí las respuestas a estas preguntas; pero las respuestas son necesarias para crear la imagen de una puesta de sol. Si una imagen vale mil palabras y sólo te he mencionado las palabras puesta de sol, ¿de dónde llegó la información para poder crear esa imagen?

Por lo general, parece que esa información proviene sobre todo de recuerdos de nuestras propias experiencias. Las palabras te recuerdan lo que ya conoces y te estimulan a crear nuevas experiencias.

El lenguaje —escrito y hablado— es un modelo de experiencia, no necesariamente una experiencia en sí misma. Es indirecto. Es simbólico. Cuando ves las palabras en esta página, ves letras, pero respondes a los significados asociados a las letras, no a las letras en sí. Cuando he mencionado la puesta de sol, no has visto sólo una «s», una «o» y una «l», y así sucesivamente; probablemente has «visto» en tu interior una imagen de una puesta de sol sobre el horizonte. Lo mismo sucede verbalmente. El sonido de la puesta de sol es también diferente a la visión interna que puedes crear al oírla.

Cuando la gente conversa, fabrica constantemente sus propias representaciones internas. Algunas personas son más conscientes del proceso que otras, pero parece ser una experiencia universal.[2] Una vez entiendes esto puedes mejorar tremendamente tu capacidad para comunicarte.

Cada vez que conversas, influyes en las representaciones internas que tu interlocutor está generando. Si te pido que imagines un árbol azul, probablemente lo harás. Tal vez no quieras, pero de cualquier modo lo harás. Simplemente, para procesar mi frase, harás una representación interna, probablemente visual, de un árbol azul.[3] Piensa en el sonido del vidrio al romperse: ¿qué «oyes» internamente? Piensa en la sensación de haber tomado demasiado el sol: ¿qué «sientes» internamente? ¿Qué parte de tu cuerpo se siente quemada? ¿Qué me dices del sabor del chocolate caliente y parcialmente fundido pegándose al paladar de tu boca? ¿O del olor a tocino frito que alcanza tu nariz a través del aire húmedo y la sensación de las segregaciones que te atormentan anticipándose a su sabor?

Si acabas de reexperimentar cualquiera de estas sensaciones internas, considera entonces que la única razón de que las experimentaras ha sido que yo las mencionara. He «influido» en tus representaciones internas. Yo he elegido que imagines el sonido del vidrio rompiéndose o del viento entre las hojas del árbol. Yo lo he escogido, no tú. Cuando escuchas, consientes en permitir a otra persona que influya en buena parte de lo que pasa por tu cabeza. Es parte del proceso. Cuando otros aceptan escuchar lo que tú tienes que decir, toleran permitirte que influyas en buena parte de lo que pasa por su cabeza. Es un discernimiento asombroso que normalmente pasa desapercibido y rara vez se utiliza de forma consciente.

La mayoría de la gente no se da cuenta de lo que está haciendo. Cuando hablan, no se percatan del impacto de sus palabras, de modo que las representaciones internas que piden generar a sus oyentes son fortuitas. Se crean sin un propósito. Pero, con la práctica, puedes controlar este proceso.

Por un momento, no pienses en un árbol azul. No importa qué hagas, no pienses en ello. No pienses en las ramas o en lo largas que son. No pienses en las hojas o en cuántas hojas hay en el árbol. No dediques ningún momento a mirar más atentamente una sola hoja, sólo para apreciar exactamente cómo crea esa hoja ese especial matiz azul. No imagines cuánta luz podría brillar a través de las hojas y ni siquiera consideres si este árbol nos daría una buena sombra. No pienses en las raíces o en lo bien plantado que está el árbol en la tierra. Ni siquiera consideres el color específico del azul en la corteza y sobre todo no te preguntes cuántos anillos podrías ver en su tronco. Sea lo que sea, no pienses en ello. No pienses en ese árbol azul para nada durante los próximos cinco minutos. No dejes ni que te ronde la cabeza mientras sigues leyendo. Ni siquiera le prestes mucha atención cada vez que piensas en ello. No lo hagas, no importa cuánto desees pensar en el árbol azul.

Hagamos un alto por un momento y permíteme hacerte una pregunta. ¿En qué estabas pensando en todo este rato? ¿Es muy viejo? ¿Qué tipo de azul tiene? ¿Parece un roble, un pino o qué? La mayoría de la gente piensa que el significado de las palabras es el mensaje que se comunica semánticamente. Piensan que si le dicen a alguien que no haga algo, su mensaje es muy claro. No obstante, en este caso, cuando te digo que no hagas algo, mi mensaje probablemente es muy azul. Los significados semánticos de tus palabras tienen muy poco que ver con la comunicación real que transmiten. Tu comunicación está directamente relacionada con las representaciones internas que crea quien te oye. Cuando dices a alguien que *no* piense en un árbol azul le llevas a pensar en un árbol azul sólo por haberlo mencionado.

Pensemos en un ejemplo que te mostrará lo útil que puede ser esta técnica. Mientras lees cada uno de los siguientes párrafos, presta atención a qué estás pensando y en cómo te sientes:

Ejemplo 1. *Una descripción de alguien «positivo»:* No habrás conocido a nadie como Gene. En él no existe la más mínima maldad ni crueldad. Por supuesto, todo el mundo tiene un lado feo, pero en el caso de Gene su fealdad jamás sale a la superficie. Si tiene algún pensamiento desagradable o vena maligna, nadie lo detecta jamás. No me desagrada nada estar cerca de Gene, ya que la maldad y la fealdad me ponen enfermo de verdad y, con Gene, no tengo que aguantar esa clase de porquería.

Ejemplo 2. *Una descripción de alguien «negativo»:* Mario es una persona muy especial y única. Por supuesto, todo el mundo tiene aspectos personales problemáticos que resolver y Mario no es ninguna excepción. A veces tiene dificultades para dejar entrever su amor. La belleza de su alma y el afecto de su corazón no siempre llegan a transmitirse a quienes están alrededor de él. A veces deja que otras cosas se interpongan en la expresión de la ternura que siente. No es que me encante estar cerca de Mario, porque muchas veces las cosas que hace no están en la línea de su propia belleza interior. Simplemente es que estar en su presencia me hace pensar en la suerte que tengo de encontrarme en mi estado presente de felicidad.

Tras leer cada uno de estos ejemplos, hazte algunas preguntas. ¿Qué impresión te causa la persona «positiva» Gene? ¿Qué opinas de la persona «negativa» Mario? ¿Qué párrafo has leído más a gusto? ¿Te ha hecho sentir mejor un párrafo que otro? Y, aún más importante, ¿qué impresión te causa el narrador del primer párrafo en comparación con el del segundo párrafo?

Al dominar el concepto de las representaciones internas, descubrirás que sea cual sea el contenido de tu mensaje (no importa qué cosas específicas tengas que decir), puedes comunicarte con una gran exquisitez positiva (o negativa). Si estás hablando de una persona «negativa» como Mario, aún puedes fomentar un sentimiento de afecto y felicidad en quien te escucha. ¿Qué utilidad tiene esto cuando lo que tienes entre manos es la queja de un cliente? ¿O cuando tienes que corregir un error? ¿O dar una mala noticia? Simplemente porque tengas algo específico que decir, no significa que tengas que influir en tu oyente para re-presentar o reexperimentar esa cosa en concreto. Puedes transmitir tu significado semántico al mismo tiempo que estimulas a tu interlocutor a re-presentar cosas completamente diferentes. Y entretanto estarás diciendo lo que tienes que decir.

El uso táctico de las representaciones internas puede dar a la gente una impresión positiva de tu persona. A nivel inconsciente, la gente te asociará a las representaciones internas que les llevas a hacer. Si alguna vez has estado cerca de una persona pesimista, sabrás de qué hablo. Los pesimistas emplean casi todas sus palabras para darte la oportunidad de imaginar lo peor, y eso no tiene ninguna gracia. Te obligan a imaginarte cosas feas, oír sonidos desagradables y percibir sensaciones asquerosas. Te abruman con la fealdad del mundo y te llevan a tener sentimientos negativos. ¡Horror!

Los optimistas, por otro lado, te dan la oportunidad de imaginar cosas agradables, lo que normalmente es mucho más divertido. Llegas a imaginar la belleza del mundo, la grandeza de otras personas, la excelencia y el orgullo. Llegas a imaginarte circunstancias encantadoras y sientes emociones estimulantes. Tu energía se vuelve más positiva y tu corazón abre sus puertas.

¿Con quién preferirías estar? ¿En quién confiarías más sin cambiar las circunstancias? ¿Con quién querrías tener un negocio y pasar más tiempo? El optimista, por supuesto.

Del mismo modo, serás mucho más eficaz si guías consistentemente a la gente hacia representaciones internas agradables, estimulantes y gratas. Aunque ellos no sepan qué está pasando, se sentirán atraídos naturalmente por tus interacciones y por tu conversación. Tal vez no sepan por qué, pero les parecerás una persona divertida, agradable, estimulante. Disfrutarás de un respeto y una cortesía que te habrás ganado por entero.

«Noes» tácticos

En el apartado anterior, hemos estado «mirando» un árbol azul, aunque semánticamente te he pedido que no lo hicieras. También hemos empleado un enfoque positivo para describir los atributos negativos de una persona, y un enfoque negativo para describir los atributos positivos de otra persona. En cada ejemplo, las re-presentaciones internas han ido en un sentido mientras el significado semántico de las palabras se ha dirigido a otro lado. Esto se consigue con el uso estratégico de la palabra *no*.

Al leer las descripciones de Gene y Mario, tal vez te hayan resultado gratos los comentarios semánticamente «negativos» o viceversa. Este ejemplo quizá te haya aportado algún conocimiento sobre el poder del concepto de las representaciones internas con voluntad.

La respuesta de la gente tiene que ver más con las representaciones internas producto de las palabras que con el significado semántico transmitido por las palabras. Este concepto es muy valioso.

Las Navidades siempre eran una época
agitada en casa de los Pinocho.

El empleo táctico de las palabras de negación puede potenciar las técnicas presentadas en este libro, sobre todo las del proceso de situarse en el futuro, de reencuadre y tratamiento de objeciones. El empleo del *no* puede ampliarse a otras palabras de negación, incluidas *nunca*, *nada*, *ninguno*, *tampoco*, etcétera.

Consideremos algunos ejemplos. En cada caso, imagina que quieres comunicar el mensaje semántico enumerado (con su contenido negativo), pero quieres presentarlo de tal manera que las representaciones internas (y por lo tanto las respuestas) de quien te escuche sean más gratas y fáciles de recibir:

Ejemplo nº 1 de situarse en el futuro. *Quieres transmitir semánticamente*: Este proyecto tal vez fracase y hayas malgastado tu dinero. *Puedes decir*: Este proyecto tal vez no tenga el éxito que ninguno de los dos imaginó y existen bastantes posibilidades de que no sientas que fue la mejor inversión que podías haber hecho.

Ejemplo nº 2 de situarse en el futuro. *Quieres transmitir semánticamente*: Las personas de esta organización van a oponerse a esta decisión y es probable que la saboteen hasta el punto de que tu carrera se vea comprometida. *Puedes decir*: La gente de esta organización quizá no apoye esta decisión y tal vez incluso reaccione de tal manera que limite su eficacia hasta el punto de que tu éxito futuro tal vez no esté garantizado.

Ejemplo de reencuadre. *Quieres transmitir semánticamente*: Comprar esa casa nueva sería una tontería y un gran error debido a tu situación financiera. *Puedes decir*: Tu situación financiera no es exactamente halagüeña y comprar esa casa supondría quedarte sin dinero para arreglos y para convertirla en una casa de ensueño como quieres. Si combinas eso con lo que deseas en otras parcelas de tu vida, que también requiere dinero, comprar esta casa tal vez no sea la mejor opción en este preciso momento.

Ejemplo nº 1 de respuesta a objeciones. *Quieres transmitir semánticamente*: Ya sé que la mayoría de vosotros estáis molestos por esta decisión. *Puedes decir*: Ya sé que buena parte de vosotros no estáis del todo felices con esta decisión. Es comprensible.

Ejemplo nº 2 de respuesta a objeciones. *Quieres transmitir semánticamente*: Le mandamos un producto inferior. Fue un error estúpido por nuestra parte. *Puedes decir*: El producto que le mandamos ciertamente no era de una calidad perfecta al ciento por ciento. No hay nada por nuestra parte que pueda justificar un incidente así.

Invertir las representaciones internas

En general, tu comunicación irá dirigida en su mayor parte a estimular a tus oyentes a crear representaciones internas agradables, positivas, de fácil aceptación. Conscientemente planearás el contenido de esas representaciones. Sin embargo, en algunos casos será más efectivo estimular a quien te escucha para que cree representaciones desagradables y negativas. En otros casos, será más eficaz secuenciar representaciones internas positivas y negativas de alguna manera específica.[4] Estas estrategias son una respuesta a los procesos de pensamiento que tienen varias personas.

Ya hemos discutido el proceso de generalización en el que una subserie relativamente pequeña de experiencia se emplea para extraer conclusiones sobre una subserie más amplia de experiencia. Si has abierto diez mil puertas en tu vida, y todas se abrieron con una manilla, es probable que continúes intentando usar manillas para abrir puertas que tal vez no hayas abierto nunca antes. Esto es resultado del proceso de generalización, y es un proceso útil. Habrás generalizado la relación entre puertas y manillas y actuarás en consecuencia.

No obstante, el proceso de generalización también puede ser una limitación. Si la generalización es que no puedes hacer algo porque no lo has conseguido tras algunos intentos, tal vez te estés limitando a ti mismo. Como resultado de tu generalización, tal vez te estés perdiendo algunas maneras obvias de prosperar en esa tarea. Este es un ejemplo de limitación innecesaria. En consecuencia, es útil cuestionar y poner en tela de juicio las generalizaciones.

El proceso de cuestionar las generalizaciones implica en primer lugar buscar ejemplos que vayan en contra de la norma. Si dices que no puedes hacer algo porque no lo conseguiste en ocasiones anteriores, yo buscaría ejemplos en que esta generalización fuera inválida. Si dices que todo el mundo es negro, yo buscaría ejemplos de cómo no es negro. Si dices que la gente es emocional, yo buscaría ejemplos de conducta que no fueran emocionales. Este proceso no tiene que ver con disentir, más bien es un proceso saludable para determinar si aceptar o no las generalizaciones de otra persona. A menudo se expresa verbalmente con la frase tan oída de «Sí, pero...».

Poner en tela de juicio las generalizaciones tampoco tiene que ver con ser optimista o pesimista. No es discriminatorio. Si dices que la gente es egoísta por naturaleza, yo buscaría ejemplos en los que esa generalización es falsa. Si dices que la gente siempre es bella interiormente, yo también buscaría ejemplos de cómo esa generalización es falsa. Aunque en mi opinión todo el mundo es intrínsecamente bello, mi proceso me haría cuestionar también esa generalización.

Algunas personas ponen en tela de juicio las generalizaciones con bastante frecuencia. Otros lo hacen con más moderación. También hay quienes no lo hacen jamás. Algunas personas no tienen pelos en la lengua en este proceso. Otras lo llevan a cabo básicamente dentro de la cabeza. Sin embargo, sin tener en cuenta si lo hacen con frecuencia o no, si lo exteriorizan o lo interiorizan, la mayoría de la gente cuestiona las generalizaciones de forma rutinaria, y merece la pena tenerlo presente en tu comunicación.

Para acompañar verbalmente y responder a las recusaciones a lo que tú tienes que decir, se puede adaptar el proceso anteriormente descrito para replicar a las objeciones. Considera el siguiente ejemplo:

Tú:	Puedes volverte diestro en estos patrones de lenguaje y conseguir un increíble éxito en tu vida.
Reparo interno del oyente:	Sí, pero tal vez tarde mucho.
Tú (continúas):	Por supuesto, no tienes que dominarlos de inmediato... (*acompañando el posible reparo/objeción*).
Reparo interno del oyente:	Sí, pero algunos sí que puedo adquirirlos de inmediato.
Tú (continúas):	Pero tal vez llegues a controlarlos antes de lo que en principio creías, sobre todo especialmente aquellos con los que ya te desenvolvías un poco bien (*acompañando la posible objeción/reparo*).

Replicar a objeciones antes de que tengan lugar (para ser más precisos, antes de que se verbalicen) es un proceso que acompaña los comportamientos de cuestionamiento y recusación de objeciones. De forma similar, cuando diriges las representaciones internas de quien te escucha, también es útil acompañar este tipo de procesos de tira y afloja. Esto se consigue alternando las representaciones positivas y negativas, lo cual denomino *invertir* las representaciones internas.

Invertir las representaciones internas implica secuenciar tres representaciones internas distintas de la siguiente manera:

1. Presentar los términos de tal manera que generen representaciones internas neutrales, positivas o excepcionalmente positivas.
2. Abordar una posible objeción presentando términos que generen una representación interna negativa exagerada.
3. Transición del paso 2 al paso 4 con términos de transición, centrando la atención en los distintos cambios que están a punto de producirse.
4. Tratar la posible objeción planteada en el paso 2 (objeción a los términos exagerados) presentando términos que generen una representación interna positiva más realista.
5. Emplear este proceso cuantas veces sea necesario hasta que te hayas ocupado de la mayoría de las objeciones que piensas que podrían ser un obstáculo para tu objetivo.

He aquí un ejemplo:

Situación: Estás haciendo una propuesta después de haber fracasado con la primera. Debido al primer fracaso, sospechas que tu interlocutor va a presentar mucha resistencia a la nueva propuesta.

Cómo introducir tu propuesta: Estoy incluyendo una nueva propuesta (*representación interna neutral*). Puede pensar en un principio que será una inutilidad, como la última y, por lo tanto, tal vez se sienta tentado a arrojarla inmediatamente al cubo de la basura (*términos que estimulan una representación interna negativa*), pero le puedo asegurar que sería un error (*términos de transición*). Esta propuesta es diferente a la anterior (*términos de transición*) y es excelente (*representación interna positiva intencionada*).

Análisis: Esta forma de expresarse es muy eficaz. Aunque en un principio parece que estuvieras intentando que tu interlocutor creara representaciones internas negativas con palabras como «inutilidad» y «arrojarla a la papelera», algo diferente sucede en su lugar. En este caso, estás anticipando las representaciones internas que tu interlocutor va a tener de cualquier modo, mencionándolas de una forma exagerada, dirigiendo entonces su siguiente representación interna hacia una representación positiva.

Tu objetivo al comunicarte debería ser influir sobre las representaciones finales del oyente, empleando las herramientas y estrategias que tienes disponibles.

Lo que se consigue al responder a las posibles objeciones dando la vuelta a las representaciones internas son varias cosas efectivas. En primer lugar, acompaña el proceso común de cuestionar las generalizaciones. Hablar sobre las objeciones provoca en muchos casos una pérdida de sintonía, sobre todo cuando no se manejan bien. Pero al acompañar el proceso de cuestionamiento interno de quienes te escuchan, puedes conseguir sintonía, incluso con gente que disiente activamente con los demás.

Segundo, el proceso crea equilibrio en tu parlamento. Evitas dar la imagen de una persona optimista en exceso al demostrar que tienes en cuenta la alternancia de posibilidades.

Tercero, el proceso añade movimiento y fluidez a tu parlamento. El movimiento hacia adelante y hacia atrás se sigue fácilmente y no cuesta mantenerlo.

Cuarto, el proceso te permite prestar atención a las objeciones y excepciones evitando entrar en posibles conflictos.

Quinto, el proceso permite dar expresión a los peores temores dentro del contexto de una presentación positiva. Esto hace que mucha gente se sienta más tranquila al ver que se acompañan verbalmente temores, inquietudes, preocupaciones y cosas por el estilo, que normalmente no se mencionarían.

Sexto, el proceso va dirigido a dos «tipos» alternativos de gente: (1) a quienes responden de forma muy activa a lo deseable y avanzan hacia sus objetivos y (2) a quienes responden de forma muy activa a lo no deseable y se alejan de los problemas.

Séptimo, el proceso deja al oyente con una representación interna positiva, más memorable. Como han constatado los conferenciantes profesionales durante años, la gente normalmente recuerda lo primero y lo último que se dice en una conferencia, proceso que produce representaciones internas positivas en ambas posiciones.

Y finalmente, octavo, la naturaleza fluida del proceso hace que sea muy fácil de llevar a la práctica. Es una manera muy cómoda de hablar.

Submodalidades

Uno de los conceptos más fascinantes de la PNL es el de los sistemas de representación y las submodalidades. En la sección sobre representaciones internas nos ocupamos brevemente de los sistemas de representación. El concepto establece que la información se percibe como representaciones sensoriales. «Pensamos» en términos de imágenes, sonidos, sentimientos, olores y sabores. Estas son las «modalidades» de nuestro sistema de representación (con una modalidad especial para las palabras internas). Las submodalidades son las categorías más delicadas de distinción dentro de cada una de estas modalidades. Por ejemplo, en la modalidad visual, las distinciones entre las imágenes tendrían que ver con aspectos como la brillantez, las imágenes en color frente al blanco y negro, el tamaño de la imagen, la distancia a la que se encuentra, la localización y así sucesivamente. Cuando te imaginabas un árbol azul, ¿te imaginabas una imagen clara o una oscura? ¿Estaba cerca o lejos? ¿Se situaba en el centro de tu campo de visión o en otra posición?

El modelo de representación interna describe un proceso que es bastante universal. Viene respaldado por las palabras que empleamos en nuestro discurso. Por ejemplo, considera frases como «persona brillante», «imponente», «desmesurado», «persona apagada», «de pocas luces», «persona distante», «descentrada», «por encima de los demás» y así sucesivamente. El concepto de las submodalidades sugiere que estos tipos de frases no son meras coincidencias. De hecho, la PNL va más allá y sugiere que para deducir conclusiones sobre nuestras representaciones internas empleamos la codificación de nuestras representaciones a través del uso de submodalidades. Por ejemplo, puedo clasificar a la gente que conozco por la ubicación, colocando a los que admiro en posiciones superiores a quienes no admiro particularmente. Cuando me pregunten qué pienso sobre una determinada persona, podría coger su «imagen» de forma subconsciente, tomar nota de dónde está ubicada y saber de inmediato qué pienso de esa persona según mi codificación previa.

Aunque esa codificación particular puede servirme a mí específicamente como individuo, algunas codificaciones parecen ser bastante universales. Visualmente, el tamaño y la brillantez tienen efectos casi universales y resultan más atrayentes para la mayoría de la gente según aumentan. Piensa en el empaquetado de los artículos de tu tienda de ultramarinos. No encontrarás muchos paquetes poco llamativos y con letras pequeñas. Encontrarás imágenes brillantes y grandes letras destacadas por toda la tienda.

Teniendo en cuenta la importancia de crear representaciones internas positivas en la mente de quien te escucha, puedes potenciar estas representaciones haciéndolas «mayores y más brillantes». O puedes ensombrecer las representaciones internas de alguien volviéndolas «más pequeñas y apagadas». Hasta el momento, he hablado sobre todo de submodalidades visuales, pero existen submodalidades similares también en los demás sistemas de representación. La PNL se ocupa ante todo de submodalidades visuales, auditivas y cinestésicas. También existen submodalidades para la información olfativa (olor) y gustativa (sabor), pero no se emplean tanto.[5] La siguiente lista es una enumeración parcial de submodalidades que tienen impacto cuando se emplean en la conversación (y al escribir):

Visuales: brillantez, tamaño, tridimensional o plano, color o blanco y negro, uno mismo dentro o fuera de la imagen, parado o en movimiento, enfoque

Auditivas: volumen, claridad, rapidez, tono, interno o externo

Cinestésicas: intensidad, localización, temperatura, presión, peso

Repasemos brevemente dónde nos encontramos. En teoría, puedes guiar a quien te escucha y hacer que tenga ciertas representaciones internas en su cabeza. Mientras escuchan las palabras que tú dices, te permiten tener una fuerte influencia sobre lo que piensan, imaginan y consideran. Al ser consciente del proceso de representaciones internas, puedes controlar si estas representaciones son positivas o negativas. Puedes crear ambas clases según cuáles sean tus objetivos. Además, puedes emplear las submodalidades para potenciar la calidad de estas representaciones, que influirán en la respuesta de los oyentes a ellas. Al emplear algunas suposiciones generales, puedes crear representaciones internas que sean más atrayentes (o poco atrayentes) casi a escala universal. Este poder es significativo y a él va unido una responsabilidad significativa.

Consideremos algunos ejemplos. Primero, aislaremos cada uno de los tres sistemas principales de representación y «mostraremos» cómo «iluminar» tus palabras.

Situación: Intentas persuadir a tu director de relaciones humanas de que un empleado merece una promoción.

Fraseología estándar: John es un individuo muy inteligente que ha funcionado bien en su departamento. La gente le respeta de verdad. Sus resultados están por encima de lo normal, son de los mejores que hemos tenido en mucho tiempo.

Potenciada por submodalidades visuales: John es un individuo extremadamente *brillante* que ilumina todo su departamento. *Destaca* tanto que la gente le *ve* como alguien *colosal*. Sus resultados están muy *por encima* de los de sus compañeros y *saltan a la vista* como unos de los más *claros* y más *dinámicos* que he *observado* en mi vida.

Potenciada por submodalidades auditivas: John es una mente extremadamente *clara* que realmente *ha elevado el nivel* en la empresa. *Transmite* precisión y excelencia y crea una *armonía* fantástica con todo aquel con quien trabaja. Ha establecido un *tono* de creatividad y destreza, y su trabajo está *claramente* una *octava por encima del resto*.

Potenciada por submodalidades cinestésicas: John es un individuo *intenso,* con un *potente* expediente de trabajo. Está perfectamente *en contacto* con su departamento y continúa manteniendo las cosas en *movimiento, vibrantes. Conecta* tan a fondo con las personas que éstas *se alimentan* de su apoyo y fuerza. Asume el *peso* de algunas de las situaciones más *duras* y sus logros *impregnan* toda la organización generando un sentido *sustancial* de excelencia.

Casi todo el mundo se percatará de que las versiones potenciadas tienen más fuerza que la fraseología original. Una o dos te atraerán especialmente. El uso de submodalidades contribuirá a que quien te escucha cree las representaciones internas que tú quieras y lo consiga con más viveza, claridad y vigor. Es más fácil «ver lo que estás diciendo», «oír lo que estás diciendo» y «tener la sensación de lo que estás diciendo». Estas distinciones ayudan a quien te escucha. Y una persona que encuentre tus palabras «fáciles de entender» generalmente será un oyente receptivo.

De modo que, ¿cómo sabes cuando hablar con submodalidades visuales en vez de submodalidades auditivas y cinestésicas? ¿Deberías emplearlas todas al mismo tiempo? ¿O deberías emplear simplemente una modalidad cada vez?

Existen diversas ideas para sacar el máximo partido a esta información. En vez de concretar de forma innecesaria en este libro, ofreceré algunas ideas muy generales para que puedas empezar.

Procesos visuales. Cuando la gente exhibe conductas visuales, demuestra cualidades inherentes al procesamiento visual. «Una imagen vale por mil palabras» y el procesamiento visual maneja cantidades tremendas de información en tiempos muy breves. Igual que en cualquier escena de la MTV, algunas personas pueden pasar de un tema a otro con la «velocidad de la luz» y captar todo el concepto en un instante. En la pintura impresionista, los detalles no son importantes. Éste también es el caso de muchos procesos visuales. Es demasiado molesto ocuparse de los detalles ya que hay muchos, y son muchos los conocimientos y las ideas nuevas que te vienen a la cabeza. Los procesos visuales son rápidos y cambiantes y se ocupan rutinaria y simultáneamente de muchas cosas. Son excelentes para aplicaciones creativas y se califican por su alto nivel de energía. En una época de dominio del ordenador, el procesamiento rápido y la capacidad de manejar grandes volúmenes de datos es muy sugerente. Como contrapartida, es menos probable que los procesos visuales sean minuciosos, y a veces son dispersos. Su fuerza reside en el aspecto de la creatividad y en la capacidad de manejar cantidades masivas de información.

Procesos auditivos. Cuando la gente pone el énfasis en conductas auditivas, resalta cualidades inherentes al sonido. Los procesos auditivos tienen que ver sólo con una o pocas cosas cada vez, y al igual que una frase puede significar muchas cosas diferentes según cómo pronuncies las palabras, los procesos auditivos son muy útiles para destacar datos no contrastados y distinguir qué es lo importante. Todo buen conferenciante sabe que una charla eficaz es algo más que las palabras que emplea: tiene que ver con el énfasis y cómo se pronuncian las palabras. Los procesos auditivos suelen calificarse como procesos con un nivel moderado de energía. Como contrapartida, pueden parecer unidimensionales y lentos a las personas que prefieren el procesamiento visual. Sus puntos fuertes residen en su capacidad para entretener, crear relaciones y destacar las cosas «importantes».

Procesos cinestésicos. Cuando la gente manifiesta conductas cinestésicas exhibe cualidades inherentes a la percepción y la sensibilidad. Las conductas cinestésicas se ocupan de una gama de comportamientos entre los que se incluyen las emociones así como las sensaciones del cuerpo (los sistemas de representación olfativa y gustativa a menudo se incluyen como una subserie del sistema cinestésico). Los procesos cinestésicos son capaces de ocuparse de informaciones de extremada importancia y pueden alcanzar el «núcleo» de nuestro ser. Incluyen el procesamiento de emociones, desde un amor y alegría increíbles hasta una desesperación intensa. Los procesos cinestésicos son típicamente lentos y constantes. Van «más allá de las palabras» y funcionan a un «nivel invisible»; normalmente sobre un sólo asunto cada vez. Aunque algunas personas piensan que tienen niveles bajos de energía, son responsables de estados de alta energía, como la pasión. Los procesos cinestésicos presentan algunas limitaciones percibidas, sin embargo, mucha gente valora las conductas cinestésicas más que cualquier otra cosa. En un mundo donde el intelecto se reverencia y las emociones se desdeñan, los comportamientos cinestésicos no siempre se aprecian plenamente. Pueden parecer lentos y tediosos; no obstante, son persistentes y «contactan» más con los aspectos menos cambiantes de nuestra personalidad. Los procesos cinestésicos están representados por menos palabras que los procesos visuales o auditivos, y a menudo son más difíciles de describir y explicar. Si a eso unimos la lentitud de procesamiento, dispones de la receta perfecta para frustrar a quienes prefieren el procesamiento visual. Su consistencia y lento modo de cambio los vuelve excelentes para la toma de decisiones y para ayudar a la gente a mantenerse en un estado «realista» cuando las cosas corren el peligro de salirse de quicio. Sus puntos fuertes residen en la capacidad de manejar las cuestiones más importantes y de conectar de manera más profunda. Pese a que se aprecian menos en el terreno intelectual, se valoran enormemente en el terreno de las relaciones sentimentales.

Procesos digitales auditivos. Pese a que no he mencionado antes el sistema de representación digital auditivo, se trata de un aspecto importante de la conducta humana. El sistema digital auditivo se ocupa de un proceso especial de lenguaje. Los procesos digitales auditivos se caracterizan por la lógica y el habla. Igual que los acuerdos legales resultan extremadamente precisos en su terminología, los procesos digitales auditivos también son muy detallados y precisos. Los detalles son cruciales en estos procesos, pero sólo los detalles pertinentes al tema que se tiene entre manos. El orden en que los detalles se presentan también es importante. La digresión es muy perjudicial para los procesos digitales auditivos. Los procesos digitales auditivos son precisos, lógicos y difíciles de cambiar. Son excelentes en las especialidades técnicas y se clasifican como procesos con un moderado nivel de energía. Como contrapartida, pueden parecer lentos y molestos para la gente que prefiere los procesos visuales; carecen de emoción y a menudo no logran distinguir las cosas «importantes». Su punto fuerte reside en su capacidad de precisión, y en su carácter minucioso y organizado a la hora de ocuparse de los detalles. La lógica y el orden prevalecen en los procesos digitales auditivos.

CASOS ESPECIALES

Las descripciones precedentes de procesos visuales, auditivos, cinestésicos y digitales auditivos se ocupan de los principales sistemas de representación empleados por la gente. Además, algunas circunstancias provocan que se emplee un sistema específico u otro, independientemente de las preferencias generales por cualquiera de estos sistemas. Algunos de los factores más importantes son:

El futuro. La gente procesa con frecuencia el futuro de una manera visual. La gente «mira» hacia el futuro, pero en raras ocasiones «oye» hacia el futuro o «siente» hacia el futuro. Cuando estimulas representaciones internas que tengan que ver con el futuro, generalmente ayudas a la gente a pensar en el futuro empleando palabras visuales. «Si miramos al futuro», «como yo lo veo», «parece que será...», y así sucesivamente.

Planificación. La planificación detallada por lo general es un proceso digital auditivo. Requiere prestar atención a los detalles y secuencias, algo difícil en otros sistemas de representación. Cada vez que hace falta ocuparse de un plan detallado o hacer una representación interna de un plan, será preferible emplear terminología digital auditiva (de la que nos ocuparemos en la sección siguiente).

Lógica. La lógica generalmente es un proceso digital auditivo. También en este caso, depende del orden y la secuencia. Cuando el criterio que hay que seguir es la lógica, la terminología digital auditiva es muy útil.

Toma de decisiones. Contrariamente a la creencia popular, una buena toma de decisiones no es un proceso lógico; es un proceso cinestésico. La mayoría de las personas que han destacado en la toma de decisiones describirán una «sensación intuitiva» en la que confían. Esta sensación es tan prevalente entre quienes toman decisiones que estoy convencido de que es universal. La lógica se emplea a menudo como parte del proceso para alcanzar esa intuición; pero al final, basamos nuestras decisiones en la sensación no en el intelecto. Cada vez que animes a alguien a tomar una decisión, empieza por darle información y concluye por estimular el procesamiento cinestésico. Una técnica de suma eficacia consiste en situarse en el futuro (al principio visualmente) mediante representaciones internas cinestésicas positivas hasta alcanzar una situación futura posterior a la toma de decisiones.[6]

Podríamos analizar estos temas con más detalle, no obstante, basta con esto para empezar. La mejor manera de emplear esta información es simplemente experimentarla. Si lo que haces funciona, continúa haciéndolo. Si no funciona, intenta otra cosa. Con la información incluida aquí tienes mucho material con que trabajar.

PALABRAS DESCRIPTIVAS SENSORIALES

A la hora de elegir tus palabras, cuando decides estar atento a los sistemas de representación y a las submodalidades, descubres que empiezas a disponer como mínimo de cuatro «dialectos» en tu vocabulario. Contarás con un dialecto visual, un dialecto auditivo, un dialecto cinestésico y un dialecto digital auditivo. Te sorprenderá saber que muchas de las palabras de nuestro lenguaje son descriptivas de los sistemas de representación específicos.

Si vas a pedir a tu interlocutor que realice una tarea visual, como la tarea creativa de «mirar» cómo se ajusta tu propuesta a la «imagen general», te beneficiarás del empleo de palabras visuales. Si vas a solicitar una tarea auditiva, como por ejemplo disfrutar de la «armonía» de tu propuesta, las palabras auditivas son las más útiles. En el caso de una tarea cinestésica, como tomar una «decisión intuitiva», las palabras cinestésicas son más prácticas. Para una tarea digital auditiva, como evaluar la lógica, resultan útiles las palabras digitales auditivas.

El empleo selectivo de palabras descriptivas sensoriales puede ayudar a la gente a hacer representaciones internas más vívidas, proporcionando una comunicación más clara con mayor influencia. Los oyentes aprecian la ayuda y tu comunicación mejora enormemente.

Aparte de emplear tú mismo palabras descriptivas sensoriales, también oirás que otros las emplean de modo rutinario. Cuando adquieras destreza en la detección de estas palabras, advertirás que tus asociados se comunican a veces con ciertos tipos de palabras más que con otras. Por ejemplo, tu jefe puede ser propenso a emplear palabras visuales más que palabras cinestésicas. Esto te ofrecerá pistas sobre cómo relacionarte con más eficacia con él o ella y cómo potenciar tu capacidad para encontrar un terreno de interés mutuo.

Existen muchos niveles de experiencia para aprovechar al máximo las palabras descriptivas sensoriales; sin embargo, no es probable que el proceso de lectura de un libro te permita desarrollar una habilidad al punto de estas palabras al nivel más alto de precisión. Según esto, sugiero que experimentes con el uso de todos los dialectos en tu comunicación con los demás. Esto garantizará que seas capaz de manejar cualquier sistema preferido por otros y aumenta la probabilidad de una experiencia sensorial más plena para tus interlocutores con lo que tú quieras expresar.

A continuación, presento una lista parcial de palabras descriptivas sensoriales para cada una de las cuatro categorías principales:

Palabras y locuciones visuales: ángulo, parecer, como yo lo veo, blanco y negro, brillante, luminoso, echar un vistazo a, centrar, claro, contraste, sobrepasar los límites, esbozar, visión borrosa, dinámico, examinar, exhibir, hacérsele la luz a uno, enfoque, remoto, prever, disponer, ojeada, vago, punto álgido, retrospectivo, iluminar, ilustrar, imagen, imaginar, a la luz de, en vista de, discernimiento, destacado, iluminado, mirar, parecerse a, montar una escena, apreciar, observar, descentrado, perfil, perspectiva, cuadro, revelar, disperso, escudriñar, ver, o perder de vista, vacilante, relumbrar, corto de vista, mostrar, encogerse, vista, incompleto, centelleante, sobresalir, inspección, transparente, de cara, punto de vista, visión, visionario, gráfico, observar.

Palabras y locuciones auditivas: anunciar, expresar, afinar, audible, ser todo orejas, ruidoso, llamar, ideas claras, comunicar, conversar, sordo, discutir, disonante, divulgar, atento, al alcance del oído, dar énfasis (tonal), enunciar, a viva voz, armonía, oír, mensaje oculto, morderse la lengua, callarse, inflexión, escuchar, alto, alto y claro, hacer música, forma de hablar, mencionar, ruido, octava por encima del resto, oral, sin pelos en la lengua, armónicos, poder de palabra, proclamar, elevar el volumen, comentario, resonar, rítmico, reverberar, sonar a algo, rugir, chirriar, estridente, silencio, sonido, caja de resonancia, hablar, chillido, manifestar un objetivo, balbucir, charlar, chismorrear, contar, tempo, tono, afinado, inaudito, no atender, vocal, voz, al alcance del oído.

Palabras y locuciones cinestésicas: soportable, insensible, áspero, frío, conectar, luchar a brazo partido con, concreto, contactar, tratar, molesto, ocuparse de, desenterrar, agotar, consumir, impulsar, sentir, sensación, firme, flujo, alcance, dominar, firme, instinto, manejar, duro, caliente, carga pesada, aguantar, calor, impresión, en contacto con, intenso, liviano, aligerar la carga, machacar, presión, tocar la fibra, abrirse camino, rugoso, moldear, frotar, arañar, establecer, poco profundo, afilado como una navaja, desplazar, sedoso, portazo, bofetada en la cara, allanar dificultades, blandengue, sólido, asunto delicado, remover, presión, apoyo, rechazar, tocar, base de contacto, inestable, vibraciones, cálido, avivar.

Palabras y frases digitales auditivas: analizar, afín, conocedor, concebir, considerar, consideración, criterios, datos, decidir, describir en detalle, detalles, determinar, inequívoco, distinguir, experiencia, experimento, inquirir, saber, aprender, lógica, dar sentido a, memorizar, metódico, atento, consciente, orden, ordenadamente, percibir, plan, preciso, precisión, procedimientos, proceso, cuestionar, racionalizar, percibir, secuencia, hablar, estudio, charla, decir, pensar, cabal, reflexivo, entender, absoluto, textualmente.

¿Te has percatado de que muchas de las cosas que decimos vienen clasificadas según nuestros sentidos? El lenguaje representa nuestra experiencia de la realidad y nuestra experiencia de la realidad proviene directamente de nuestros sentidos e indirectamente de nuestras interpretaciones de lo que nos llega a través de ello. Puesto que el idioma expresa estas experiencias, es lo más natural que nuestras palabras estén estrechamente vinculadas a nuestros procesos físicos de percepción y a nuestros procesos cognitivos de pensamiento.

Cuando empleas estas palabras descriptivas sensoriales con un objetivo, guías a tus oyentes para que tengan experiencias internas específicas. Puedes decir «imagina un día a 40 grados de temperatura» o bien «imagina un día cálido, bochornoso, en el que hueles la humedad al respirar el aire caliente y húmedo y sientes su pesadez en lo más profundo de tus pulmones. Tu piel está pegajosa y los poros de tu espalda están empapados de humedad y sudor...». Para la mayoría de la gente, lo segundo evocará de modo más completo una representación interna de un día de calor. Los novelistas son expertos en ayudar al lector a desarrollar representaciones internas vívidas. Es algo que nos gusta. Proporciona una buena lectura. Puedes hacer lo mismo al hablar y al escribir, sea cual sea el contexto.

Vivimos en una época en la que nos bombardean con enormes

cantidades de información de forma regular. Vas a competir con otras muchas personas al intentar crear experiencias vívidas, emocionantes, excitantes, atrayentes para que otros las recuerden. Necesitas emplear todas las habilidades a tu alcance para incorporar tus ideas a la vida.

Pautas para emplear las palabras descriptivas sensoriales

1. Utilízalas cuando de verdad quieras destacar algo.
2. Evita clasificar a la gente por «tipos». Todo el mundo está plenamente capacitado para usar cualquier sistema de representación.
3. Si eres consciente del sistema de representación que tu oyente usa con preferencia o en el contexto de tu conversación, emplea más palabras apropiadas para ese sistema; es decir, cinestésicas para tomar decisiones y visuales para situarse en el futuro.
4. Recuerda que cuando hablas a un grupo de gente, es mejor emplear palabras de todos los sistemas de representación, no sólo de tu sistema favorito.
5. A menudo resulta más efectivo emplear palabras de todos los sistemas de representación con cualquier oyente dado: puede aportar al oyente una experiencia «sensorial» más plena de tu comunicación. Además, el oyente traduce con facilidad muchas frases al sistema que le parece más cómodo. Por consiguiente, emplea libremente todas las categorías.

El uso atento y consciente de las palabras y frases descriptivas sensoriales potencia las demás técnicas verbales de este libro y las hace más elegantes. Durante tus conversaciones con otras personas e incluso mientras continúas leyendo el libro, tal vez empieces a advertir estas palabras con más frecuencia que antes. No estoy diciendo que de repente salten de la página, que llamen poderosamente tu atención, me refiero a que tal vez veas alguna lucecita que te diga algo. Cuando notes que ciertas palabras destacan, fíjate en cómo armonizan con el flujo de la escritura. Al final, simplemente te adaptarás al ritmo natural de su uso.

Repaso de las habilidades verbales

Llegados a este punto, habrás advertido que las técnicas específicas se funden unas con otras. Un reencuadre se parece mucho a la réplica a una objeción, situarte en el futuro incorpora palabras descriptivas sensoriales, una nominalización está muy relacionada con una representación interna y así sucesivamente. Antes ya hemos distinguido cada técnica específica, con la esperanza de aislar cada una de ellas para que pudieras ver los patrones. No obstante, a medida que progresábamos, has adquirido tantas herramientas que ahora puedes empezar a combinarlas, como te sientas más cómodo, de la manera que te resulte más eficaz. La base común y fundamental para todas las técnicas verbales debería ser la intención de crear la clase de experiencias sensoriales (representaciones internas) y emociones que potencian un entorno ganador-ganador, la comprensión y la sintonía mientras se estimulan estados de energía pertinentes a la acción que se tiene entre manos. Cada técnica verbal que hemos tratado hasta ahora dirige las representaciones internas del oyente hacia estos objetivos.

A medida que te acostumbres al empleo de estas técnicas, adquirirás una competencia inconsciente. Llegados a ese punto, dejarás de necesitar ser consciente de qué técnica específica estás empleando; simplemente te comunicarás con eficacia de una forma natural. Hasta ese momento, emplearás algunos niveles de comprensión consciente cada vez que apliques estas técnicas. Y, por supuesto, cuanto más las uses, antes adquirirás la competencia inconsciente.

Cuando mantengas una conversación, querrás considerar no sólo el contenido de tu objetivo, sino también la secuencia para llegar ahí. Querrás «desplazar» a tu interlocutor desde donde se encuentra, al principio del proceso, hasta donde quieres que esté al concluirlo. Como cuando invertíamos las representaciones internas, a veces ese camino no sigue una línea recta.

En ocasiones querrás que las representaciones internas de tu interlocutor sean vivas y convincentes. Eso te llevará a emplear técnicas como las palabras descriptivas sensoriales y los «noes» tácticos. En otras ocasiones, preferirás dejar que las representaciones internas se mantengan relativamente ordinarias, pero querrás crearlas en gran cantidad. Eso te llevará a utilizar presuposiciones y nominalizaciones: pueden usarse en abundancia con muy pocas palabras. También en otras ocasiones querrás intercambiar una representación interna que tus oyentes ya tengan por otra más adecuada para la situación presente. Eso te instará a emplear reencuadres y replicar a objeciones.

Qué técnica emplear es más bien una cuestión de cómo quieres tú dirigir las representaciones internas de quienes te escuchan. La comunicación es un proceso con el cual animas a los oyentes a cambiar. Como gran comunicador, tu trabajo consiste en guiarles por un camino agradable e incitante. Cuando domines este proceso, te asombrarás y deleitarás con los resultados.

11

Prodigios especiales de la PNL: control del estado personal

El capítulo 10 ha centrado nuestra atención en el uso de algunos aspectos especiales de la PNL con los que influir sobre los procesos de pensamiento y estados emocionales de los demás. Este capítulo va a centrarse en cómo influir en tus propios procesos de pensamiento y estados emocionales. Vamos a considerar la manera de aplicar algunos de los aspectos especiales de la PNL de modo interno, para tu mejora y bienestar personal.

Tu calidad de vida gira en torno a tus estados emocionales. ¿Cuánta gente conoces que invierta tiempo y dinero en adquirir posesiones materiales tan sólo para ser felices? Pero lo importante es la felicidad, no las posesiones. De vez en cuando oyes historias de personas que «lo tenían todo» y que se suicidan o se toman una sobredosis de narcóticos. Son personas que no logran alcanzar estados emocionales positivos. ¿Has conocido alguna vez a alguien que «renunciara a todo» para poder ser feliz? ¿O para estar enamorado? ¿O en paz consigo mismo? Estas personas conocen el valor de los estados emocionales.

Es muy importante comprender que puedes controlar tus estados emocionales. Otras personas pueden influir en tu entorno, igual que tú, pero nadie más dispone del control remoto que determine tus emociones. Tú, sin embargo, sí que dispones de un control remoto, simplemente hay que saber usarlo.

Consideremos por ejemplo la rabia, una emoción importante, que a menudo se considera negativa. ¿Cómo crees que te enfadas?

¿Hay alguien que te ponga de mal humor? ¿Algunas situaciones te enfadan irremediablemente? ¿Es su origen el universo? Estas son algunas preguntas interesantes.

Antes de ofrecer mis respuestas, hagamos una digresión por un momento. Sabemos que algunas personas nos irritan. Así de sencillo. Es probable que hayas pensado en varios conocidos en este mismo instante. Si son verdaderamente buenos en esta habilidad de irritarte, ni siquiera tienen que hablarte o hacer nada para que tú te enfades.

Sabemos que ciertas situaciones nos ponen furiosos. Tal vez en tu caso sea la injusticia en el mundo. O los comportamientos irrespetuosos con los demás. O la ordinariez, la conducta vulgar.

Sabemos que ciertas situaciones ajenas a nosotros nos alteran. A veces, sólo entrar en una habitación percibes una tensión tan fuerte que se puede cortar con un cuchillo. Empiezas a captar la tensión y la hostilidad casi en ese mismo instante.

A veces, el mundo exterior no tiene nada que ver con ello. Si te das con un martillo en el dedo, es muy posible que aúlles y expreses tu enfado. Si quieres desarrollar un juego agresivo en un partido de tenis, podría ayudarte crear cierto estado de rabia. Podrías sentarte en una habitación pensando en un aspecto de tu vida y simplemente ponerte furioso... tú solito.

Todos conocemos la emoción de la rabia, pero ¿sabemos de verdad cómo le damos vida? O incluso, ¿qué es? Estaría mal que ser humano nos exigiera leer el *Manual de introducción sobre cómo ser un ser humano*. Si por casualidad encuentras un ejemplar, por favor, envíamelo.

De modo que, ¿cómo te pones furioso? La mayoría de la gente se enfada al acceder a ciertas «anclas», muchas de las cuales se activan mediante representaciones internas que generamos. Un *ancla* es el término de PNL para una respuesta emocional automática a un estímulo dado. ¿Recuerdas a Paulov y su campana? Cada vez que sonaba la campana, el perro empezaba a salivar. El estímulo (la campana) provocaba la respuesta (salivación). Paulov se hizo famoso por ese experimento. En PNL, cuando se crea una relación estímulo-repuesta, al estímulo se le llama ancla.

Mediante una combinación de anclajes aplicados a uno mismo

y con el control de nuestras posturas físicas y expresiones faciales, podemos hacernos expertos en la creación de estados emocionales en los que vivimos nuestras vidas.

Pensemos otra vez en lo que llamamos rabia (eso que siempre intentamos «controlar»). Algunas personas nos ponen furiosos, ¿no es así? Sí que lo hacen. Se han convertido en un ancla, un estímulo, para nosotros. Nos hemos enfadado por su culpa suficientes veces como para que el simple hecho de ver su cara u oír su voz nos saque de nuestras casillas. Es un ancla autoinducida que se ha aplicado erróneamente.

Ciertas situaciones nos ponen furiosos, ¿cierto? Por supuesto que sí. Es algo que tenemos perfectamente instalado en nuestro sistema nervioso; se llama la reacción de «combatir o retirarse». No obstante, somos nosotros quienes creamos esa furia. ¿Cómo la creamos? En esencia, ajustamos nuestros aspectos físicos y configuramos representaciones internas que están ancladas a la rabia, y luego nos provocamos a nosotros mismos un estado de rabia. No es la situación lo que nos pone furiosos sino las cosas que visualizamos dentro de nuestra cabeza, las cosas que nos decimos a nosotros mismos, las sensaciones que recreamos para nosotros y los aspectos físicos en los que nos sumimos, que se combinan para aportarnos este estado emocional de rabia.

Ciertas situaciones externas nos ponen de muy mal humor. Desde luego, así es. Entramos en una habitación llena de hostilidad y empezamos a sentir rabia. Pero ¿cómo lo hacemos? En esencia, entramos en un estado de afinidad con la gente furiosa. Subconscientemente adoptamos su porte físico, las expresiones faciales y pautas vocales y, *voilà*, ya estamos enfadados.

La cuestión es que somos nosotros quienes creamos la rabia, no el mundo exterior. Las cosas que suceden en el mundo exterior pueden ser la razón de que nos encontremos en un entorno adecuado a la rabia, pero nosotros hacemos el trabajo necesario para ponernos furiosos. Y ya que nos ponemos en un estado de enfado, podemos hacer algo diferente.

En las siguientes secciones vamos a estudiar maneras de crear verdaderas opciones emocionales en tu vida, no maneras de controlar la rabia, sino más bien formas de escoger respuestas emocionales diferentes. Y consideraremos maneras de apreciar las emociones de la rabia; o de la tristeza, culpa (¿recuerdas esa emoción que dije que deberíamos eliminar?), miedo, angustia, desesperación y otras.

Vamos a aprender maneras de reducir la frecuencia de las emociones desagradables e inútiles y formas de potenciar tu capacidad para beneficiarte del uso apropiado de las emociones. Vamos a aprender algunas cosas que, desde luego, se han incluido en ese esquivo *Manual de introducción sobre cómo ser un ser humano*.

Opción emocional

En un apartado posterior sobre anclas, compartiré contigo una técnica que puede ayudarte a adquirir un nivel alto de control sobre tu vida emocional. Es un proceso que puede ayudarte a eliminar la sensación de que te dominan tus emociones y, en su lugar, hacerte disfrutar de una verdadera libertad emocional. Puedes ser capaz de elegir qué emociones experimentar en la mayoría de circunstancias de tu vida.

Una vez disfrutes de libertad emocional, empezarás a descubrir opciones que tal vez no hayas tenido antes. Por ejemplo, habrá ocasiones en que sentirás una emoción negativa; tristeza, por ejemplo. Tu atención exterior te puede alertar sobre ese hecho y tendrás la oportunidad de sentirte triste o sentir una emoción más positiva, como felicidad. Aun así, ¿quieres ser siempre feliz?

Yo personalmente creo que millones de años de evolución no pueden equivocarse del todo y que nuestras denominadas emociones «negativas» no siempre son los chicos malos de la película, como pretendemos. De hecho, cumplen propósitos muy importantes y merecen todo nuestro respeto. El problema no reside en las emociones negativas, sino en una falta de opción emocional. Cuando la gente siente que no tiene elección con sus emociones, tiene la impresión de sentirse invadido por las emociones negativas y se considera rehén de ellas durante cantidades desorbitadas de tiempo. Cuando dispones de una opción emocional, puedes renovar tus ideas sobre estas emociones y tal vez incluso llegues a apreciarlas.

Estudiemos algunas de las emociones negativas más comunes y consideremos durante un momento los propósitos *positivos* para los que pueden servir:

Rabia: Una emoción cargada de mucha energía; se puede aprovechar para ayudarnos a reaccionar y pasar a la acción; nos puede llevar a salvar un obstáculo que de otro modo sería difícil sobrepasar. A menudo se asocia a situaciones que no son de nuestro agrado y nos facilita la energía para pasar a la acción como respuesta a ellas.

Tristeza: Una emoción baja en energía que estimula la reflexión profunda. En ocasiones es necesaria si nos vemos obligados a hacer frente a situaciones emocionales difíciles, como la muerte de un ser querido.

Miedo: Una emoción cargada de energía. El miedo intensifica los sentidos y la atención, lo cual es útil para alertarnos de problemas potenciales; nos ayuda a adquirir información que de otro modo tal vez no obtendríamos. Nos proporciona energía para responder con rapidez y escapar en caso necesario.

Culpa: Una emoción vinculada a la evaluación de lo bueno y lo malo. Si no disponemos de otros medios para evaluar las acciones en relación con los valores, la culpa puede limitar nuestras opciones a la hora de actuar. Una vez conocemos la información presentada en este libro, deberíamos ser capaces de reemplazar la culpa por métodos más productivos de evaluación.

Dolor: Similar a la tristeza; es una emoción baja en energía que estimula la reflexión profunda. Nos permite saber que lo que estamos experimentando no nos sienta bien.

Decepción: Se produce cuando se crean expectativas que no se cumplen; una emoción baja en energía que estimula la reevaluación de las expectativas y los medios para alcanzarlas.

Ansiedad: Una emoción con fuerte carga energética que centra la atención en un acontecimiento que aún no ha sucedido, pero cuyas consecuencias nos inquietan. La ansiedad nos mantiene atentos y puede transformarse en excitación, que nos dará la energía para prepararnos para el acontecimiento.

Aunque mucha gente diga que tendrías que intentar evitar las emociones negativas, creo que toda emoción sirve para algo. La gente es primero emocional, racional en segundo lugar, y creo que las emociones se pueden aprovechar si se tiene esto presente. Cuando eres capaz de impedir que las emociones negativas te hagan perder el control, eres libre para pensar en función de cómo emplearlas de manera productiva.

Cuando empiezo a sentir una emoción negativa, mi atención externa (de la que hablaremos en el apartado siguiente) normalmente me advierte de ese hecho. El primer paso es evaluar la emoción negativa en función de mi contexto vital. Por ejemplo, si siento tristeza, me pregunto a mí mismo si necesito tomarme cierto tiempo para una reflexión profunda. Si la respuesta es sí, y la situación presente lo justifica, entonces me permitiré estar triste. Será lo que yo he elegido.

Durante ese tiempo, mi conciencia externa me hará prestar atención periódicamente a la tristeza y yo evaluaré si he tenido lo que considero la cantidad apropiada de tiempo de reflexión. Si así fuera, optaré por un nuevo estado. Para mí, la cantidad apropiada de tiempo es el tiempo que me hace falta para recibir el mensaje y determinar cómo respondo a él. La mayor parte de las emociones llamadas negativas atraen nuestra atención sobre aspectos de nuestras vidas que no van bien. Al llamar nuestra atención sobre eso que no está bien y proporcionarnos un estado en el cual seamos capaces de evaluar la situación, estos estados emocionales negativos nos ayudan a dar sentido a las cosas y encontrar soluciones a nuestras dificultades. Si en el transcurso del periodo de reflexión, el mundo exterior cambia, tengo plena libertad para ajustar mis estados emocionales y responder a estas nuevas circunstancias. No tengo que ponerme melancólico en medio de una fiesta si no me apetece. Puedo elegir.

He descubierto que este modelo de opción emocional funciona a la perfección. Puesto que he aprendido y empleado las técnicas descritas a lo largo de este libro, soy consciente de mis emociones y soy capaz de elegir cómo me siento prácticamente en cualquier punto en el tiempo.

Algo aún más interesante, he descubierto que en la mayoría de casos, mis emociones son las adecuadas para lo que estoy experimentando en mi vida. Una vez he roto con los patrones habituales que permiten que las emociones negativas persistan (y he aprendido cómo hacer que mi vida vaya como yo quiero), he descubierto que las emociones negativas por lo general están justificadas y son útiles. Mi cuerpo sabe mantenerme sano emocionalmente. He aprendido a confiar en mi inteligencia emocional y en sus sabias decisiones. Una vez finaliza tu servidumbre, verás que las emociones negativas tienen un propósito útil y deben respetarse por el papel que desempeñan en la resolución de dificultades. Como he dicho antes, millones de años de evolución no pueden equivocarse.

Asociación y disociación

Antes de empezar la siguiente serie de preguntas, quiero que dediques un momento a considerar cómo te sientes. En este mismo instante, presta atención a tu estado emocional.

Permíteme que te haga una pregunta. ¿Qué impresión tienes de ti mismo? ¿Estás orgulloso de la persona en la que te has convertido? ¿Te impresionan las cosas que has hecho? Sea cual sea la respuesta, no son éstas las preguntas más importantes que quiero que respondas.

¿Qué opinión te merece lo que opinas de ti mismo? ¿Te sientes culpable por no opinar mejor? ¿Eres duro contigo mismo y crees que deberías ser más indulgente? Sea cual sea la respuesta, tampoco son éstas las preguntas más importantes que quiero que respondas.

Si fueras tú quien escribe este libro, ¿sabrías qué consejo darte respecto a la opinión que te merece lo que opinas de ti mismo? ¿Sabrías cómo responder, como escritor, a las necesidades cambiantes que tú como persona tienes sobre tus sentimientos con respecto a ti mismo? En esta situación, ¿sabes qué consejo podrías dar o querrías decir a la persona que lee este libro? Si lo haces o no, éstas tampoco son las preguntas más importantes que quiero que contestes.

La pregunta más importante tiene que ver con la perspectiva. ¿Eres consciente de tu capacidad para cambiar de perspectiva? Probablemente ya habrás experimentado como mínimo cuatro perspectivas diferentes. Son:

Perspectiva 1. Cómo te sientes ahora mismo.

Perspectiva 2. Qué opinión tienes *sobre* ti mismo.

Perspectiva 3. Qué opinión te merece tu opinión sobre ti mismo.

Perspectiva 4. Cómo te sentirías si fueras el autor de este libro pensando sobre qué opinión te merecería lo que opinas de ti mismo.

Los seres humanos tenemos la capacidad de cambiar de perspectiva. Podemos experimentar el mundo a través de nuestros sentidos. O podemos aislarnos de nuestros sentidos y experimentar el mundo de forma menos directa. Podemos pensar sobre nuestra vida, en vez de pensar en nuestra vida. Podemos pensar sobre lo que pensamos sobre nuestra vida, y podemos pensar sobre lo que pensamos sobre eso. Podemos cambiar de posición perceptiva varias veces.

Sí, podemos hacer incluso más. Podemos pensar sobre cómo seríamos si de hecho fuéramos una persona del sexo contrario. O si fuéramos Dios, juzgándonos a nosotros mismos. O si nos transformáramos de nuevo en un niño. O si nos convirtiéramos en un animal que vive en la naturaleza. O si en realidad hubiéramos estado soñando todo el rato y de hecho fuéramos otra persona en un lugar diferente. Podemos imaginar escenarios casi ilimitados y podemos tener fantasías sobre el mundo que tal vez nunca existan o que, de hecho, existan pero que no se conozcan.

Este es el aspecto prodigioso de la humanidad que nos permite relacionarnos con los demás como si les comprendiéramos. Nos permite considerar nuestras acciones y determinar qué podría pasar como resultado. Nos permite planear y nos aporta algo en lo que poner nuestras ilusiones. Sin esta capacidad, no seríamos capaces de plantear la pregunta: «¿Cuál es nuestro propósito en la vida?», y mucho menos dar con una respuesta. Esta capacidad para cambiar de perspectiva es una parte integral a la hora de hacer frente a nuestros estados emocionales.

Algunas disciplinas espirituales hacen referencia a una atención exterior, un conocimiento de lo que está sucediendo mientras está sucediendo. Esta conciencia externa te permite hacer un seguimiento de lo que estás haciendo mientras lo estás haciendo. Si por casualidad has estado actuando irracionalmente, esta conciencia verá racionalmente que actuabas irracionalmente.

Si aún no la usas, puedes desarrollar esta conciencia con bastante facilidad, es algo muy útil a la hora de controlar de modo emocional tu vida. En su forma básica, esta conciencia es tan sólo el punto de vista de alguien que es testigo de lo que tú estás haciendo, viendo, oyendo, sintiendo, pensando mientras tú lo haces. Es una perspectiva disociada.

En PNL los términos asociación y disociación se emplean para clasificar desde un punto de vista general las diferentes perspectivas que los seres humanos pueden crear. La asociación es el proceso de conceder plena atención a tus experiencias sensoriales (o incluso la experiencia sensorial de otro punto de vista). Tiene que ver con «vivir el momento», «dejarse llevar», «sentirse arrebatado», «meterse de lleno en las cosas». Son expresiones que empleamos para caracterizar un estado de plena asociación. Cuando experimentamos la pura asociación, no tenemos una conciencia externa de ésta ni tenemos una conciencia externa de lo que estamos sintiendo, haciendo o pensando. Los estados puramente emocionales se experimentan cuando la gente está plenamente asociada y «actúa movida por» la rabia, el miedo, los celos, el amor, el orgullo o cualquier otra emoción fuerte. Los estados asociados no son lógicos, ni implican acciones que se hayan pensado previamente.

La disociación describe el proceso de tener una conciencia externa a ti mismo (o cualquier otro punto de vista). Cuando piensas «sobre ti mismo», «te paras a mirar las cosas», «retrocedes para recapacitar por un momento», «te distancias», «sales de la situación», entonces experimentas un proceso disociado. Cuando estás puramente disociado, tienes una conciencia externa de lo que estás sintiendo, pensando o haciendo. Los estados disociados pueden ser lógicos, planeados, ordenados y metódicos. Pueden ser estados racionales y suscitar acciones y conductas que probablemente tengan «sentido» para ti.

No obstante, matizando un poco más, siempre estamos asociados al punto de vista desde el que observamos, aunque estemos asociados a un estado disociado.

Los estados asociados caracterizan nuestras experiencias más intensas. «Perderse en el amor» puede ser una experiencia positiva muy intensa. Pensar en el amor rara vez es tan intenso. La rabia puede ser explosiva. Comprender nuestra rabia puede hacerse con calma durante una conversación. Para conseguir la experiencia más plena, la asociación es la fórmula. La gente busca a menudo vivir el momento, disfrutar de su vida al máximo en todo instante. Esa asociación puede ser regocijante: sin embargo, cuando nos encontramos en un estado asociado, no conseguimos hacer planes o preparativos. En los estados asociados, la gente pasa a la acción, pero a menudo sin evaluar a conciencia las circunstancias.

Los estados disociados tipifican nuestras experiencias más racionales. Planificar, comprender, pensar en, considerar, analizar y preparar normalmente son estados disociados. Son estados más conservadores que nos impiden «perder el control». Sólo la idea de la posibilidad de perder el control caracteriza un proceso disociado. Presupone que una cosa controla la otra; en este caso tu conciencia disociada está controlando las acciones que tu yo asociado podría emprender. Los estados disociados nos permiten comprender que nuestras acciones tienen consecuencias y nos ayudan a restringir las respuestas emocionales que pueden ocasionar efectos perjudiciales. Los estados disociados explican el comportamiento de la gente que evita pasar a la acción y prefiere continuar compilando datos e información para poder «entender» plenamente la cuestión.

También es posible aproximarse al estado asociado usando la imaginación. Cuando vamos al cine, tomamos la perspectiva de uno o más de los personajes. Sentimos emociones casi como si fuéramos nosotros mismos quienes estuviéramos en la película. Los directores expertos crean escenas convincentes que estimulan tu implicación emocional en la película. Cuando eres «absorbido» por una película, se trata de un proceso asociativo, pese a que los acontecimientos no sucedan de hecho en tu vida. Es más, pierdes conciencia de dónde estás, de qué estás haciendo y de cómo te estás sintiendo. Estás más pendiente de la emoción del cine que de si tu espalda está cómodamente recostada en el respaldo.

La asociación suscita de forma característica una experiencia más intensa, más «plena», en cualquier momento dado. Te permite «sentirte arrastrado por el momento» y «estar aquí y ahora». Los conceptos de tiempo y planificación no existen dentro de los estados asociados y la gente en estados asociados puede parecer poco fiable. Alguien en un estado asociado, con quien hayas quedado a las seis de la tarde, podría no presentarse hasta las siete, podría olvidarse por completo de la cita o tener demasiadas cosas entre manos para acudir o llamar. Cuando la gente se encuentra en estados asociados, se resiste normalmente a tomar decisiones, ya que las decisiones limitan sus opciones para hacer lo que les apetece en cada momento. Es una experiencia de acción. Cuando estás en estado asociado, es fácil que te pierdas en tus emociones y no logres mantener la opción emocional y una perspectiva externa. Por consiguiente, puedes sentir celos o miedo con la misma profundidad que amor y libertad, y puedes carecer de una conciencia plena de las consecuencias de tus acciones. Los estados asociados son normalmente más emocionales que intelectuales.

La disociación tiene como resultado característico una experiencia más objetiva en cualquier momento dado. Te permite ver las cosas desde un punto de vista general y te permite evaluar las circunstancias. La conciencia del tiempo está presente en los estados disociados y por lo tanto la planificación es algo posible. La gente en estados disociados puede parecer fiable. Alguien en un estado disociado con quien has quedado a las seis podría no presentarse hasta las seis y cinco, pero sería plenamente consciente de que llega unos cinco minutos tarde. Cuando la gente está en estados disociados, prefiere tomar decisiones, sobre todo de manera intelectual. Es una experiencia de contemplación e intelectualización.

Cuando estás disociado, es fácil perder el contacto con tus emociones y es fácil manejar experiencias difíciles con ingenio. Es probable que seas plenamente consciente de las consecuencias de tus acciones, sobre todo de una manera intelectual. Los estados disociados por lo general son más intelectuales que los emocionales y generan más contemplación que acción.

Puedes empezar a adquirir el control emocional de tu vida dominando la capacidad de asociarte y disociarte a voluntad. Las emociones disminuyen de intensidad cuando te disocias. Considera la típica representación televisiva de un psicólogo y su cliente:

> *Psicólogo*:   ¿Cómo se siente hoy?
> *Cliente*:   Estoy muy enfadado. ¡Estoy terriblemente enfadado!
> *Psicólogo*:   ¿Qué opinión le merece su enfado? (*lleva a su cliente a un estado disociado*).
> *Cliente*:   Estoy decepcionado (*un estado con mucha menos carga energética, y la emoción de la rabia se transforma de inmediato*).

Hace mucho tiempo que se oye hablar de la disociación; no obstante, no siempre se nos ha enseñado de manera explícita. ¿Cómo controlar la rabia? Mucha gente te dirá sencillamente «distánciate» o «retrocede en la situación» o algo al efecto. Lo que te están diciendo es que deberías disociarte de tu experiencia.

La disociación se puede enseñar de manera más explícita que a través de esta clase de metáforas. Cuando estás asociado, estás en plena sintonía con la información sensorial. Ves el mundo a través de tus propios ojos y lo oyes a través de tus propios oídos. Hablas en voz activa («me siento dolido»), y no con construcciones impersonales («es comprensible sentir cierto nivel de dolor»).

Cuando estás disociado, dispones de perspectivas diferentes. Puedes ver la situación, contigo en ella. Visualmente, podrías desplazarte e imaginar la situación desde un punto aventajado. Imagina que te miras a ti mismo en este instante desde encima de ti. ¿Qué aspecto tienes desde ese punto aventajado? ¿Ves la parte superior de tu cabeza? ¿En qué piensa esa persona ahí abajo? Ahora vuelve a tu cuerpo y continúa leyendo. Cuando te viste a ti mismo desde arriba, ¿eras consciente de las letras de esta página? Probablemente no.

La disociación tiene que ver con desplazarte a ti mismo mentalmente. Es posible conseguirlo con la visualización. Contemplarte a ti mismo desde arriba es un proceso imaginativo. Puedes imaginarte que estás en cualquier perspectiva. Puedes contemplarte desde arriba (a menudo te representas en una posición de mayor conocimiento o autoridad moral); puedes mirar desde una perspectiva diferente, por ejemplo, desde un rincón de la habitación (a menudo representando un nivel equivalente de autoridad, pero con más capacidad para ver la «imagen general»). En una perspectiva disociada, tú mismo fabricas tu visualización (en realidad, no estás en el techo), de modo que también puedes ajustar sus submodalidades. Puedes reducir más el nivel de implicación emocional alejándote todavía más (aumentando la distancia) o reduciendo el tamaño de la imagen (reduciendo su importancia), o disminuyendo la luminosidad o convirtiéndola en una imagen en blanco y negro. Juguemos un poco con estos conceptos durante un momento:

1. Recuerda alguna discusión fuerte que hayas mantenido con alguien, una discusión en la que sintieras una rabia intensa.

2. Piensa en la discusión mientras la mantenías y mira a través de tus propios ojos el rostro de la otra persona, que está hablando en este momento. Escucha con tus propios oídos las palabras y escucha con intensidad cómo las dice exactamente esa persona. Vuelve a percibir con exactitud lo que sentías en ese momento. Tómate unos momentos para introducirte en la experiencia.

3. Ahora haz una pausa y presta atención a lo que has sentido. ¿Has empezado a sentirte enfadado otra vez?

4. Ahora imagina de nuevo la experiencia, pero obsérvate desde unos tres metros de distancia. Desde esa distancia, contempla los acontecimientos y oye los sonidos.

5. ¿Cómo te afecta? ¿Te sientes más controlado y más consciente?

6. Ahora imagina esa misma experiencia, pero, en esta oca-
    sión, imagínatela como una pequeña imagen muy alejada.
    Obsérvala en blanco y negro, pero reduce el contraste
    hasta que casi sea de un gris claro. Baja el sonido hasta
    que apenas consigas oír lo que se habla. Aleja la imagen
    por debajo de ti de modo que estés mirando desde arriba.
7. ¿Cómo te afecta esto? ¿Estás completamente desvinculado
    del proceso?
8. Ahora vuelve a conectar con el suceso a todo color, volu-
    men fuerte, contraste y tamaño natural, volviendo a ver y
    a oír con tus propios ojos y oídos. ¿Adviertes algún cam-
    bio?
9. Disocia una vez más, haz descender esa imagen mucho
    más y permite luego que se difumine en la distancia has-
    ta desaparecer por completo.

La mayoría de la gente sentirá diferencias significativas mientras se imagina en cada una de estas perspectivas. Simplemente se
trata de un proceso de asociación y disociación consciente. Lo puedes hacer con cualquier suceso de tu vida y en cualquier momento. Lo único que necesitas es estar lo suficientemente disociado
como para acordarte.

La disociación es un proceso humano natural para disminuir y
evaluar las emociones. Por otro lado, la asociación puede conseguir
precisamente lo contrario. He aquí otro ejemplo:

1. Recuerda una experiencia en la que sentiste un nivel ob-
    jetivo de atracción sexual por alguien.
2. Observa esa experiencia desde unos tres metros de dis-
    tancia y contempla la interacción de ambos. Presta aten-
    ción a qué impresión te crea desde esta distancia.
3. Ahora, métete en tu cuerpo y observa a esta persona a tra-
    vés de tus propios ojos. Escucha los sonidos ahora a
    través de tus oídos y percibe las sensaciones que experi-
    mentas mientras estás en esta situación.
4. Ahora, acércate más a esa persona. Acércate tanto que
    puedas sentir el calor de su aliento en tu cuello. Tanto que

puedas oler el calor de su cuerpo y sentir el calor y la humedad que interaccionan con los tuyos. Escucha la resonancia del aliento de la otra persona y advierte que alcanzas a sentir los latidos de su corazón, que cada vez late más rápido.

5. Mira a esta persona desde muy, muy cerca. Quizá tomes nota de la humedad de sus labios, la humedad de su boca. Quizás aprecies el leve temblor, seguido de una respiración profunda, sonora. Mírale fijamente a los ojos, primero uno, luego otro. Presta atención a los pequeños detalles que sólo se pueden apreciar a esta distancia, mientras continúas sintiendo la respiración por todo tu cuerpo.

6. ¿Cómo te sientes ahora?

7. Ahora retrocede y sal de la situación y contémplala de nuevo desde unos tres metros. ¿Te sientes diferente?

El proceso de asociación y disociación es así de sencillo. Puedes asociarte a o disociarte de los sucesos que imaginas o puedes asociarte a o disociarte de acontecimientos que sucedan en cualquier momento dado. Si deseas que tus emociones se fortalezcan, si quieres involucrarte más, asóciate más plenamente e intensifica las submodalidades para intensificar la experiencia. Si quieres que tus emociones se suavicen y quieres mantenerte más distanciado, entonces disóciate más plenamente y ajusta las submodalidades para que tu nivel de experiencia sea más de tu gusto. Este proceso se inicia a menudo visualmente, pero se puede alcanzar con todos los sentidos. Las siguientes submodalidades parecen tener un efecto casi universal:

Submodalidades claves para ajustar los niveles de asociación/disociación

- *Visual*: distancia, luminosidad, imagen en color frente a blanco y negro, tamaño de imagen, posición (punto aventajado)
- *Auditiva*: distancia, volumen, calidad de sonido, posición (punto aventajado).

- *Cinestésica*: temperatura, humedad, intensidad, ubicación en el cuerpo.
- *Olfativa*: intensidad, ubicación de la fuente.
- *Gustativa*: intensidad.
- *Digital auditiva* (diálogo interno): velocidad, volumen, ubicación, tono de voz, voz activa o pasiva.

Al variar estos atributos en tu proceso, lo cual se puede conseguir fácilmente a voluntad, lo más probable es que seas capaz de variar el nivel de implicación emocional que tienes en el proceso. Es un aspecto muy importante de la libertad emocional.

Otro aspecto muy importante de la libertad emocional implica ser capaz de elegir lo asociado o disociado que quieres estar. Implica tener una conciencia disociada externa. Esta conciencia externa sirve de monitor evaluativo, tomando determinaciones constantes sobre si las cosas van como a ti te gustaría que fueran. Cuando las cosas van bien, esta conciencia es simplemente un observador pasivo. Puede incluso actuar como guía útil, que te hace saber que es perfectamente adecuado dejarte llevar en este momento, permitiéndote disfrutar del proceso en mayor medida.

Cuando las cosas no van necesariamente bien o precisan tal vez más evaluación, esta conciencia disociada te alerta sobre esta situación. Requerirá momentáneamente un estado disociado que te permita ayudar a evaluar la situación.

Esta conciencia te hace saber cuándo están empezando a ir mal las cosas y te ayuda a ajustar tus acciones antes de involucrarte demasiado. Te impulsará a aplicar las técnicas de este libro y a actuar antes de que te veas arrastrado y no puedas pensar con claridad. Te ofrece la oportunidad de evaluar lo que está sucediendo desde una perspectiva distante y hacer ajustes de acuerdo con la perspectiva más amplia. Esta perspectiva te permite percatarte de si estás o no en sintonía, si progresas en tu comunicación, si te bloqueas, si interactúas de modo constructivo o sufres agravios verbales, o si estás implicado en cualquiera de las demás situaciones que este libro pretendía estudiar. Teniendo esto presente, comprenderás mejor lo que sucede a tu alrededor y lo que quieres hacer al respecto.

Hay una buena oportunidad de que esta descripción te suene familiar, ya que la mayoría de la gente ha tenido experiencias de este tipo. La asociación y la disociación parecen experiencias humanas universales: nuestro monitor externo. A veces este monitor está personificado como un padre o una figura autoritaria, pero el proceso es el mismo. Al darte cuenta de que una conciencia externa es algo natural, puedes ocupar el lugar apropiado como tu propio monitor; y al poner en práctica el proceso con intención consciente puedes desarrollar un patrón habitual para tenerlo a tu disposición. En PNL se hace referencia a esta conciencia externa que se personifica como metaposición, aludiendo a la posición perceptiva «externa» a los eventos.

Ahora que has tenido ocasión de leer acerca de la asociación y la disociación y comprenderlas de una forma consciente, puedes empezar a practicar la conciencia rutinaria de lo que estás haciendo. Cuanto más practiques, más automática se volverá. Sugiero que empieces practicando la asociación y la disociación varias veces al día. Prueba a intensificar los sentimientos que albergas acerca de una situación, luego prueba a atenuarlos. Prueba a ponerte en contacto con tu conciencia externa y considera las situaciones desde esa perspectiva. Hazlo con eventos rutinarios de tu vida y pronto se convertirá en una parte integrada de tu bienestar emocional. Los apartados siguientes incluyen técnicas metódicas que, además de aportarte los beneficios para los que se concibieron, proporcionan una oportunidad para practicar la asociación, la disociación y la conciencia desde perspectivas diferentes.

Patrón de sustitución visual

Los estados emocionales que experimentas de forma regular están bajo tu control. Estás capacitado para sentirte de la manera que quieras en el momento que quieras. Además, tu conducta también está bajo tu control. Tu conducta está vinculada inexorablemente a tus estados emocionales. Algunas personas parecen tener mejor autodisciplina y autocontrol que otras; no obstante, la autodisciplina no es el proceso intelectual, lógico, que mucha gente se piensa.

Para ser precisos, es un proceso de actuación que está en concordancia con un fuerte sentimiento interno. La mayoría de la gente se percata de que somos muy propensos a actuar según cómo nos sentimos. La gente es primero emocional, luego racional.

En el apartado anterior, empezamos a considerar maneras de ajustar nuestros sentimientos. Al asociarte a una situación, puedes sentir emociones más intensas y al disociarte puedes reducir tu respuesta emocional. Además, consideramos unos cuantos ejemplos de cómo inducir las emociones que escojamos. Por ejemplo, cuando hemos hecho el ejercicio en el que recordábamos a alguien que nos atraía sexualmente, seguramente has podido recuperar cierto nivel de excitación sexual. Podríamos haber escogido otra emoción y recuperado también cierto nivel de intensidad.

Si continúas prestando atención a la cadena de sucesos que resultan en una experiencia, empezarás a ver que la conducta de tu vida depende en gran medida de las representaciones internas que puedes crear por ti mismo. Las representaciones internas crean estados emocionales; los estados emocionales crean formas de comportamiento. Cuando la gente intenta cambiar de conducta, le cuesta lograrlo al nivel causal. Intentan cambiar simplemente su conducta sin comprender que la conducta viene provocada por algo que también habría que cambiar. Si calientas un puchero de agua en una cocina, puedes enfriar el agua poniendo hielo en el puchero. Pero si no apagas el fuego, el agua volverá a calentarse otra vez con relativa rapidez.

El siguiente proceso que vamos a analizar es el patrón de sustitución visual de la PNL. Se trata ante todo de un proceso de visualización que dominan mejor aquellas personas que son conscientes de sus capacidades de visualización. El proceso se emplea sobre todo para cambiar directamente algunas conductas, especialmente hábitos. Muchos hábitos son conductas que comienzan de forma inconsciente. Si tienes el hábito de llevarte la mano a la boca cuando vas a hablar, probablemente te encontrarás con la mano ahí antes de que te hayas dado cuenta. De modo similar, si tienes el hábito de criticar a tu cónyuge nada más llegar a casa, lo más probable es que lo hagas sin ninguna planificación previa. Parece que sucede sin más.

Bien, pues no sucede sin más. Tal vez cuentas con algún proceso interno que lo desencadena. ¿De qué otra manera lo harías con tal perfección sin ni siquiera intentarlo? El evento se inicia casi siempre mediante un «desencadenante» que a menudo adopta la forma de una representación interna. Lo que quisiéramos identificar y alterar es precisamente este desencadenante. Es la representación interna que te permite conocer que es el momento de poner en acción esa conducta.

He aquí el proceso:[1]

Patrón de sustitución visual

1. Piensa en un hábito de conducta que se produzca rutinariamente en tu vida: alguno que te gustaría cambiar.

2. Identifica lo que desencadena ese comportamiento que quieres cambiar. Pregúntate cómo sabes cuándo es el momento de ejecutar esa conducta. ¿Cuál es la señal o advertencia? ¿Qué sucede justo antes de acordarte de desempeñar esa conducta?

3. Cierra los ojos y crea una visualización interna que represente ese desencadenante (preferido) o esa conducta. Esta es la imagen A (antigua). Una vez hayas creado esa imagen, apártala un momento.

4. Cierra los ojos y crea una visualización interna que represente la conducta nueva, deseada. Esta es la imagen N (nueva).

5. Ajusta las submodalidades de la imagen N para que resulte el máximo de atractiva. Ajusta la luminosidad, el tamaño, la ubicación, la distancia y cualquier otra cosa que haga excitante esta imagen y la llene de energía motivadora. Si lo haces de la manera adecuada, sentirás más energía.

6. Disóciate de la imagen N, manteniendo una perspectiva desde fuera de la imagen.

7. Con las imágenes A y N en mente, estás listo para hacer la sustitución visual. Primero lee las siguientes instruc-

ciones todas seguidas antes de seguir el proceso por tu cuenta.

8. Saca la imagen A y asóciate a la imagen. Entra en ella como si estuvieras de verdad ahí.

9. En la esquina inferior izquierda de tu campo de visión inserta una imagen pequeña y más oscura de la imagen N. Piensa en ella como si fuera un pequeño fragmento de película.

10. En un instante, haz que la imagen A se encoja y retroceda lejos, muy lejos, y haz que la imagen N se expanda de inmediato para llenar tu campo de visión. Haz el sonido «¡chas!» mientras lo ejecutas (así es más divertido). Hazlo en un instante: la velocidad es fundamental. Si no notas una leve sacudida en la cabeza hacia atrás al hacerlo, ¡no lo has hecho suficientemente deprisa!

11. Abre los ojos y dirige tu atención hacia otra cosa que no esté relacionada con el ejercicio que acabas de hacer. En PNL, a esto se le llama cambio o ruptura de estado, y es una parte importante del ejercicio. Ponte de pie y cambia de estado físico si fuera necesario.

12. Repite los pasos 8 al 11 al menos cinco veces, fijándote en que al cabo de unas pocas veces empezará a suceder por sí solo.

Una de las primeras veces que seguí este procedimiento estaba en un curso de formación de PNL. Decidí ocuparme de un patrón habitual que consistía en que me ponía nervioso en compañía de mujeres. Este nerviosismo me provocaba un comportamiento habitual en mí: evitaba hablar con ellas. Después de ejecutar el patrón de sustitución visual, ese «¡chas!», hubo una ruptura en las actividades. Puesto que me encontraba en aquellos momentos en un hotel, salí de la sala donde impartían las clases y crucé el vestíbulo, y en el mostrador principal vi a una mujer increíblemente hermosa y elegante. Sin tener ocasión de pensarlo, me encontré iniciando una conversación con ella, de la que disfruté plenamente. Lo más asombroso para mí fue que lo hice sin siquiera pensar en ello. Me sentí impulsado a acercarme a ella.

Este proceso es un maravilloso avance hacia el control interno de tus estados emocionales. Si tienes problemas para controlar tu mal genio, tal vez quieras considerar las situaciones que te ponen furioso. Emplea el proceso en cada caso y observa los resultados que aporta a tu vida. Se aplica también a los patrones habituales de otras emociones negativas, como celos, codicia, miedo, depresión, tristeza, odio, aburrimiento, impotencia, negatividad, pesimismo, y demás. Puedes escoger como primeras situaciones para hacer la prueba esas ocasiones en que aplazas algo en vez de hacerlo, a sabiendas de que va a ser de ayuda. Hazlo ahora.

Materialización

Nuestro comentario nos lleva al tema de la materialización. La materialización es el proceso según el cual creas resultados en tu vida sin perseguirlos conscientemente. Es consecuencia de una conducta inconsciente; los métodos mediante los cuales se logran los resultados están en muchos casos fuera del conocimiento consciente. A menudo tengo la experiencia de pensar en algo y, luego, relativamente pronto, descubro que ese algo ha sucedido.

Hace pocos años decidí que quería vivir en una casa en cierta playa que me gustaba. Además, tenía claros ciertos criterios sobre el tipo de casa que tenía que ser. Por entonces vivía en la isla hawaiana de Oahu y esta playa en concreto tenía sólo unas veinte casas. Oahu cuenta con aproximadamente un millón de habitantes, la mayoría de ellos esperando y rogando por encontrar el mismo tipo de casa que yo quería. De las veinte o veintipocas casas que había en aquella playa, estoy seguro de que sólo unas pocas hubieran satisfecho mis deseos, tal vez una sola.

Dos días antes de la fecha en que se suponía que tenía que mudarme de mi vieja casa, aún no había empezado a buscar un nuevo lugar para vivir. Sabía que la oportunidad adecuada simplemente «llegaría a mí» y depositaba mi confianza en ese proceso. Organicé un mercadillo en un garaje para deshacerme de algunas de mis cosas y una de las personas que se acercó se puso a conversar con mi novia. Dio la casualidad de que sabía de una casa que se adaptaba a la perfección a mis necesidades. Dos días después me trasladé al hogar que resultó ser una casa de ensueño para mí.

Si este tipo de cosas no sucedieran de manera tan rutinaria en mi vida, diría que sólo se trataba de coincidencias. Sin embargo, sí que suceden de forma rutinaria y yo creo firmemente que se debe a mi capacidad para usar conscientemente mis poderes de materialización.

Parece que la materialización tiene que ver ante todo con unas pocas cosas:

1. Tener un objetivo claro.
2. Ser congruente con tu deseo de ese resultado.
3. Creer que vas a obtener ese resultado.
4. Dar instrucciones a tu mente inconsciente para que lo consiga para ti.

Las tres primeras cuestiones las hemos tratado en detalle en diferentes partes de este libro; no obstante, aún no hemos abordado el punto 4. Para hacerlo necesitamos hablar brevemente sobre las líneas temporales.

En PNL se cree que nuestras representaciones relativas al tiempo, como cualquier otra cosa, se consiguen a través de nuestras submodalidades. Las submodalidades primordiales que parecen estar involucradas son la distancia y el espacio, que incluyen expresiones como algo «dentro» en el futuro, «muy atrás» en el tiempo, «justo delante de nosotros», «justo encima de nosotros», y demás. Estas expresiones probablemente son algo más que ideas figurativas y parecen estar más estrechamente relacionadas con las submodalidades reales de distancia y ubicación de nuestras representaciones internas.

Si pides a alguien que señale la dirección de su futuro, comprenderá la cuestión y señalará una dirección (a menudo delante de él o a la derecha). Si le pides que indique la dirección de su pasado, también señalará una dirección (a menudo detrás de él o a su izquierda). Cuando estas dos direcciones se combinan para formar una línea metafórica, tenemos una línea temporal.

Si representas tu línea temporal personal como una serie de imágenes internas organizadas a lo largo de una línea (yo prefiero representarla como imágenes planas amontonadas unas al lado de otras, con tal proximidad que formen una corriente continua de «sucesos» en mi vida), entonces dispones de la habilidad de «sacar» ciertos sucesos de tu futuro y determinar qué son.

Como ejemplo rápido, imagina tu línea temporal, adelántate dos años en el futuro y saca un suceso de tu vida. Fíjate en qué suceso es y cómo es tu vida en ese momento. Cuando hagas esto, probablemente te harás una idea de qué dirección estás tomando inconscientemente en tu vida.

La materialización es en parte un proceso mediante el cual dices de manera inconsciente a tu mente lo que quieres que suceda en tu vida. Inconscientemente, emprenderás la labor de alcanzar un futuro dado; no obstante, dispones del potencial para determinar conscientemente lo que va a ser ese futuro. Los procesos de una línea temporal más extensa te pueden ayudar a crear procesos inconscientes de materialización. Por el momento, analicemos algo que puedes hacer ahora mismo y que puede tener efectos inmediatos en tu vida.

El proceso que voy a describir es un proceso sencillo que empleo en la vida cotidiana, normalmente en el acto. Sólo precisa un instante. Requiere que seas consciente de tus representaciones internas y que estés atento a las representaciones internas que haces de forma más casual y que no están en concordancia con lo que quieres en la vida.

Mientras pienses para tus adentros o escuches a otras personas, te percatarás de que tus representaciones internas no siempre son representaciones de cómo te gustaría que fuera el mundo. Si hablas con alguien en el trabajo y te dice que la noción de moralidad va a empeorar en las dos próximas semanas, probablemente lo que vas a conseguir es una representación interna de eso. Te imaginarás una cierta área del trabajo con la gente formando corros quejándose o podrías imaginarte a ti mismo sentado en tu despacho y sintiéndote hecho polvo. Formarás tu representación interna y lo más probable es que formes una que represente la moralidad empeorada. Igual que cuando creabas representaciones internas del árbol azul, tu proceso de pensamiento y escucha te encaminará hacia la representación interna sugerida.

Pero cuando en tu interior eres consciente de lo que estás haciendo, puedes evaluar si quieres o no crear este tipo de representación interna. Es más fácil que veas un futuro donde la moralidad mejore y la gente disfrute en el trabajo. Evoca una representación interna diferente y una serie diferente de palabras con que describirlo.

La materialización queda reforzada cuando te permites a ti mismo reemplazar las representaciones internas negativas por representaciones internas positivas. Si te sientes incitado a crear espontáneamente una representación interna negativa, puedes volver a crear de inmediato una representación interna positiva y reemplazar la negativa al instante. Emplear una versión rápida del patrón de sustitución visual es una forma excelente de hacer el cambio. Introduce la nueva representación interna en tu línea temporal, en el lugar apropiado en el futuro, y continúa con la conversación.

Puedes iniciar este proceso de reemplazo de una manera visual o con conductas digitales auditivas (diálogo interno). Cuando alguien dice: «Las cosas se están poniendo feas aquí», puedes volver a expresarlo verbalmente dentro de tu cabeza o en la conversación respondiendo: «Sí, las cosas están yendo de maravillas ahora mismo».

Algunas técnicas de crecimiento personal te estimulan a responder a sugerencias negativas diciendo: «Cancelar, cancelar». Aunque pueda ser un gran primer paso, una ampliación de este proceso es sustituir la frase o la representación interna por otra expresión de tu preferencia.

Yo empleo estos procesos de forma rutinaria, y puedo decirte que surgen prácticamente de inmediato en mi cabeza. Nunca me pierdo un paso en la conversación. La ventaja es que mi cerebro queda invadido constantemente de imágenes e ideas sobre cómo quiero que sean las cosas en la vida. Estas imágenes se colocan constantemente en mi línea temporal, en los lugares en que quiero que sucedan. Una y otra vez, mi mente inconsciente obtiene instrucciones acerca de hacia dónde quiero que vaya mi vida. Creo que el resultado directo es un número asombroso de materializaciones que suceden sin esfuerzo aparente por mi parte.

La materialización es un proceso inconsciente de interacción en el mundo de acuerdo con ciertos objetivos y resultados. Cuando estos objetivos y resultados se creen de forma consciente, verás los efectos de la manifestación. Verás que tus pensamientos se manifiestan en el mundo real.

La materialización simplemente es otra afirmación de que tu vida es consecuencia de la acción y la inacción (que, de nuevo, es la actitud mental de responsabilidad). La materialización demuestra que el pensamiento interno puede transformarse en una forma externa.

Trucos sencillos para aumentar tu materialización consciente

- Ten continuamente presente lo que te dices a ti mismo y lo que visualizas.
- Cuando oyes o dices algo que crea representaciones internas negativas (representaciones internas que describan cosas que preferirías no experimentar en tu vida), rápidamente vuelve a expresarlas o a reencuadrarlas internamente y también en voz alta.
- Cuando seas consciente de una visualización interna que describe algo que preferirías no experimentar en tu vida, practica una sustitución visual o reemplázalo con una que te gustaría experimentar.
- Habitúate a introducir visualizaciones positivas en la sección apropiada de tu línea temporal. Permite que tu línea temporal haga los ajustes necesarios para incorporar esa visualización.
- Complementa las palabras «cancelar, cancelar» con una nueva expresión del resultado deseado, empleando «noes» tácticos cuando sea conveniente.
- Conoce tu objetivo y sé consecuente con los resultados. Si tu inconsciente continúa recibiendo el mismo mensaje, la manifestación es mucho más fácil y más predecible.
- Comprende que incluso la materialización de sucesos negativos sigue este principio e investiga qué representación es-

tabas creando que contribuía a la materialización de sucesos negativos que encuentres en tu vida.

- Diviértete con esto. Es fácil, rápido y deleitable. Te sentirás mejor cuando tu mente se vea inundada continuamente de estímulos positivos, agradables, deleitables y revitalizantes.

Anclajes

Yo solía trabajar para un hombre que no podía evitar contestar al teléfono. Era un hombre muy ocupado y a menudo tenía cinco o seis personas esperando fuera y dentro de su despacho. La gente hacía cola y esperaba su turno, algunos más de una hora.

Un día, torcí por un pasillo para entrar en su oficina y vi una larga cola de gente que esperaba para hablar con él. En medio de una de sus conversaciones sonó el teléfono. Su atención se precipitó hacia el teléfono y era evidente que estaba intentando dejarlo sonar. Pero no podía reprimirse. Tras una lucha momentánea, interrumpió su charla y contestó al teléfono. Se ocupó de la llamada y luego volvió a atender a la gente que tenía en la oficina.

Por supuesto, opté por no esperar en la cola. Sólo tuve que regresar a mi despacho y llamarle por teléfono. Igual que el fiel perro de Paulov, mi jefe estaba anclado a la llamada del teléfono.

Ya hemos hablado un poco sobre las anclas. Sabemos que son respuestas condicionadas a estímulos específicos. Sabemos que pueden contribuir de manera importante a nuestros estados emocionales. Sabemos que se entienden así hace años. No obstante, mucha gente no sabe con exactitud cómo aplicar su conocimiento de las anclas de forma práctica.

Casi en todas las sesiones de formación de PNL te hablarán de anclaje. Te enseñarán que puedes anclar a otras personas o puedes anclarte a ti mismo. Hay dos enfoques claramente diferentes para obtener resultados asimismo diferentes.

He conocido mucha gente que intenta aplicar anclajes a su propia vida. Muchos serán partidarios de un planteamiento frente al otro y preferirán emplear los anclajes con otros o bien emplear los procesos de anclaje consigo mismos. Cuando anclas a otros a situaciones reales, disimuladamente amarras uno de los estados emocionales de esa persona a un estímulo y posteriormente empleas ese estímulo para ayudar a dirigir las emociones futuras de esa persona a un estado deseado en el momento oportuno. Esos estímulos pueden emplearse sin que la persona lo sepa y pueden afectar a sus estados emocionales sin su permiso. Por mi experiencia particular, quienes dedican su atención y energía a intentar anclar a otras personas al principio de su formación de PNL, no suelen ser efectivos. Si no tienes del todo claras tus intenciones y tus procesos, las tentativas de anclar a otros tal vez se perciban como manipulación negativa. La novedad del proceso tienta a los principiantes a emplearlo como triquiñuela y astucia. Los principiantes se encuentran con que, en vez de contribuir a inspirar la comunicación ganador-ganador, sus tentativas de anclar a otras personas a menudo consiguen justamente lo contrario.

Quienes optan por centrarse en los procesos de anclaje dirigidos a uno mismo obtienen resultados muy diferentes. En el anclaje dirigido a uno mismo, empleas procesos específicos de respuesta a estímulos con intención de cambiar tus respuestas naturales, emocionales, a las circunstancias en el mundo real. Si te impacientas cada vez que tu hijo te hace una pregunta, podrías intentar «reprogramarte» para disfrutar de más opciones emocionales en esa situación. Cuando los principiantes dirigen primero su atención hacia sí mismos, a menudo descubren que sus cambios personales tienen un efecto significativo sobre el entorno en que viven. El mundo parece cambiar como resultado de sus cambios personales e internos. En todos tus procesos de comunicación y persuasión, siempre se cumple una cosa: obtendrás los resultados más consistentes y significativos en el mundo externo cuando primero hagas los ajustes necesarios en tu mundo interior. Con esto en mente, centremos nuestra discusión en el proceso de autoanclaje.

El proceso de autoanclaje descrito en este apartado puede ayudarte a adquirir opciones y libertad emocional. Te puede ayudar a desarrollar un método que te permitirá tomar pleno control y plena responsabilidad sobre tus estados y tu bienestar emocionales. Este proceso contribuye a facilitarte las técnicas para responder con recursos a situaciones de tu vida.

Los procesos de anclaje que estamos a punto de tratar implican el uso intencionado de estímulos y estados emocionales para conseguir una mayor opción emocional. Cuando consigas buenos resultados, contarás con más opciones emocionales en tu vida en situaciones que previamente te limitaban. Si te pones nervioso cada vez que tu cónyuge está fuera de casa después de las nueve de la noche, puedes optar por una respuesta emocional diferente, que tal vez te proporcione cierta paz mental.

No se trata de un proceso de control de tus emociones; se trata de disponer de opciones emocionales. Te concedes a ti mismo la capacidad de responder a los estímulos del mundo de una forma útil, ingeniosa.

Permíteme compartir contigo una experiencia personal. Hace muchos años me encontraba trabajando en un entorno industrial. Un día, a eso de las nueve y media de la mañana, la secretaria de mi jefe me localizó en la planta y me dijo que quería verme. Pocos minutos después, me encontraba en su despacho recibiendo un rapapolvo por algo (no recuerdo qué era; sólo recuerdo la experiencia). Era poco habitual para mí recibir una bronca y me cogió por sorpresa. Mientras sucedía, podía sentir la rabia que empezaba a cobrar impulso dentro de mí. Era lo único que podía hacer para no ponerme a dar golpes a diestro y siniestro. Estaba allí sentado, con apariencia muy controlada, sin decir una palabra hasta que finalmente pude marcharme. Apenas podía contenerme y me sentía a punto de explotar en cualquier momento.

Aquella noche, antes de acostarme, empleé el proceso de colapso de anclas que vamos a tratar a continuación. Opté por ocultar estos sentimientos de enojo bajo algunos sentimientos más deseables. Opté por la felicidad, la risa y la diversión. Era un pequeño proceso sencillo, aunque no sabía si de verdad iba a funcionar y ser de ayuda pero, qué diantres, ¿no?

Quiso la buena suerte (y fue buena suerte para mí) que al día siguiente, hacia las nueve y media de la mañana, la secretaria de mi jefe me encontrara en el mismo lugar que el día anterior y una vez más me dijo que mi jefe quería verme. Unos minutos después, me encontré en su despacho recibiendo otro rapapolvo prácticamente de la misma forma. De nuevo, lo único que podía hacer para controlar mis emociones era salir de allí lo antes que pude. Regresé a mi despacho y me pasé el resto del día hablando sobre esta situación, como la jornada anterior.

Sin embargo, había una diferencia en este segundo día. La segunda vez, el motivo que tuve para salir de inmediato del despacho de mi jefe no fue que estuviera enfadado y a punto de explotar. ¡Fue porque me estaba divirtiendo tanto que estaba a punto de reírme en su cara! Durante el resto del día no dejé de reírme, bromear y hacer guasa con los compañeros sobre todo el asunto.

Aquel día aprendí el increíble poder de esta técnica sencilla.

¡También me enseñó a ser más selectivo con las emociones que escogía para destruir otras!

A partir de ese día, dediqué muchas noches a cancelar anclas. Cada día llegaba a casa y escribía cualquier suceso que me hacía sentir de forma diferente a como yo quería sentirme. Enumeraba las ocasiones en que me ponía nervioso, furioso, impaciente, tenso, desconsiderado o temeroso, o cualquier momento en que sintiera alguna cosa que no fuera una actitud saludable y equilibrada. Continué con esta lista y cada vez que aplicaba el proceso de colapso de anclas a un estado emocional concreto, lo tachaba de la lista.

Al principio, mi lista era larga; a veces llenaba hasta dos páginas. Sólo me iba bien hacer dos o tres colapsos por noche. Parecía que nunca fuera a acabar. Pero después de unas semanas de progreso constante, me di cuenta de que la lista era cada vez más corta. Después de unas pocas semanas, la lista se redujo a algún elemento ocasional, y ponía en práctica el proceso sólo de forma esporádica cuando la ocasión lo requería. Después de unos meses, la lista había dejado de existir.

Pasé de un punto en que cada día de mi vida incluía diez o veinte sucesos en los que sentía cosas que no quería sentir a un punto en que sólo muy rara vez mis emociones no eran las deseadas. Para mí, el colapso de anclas es la parte de la PNL que me ha enseñado a mejorar de manera más significativa mi calidad de vida. Me gustaría compartir el proceso contigo.

El proceso de colapso de anclas que uso te exige saber primero crearlo. Existen cuatro aspectos fundamentales que hay que tener presente cuando se crea un ancla eficaz:

1. *La intensidad del estado emocional*: Un ancla puede aguantar toda una vida si se sujeta a un estado emocional suficientemente fuerte.[2]
2. *Momento oportuno del estímulo*: El momento más oportuno para un estímulo dado es aplicarlo cuando la intensidad del estado sea la máxima.
3. *Carácter singular del estímulo*: Si un estímulo no es único, ya habrá estado relacionado con otros estados emocionales diversos además del que te ocupa ahora. Eso crea un

ancla ineficaz, así como un desencadenante que está fuera de contexto. Para obtener mejores resultados emplea estímulos que sean únicos o poco comunes y apropiados al contexto.

4. *Reproducción del estímulo*: Un ancla es útil para nuestros propósitos sólo si la reacción se puede reproducir, lo cual significa que el estímulo también deberá reproducirse. Si te anclas a sentirte muy feliz cada vez que te pones cabeza abajo, posiblemente no podrás emplearlo con mucha eficacia en el lugar de trabajo. Para nuestros fines, el estímulo que usarás será algo como el roce de un dedo sobre tu rodilla o mano. Son gestos relativamente únicos y fáciles de reproducir; no obstante, será importante reproducir con exactitud y precisión los movimientos, empleando siempre el mismo dedo y la misma presión.

Al observar estos cuatro aspectos del anclaje, tendrás más probabilidades de que resulte eficaz. A continuación vamos a analizar los pasos que hay que seguir para establecer un ancla contigo mismo. Establecer anclas es una parte integral del proceso del colapso que aún no hemos descrito:

Establecer un ancla

1. Ten en mente un lugar para un estímulo físico único. Es común usar un dedo para tocarte el revés de la mano o la parte alta de la rodilla en una zona específica. Emplea un roce de dos o tres segundos con presión moderada. Asegúrate de que sabes encontrar ese mismo lugar otra vez y evita emplear estampados de la ropa (que se pueden desplazar) para determinar la ubicación.

2. Induce un estado emocional deseado, como alegría o excitación. Mucha gente es capaz de crear sus estados con relativa sencillez. Si quieres que te resulte más fácil, recuerda alguna ocasión en que sintieras ese estado emocional. Asóciate a ese estado, contémplalo de nuevo a través

de tus propios ojos, escúchalo a través de tus oídos y vuelve a sentir lo que sentiste. Recrea esa experiencia e intensifica la sensación para ayudarte a recrear ese mismo estado emocional. A menudo sirve de ayuda cerrar los ojos.

3. Una vez que has recreado el estado emocional, aplica el
    estímulo (un roce en la rodilla) durante dos o tres segun-
    dos. Aplícalo más o menos en el momento cumbre de la
    experiencia o cuando estés próximo a éste.

4. Retira el estímulo y abre los ojos. En algunos procesos,
    será adecuado «romper el estado» cambiando el centro de
    atención y/o cambiando tu fisonomía. Para una ruptura
    de estado minuciosa, levántate, anda un poco y piensa en
    algo que no esté relacionado con el proceso de anclaje.

5. Cuando empiezas, resulta útil poner a prueba tu ancla
    para asegurarte de que es efectiva. Para probar un ancla,
    entra en un estado mental centrado y luego vuelve a apli-
    car el estímulo. Si empiezas a acceder automáticamente al
    estado emocional, el anclaje es efectivo.

Este tipo de anclas generalmente tienen poca vida y están concebidas para emplearse en procesos de anclaje, como el proceso de
colapso de anclas. Si sujetas tu emoción a un roce en el revés de tu
mano, es poco probable que crees un anclaje tan fuerte que tengas
acceso a él dentro de unos pocos días. No obstante, las anclas deberían persistir al menos mientras dure el proceso, después del
cual de todas formas ya no las necesitarás.

Este es el tipo de anclaje que vas a usar para el proceso de colapso de anclas. En PNL existen varias versiones de colapso y hay
unos cuantos nombres diferentes para ellas, con algunas diferencias sutiles. El proceso que estamos a punto de tratar es el que yo
prefiero, que ha funcionado perfectamente para mí y para otras
muchas personas. Es algo diferente de lo que podrías aprender en
un curso de formación de PNL.

Proceso de colapso de anclas

1. Busca un lugar tranquilo donde puedas concentrarte sin interrupciones al menos durante quince minutos como mínimo.

2. Identifica la experiencia, situación o estado que te disgusta, en el que te gustaría exhibir respuestas emocionales diferentes; por ejemplo, cada vez que mantienes una discusión con Juan te sientes poco seguro de ti mismo. Nos referiremos a este estado como estado F (estado falto de recursos).

3. Identifica otros tres estados emocionales que podrían ser útiles dentro del mismo contexto, como sentir seguridad, orgullo o poder. Para obtener mejores efectos, escoge estados con un contenido relativamente alto de energía. Nos referiremos a estos estados como D1, D2 y D3 (estados dotados de recursos).

4. Identifica los cuatro lugares donde vas a aplicar los estímulos (uno para cada estado anclado) y coloca tu mano momentáneamente allí para asegurarte de que puedes tocar los cuatro al mismo tiempo con comodidad.

5. Ancla el estado F empleando el primer estímulo. Asóciate a este estado sólo el tiempo necesario para lograr un anclaje razonable y evita implicarte mucho con ese estado.

6. Pasa a un estado de ruptura, pero no estés más rato del necesario para asegurarte que puedes acceder al estado D1. Si perduran efectos del paso 5, levántate, cambia el cuerpo de posición y asegúrate de lograr un estado de ruptura más fuerte.

7. Ánclate en el estado D1, empleando el segundo estímulo. Después, rompe el estado poco a poco.

8. Ánclate en el estado D2, empleando tu tercer estímulo. Después, rompe el estado poco a poco.

9. Ánclate en el estado D3, empleando el cuarto estímulo. Después rompe el estado poco a poco.

10. Para cada uno de los estados D1, D2 y D3, confirma que los estados eran lo bastante fuertes y vuelve a anclar el mismo estímulo si fuera necesario.

11. Rompe el estado entrando en un estado emocional plano. Sacúdete de encima cualquier estado emocional que perdure.

12. Colapsa las anclas. Aplica el primer estímulo y en cuanto te haga sentir el estado F (uno o dos segundos como mucho), aplica los estímulos de los estados D1, D2 y D3 sucesivamente.

13. Mientras estás manteniendo los cuatro estímulos, suelta el estímulo del estado F e imagina lo siguiente. Estás en una situación en la que los sucesos externos son similares a los que causaron el estado F. Con estos nuevos recursos, imagina cómo esta nueva situación va a ser diferente. Ajusta esa situación hasta que sea de tu gusto. Esto es un proceso de situarse en el futuro.

14. Concédete unos momentos para integrar los cambios. El colapso de anclas a menudo crea un estado de confusión momentánea: aguanta así. Suelta las demás anclas cuando te sientas cómodo al situarte en el futuro.

15. Después, puedes elegir poner a prueba tu trabajo (lo cual será necesario sólo las primeras veces que lo hagas). Detén la prueba, asegúrate de que creas un estado de colapso pleno, luego activa el estímulo del estado F. En este momento, deberías sentir automáticamente las emociones de plenitud de recursos.

16. Toma nota de lo que sucede en tu vida la siguiente vez que surja una situación que antes te habría hecho entrar en un estado F. Si aún quieres hacer ajustes (como hice yo cuando casi me río a carcajadas en la cara de mi jefe) entonces sencillamente repite el proceso una vez más.

Este proceso de colapso de anclas es mi proceso favorito. Atribuyo una gran parte de mi bienestar emocional a mi persistencia en su uso. Las primeras veces que lo hice, no me sentí verdaderamente cómodo ni supe lo que estaba sucediendo. Pero mi persistencia dio fruto porque pronto fue un proceso muy fácil, natural (lo he hecho esperando en colas, sentado en el coche, durante los descansos en el trabajo y en otros muchos lugares). Empecé a constatar tremendas recompensas en el plazo de pocas semanas y recompensas inmensurables después de un par de meses. Hasta la fecha, sigue siendo mi técnica de PNL en la que siempre confío, a la que aún recurro de vez en cuando.

Todo este capítulo está dedicado a procesos que te conceden más opciones y libertad emocionales. Al darte cuenta de que tus estados emocionales están bajo tu control y al disponer de técnicas como estas para ayudarte, puedes empezar a experimentar la verdad de la actitud mental de la responsabilidad a medida que la aplicas a tu bienestar emocional. Tienes poder y capacidad para conseguir que tu vida emocional y conductas asociadas sean exactamente como tú quieres. Se acabaron los días en que pensabas que eras un esclavo del comportamiento de otra persona o de tus propias emociones. La víctima emocional no existe, tampoco existe nada parecido a tener que sentirse de una manera concreta a causa de otra persona. Te otorgas poder a ti mismo al ser consciente de ello y ahora puedes usar tus poderes con una capacidad de elección cada vez mayor.

12

Conclusión

¡Felicidades! Al llegar hasta aquí has hecho algo que mucha gente no hará nunca. Has leído un libro entero dedicado a ayudarte a mejorar algo relacionado contigo mismo y con tu vida. Es un logro del que puedes sentirte orgulloso.

Este libro se ha concentrado en cuatro temas básicos. Primero, ofrece algunas actitudes mentales muy poderosas para mejorar tu eficacia. Cuando las adoptes, te facultarás para aprender y desarrollar nuevas habilidades y estrategias. Al retener con éxito estas actitudes mentales mientras leías el libro, probablemente le has sacado mucho más provecho del que hubieras conseguido de otra manera. En segundo lugar, el libro describe en profundidad procesos para escuchar con eficacia. Resalta cosas que tal vez no supieras que existían. Tercero, presenta algunas magníficas habilidades verbales para su uso práctico en las situaciones cotidianas de tu vida. Y, finalmente, te facilita algunos métodos para adquirir el control sobre tus estados emocionales.

También has conocido varios marcos generales de trabajo. Hemos estudiado un sumario en tres pasos de la PNL que te ha permitido entender la importancia de los objetivos, la calibración y las respuestas. Nos hemos ocupado de los tres pasos de la comunicación eficaz, haciendo hincapié en la importancia de ser congruente, primero contigo mismo y luego con la otra persona, antes de avanzar hacia los objetivos. Y también del proceso de persuasión e influencia que describe en detalle un modelo para influir con una integridad elevada. Estas son las estructuras sobre las que todas las demás habilidades se pueden apoyar.

Al juntarlo todo, ahora sabes qué hacer, cómo hacerlo y cómo debes ajustarlo al programa general de las cosas.

Existen otras muchas habilidades y estrategias que podría haber comentado en este libro. De hecho, mientras lo escribía, no dejaba de prolongarse porque encontraba más y más cosas que quería ofrecer. No obstante, llega un punto en el que un solo libro está completo y acabado, momento en el cual es hora de pasar a otra cosa y hacer algo con la información. Ahora es ese momento.

Última palabra

Haber leído este libro te concede una ventaja clara. Aunque fueras consciente de muchas de estas habilidades y estrategias antes de empezar, haberlas afirmado y ordenado tiene un valor tremendo. Si para ti son nuevas, puedes integrar a tu repertorio las que te hayan resultado útiles.

En páginas anteriores ya te he dicho algo: que si decidías leer este libro porque alguien te lo había dicho, estabas a punto de descubrir un verdadero deleite. He dicho que si lo leías para «entender» intelectualmente la información presentada, deberías prepararte para algo más. También he dicho que si lo estabas leyendo para «impresionar» a los demás con tus nuevos conocimientos, ibas a quedarte sorprendido. He dicho que estos motivos tal vez fueran los que te animaron a empezar, pero que una vez constataras lo que el libro contenía, lo verías como un verdadero regalo. Espero que ese mensaje se haya confirmado.

Ahora que has leído el libro, tu reto es hacer algo más aparte de leerlo o intentar impresionar a los demás con tu conocimiento. Te animo a usar, dominar y ampliar activamente estas habilidades y estrategias. Como lector, eres libre de leer sin más la información y no hacer nada en absoluto con ella. Pero sería una lástima.

El verdadero beneficio en un proceso como éste se descubre a la hora de aplicarlo. Comprobarás que algunas cosas funcionan muy bien, algunas funcionan moderadamente bien y otras parece que no funcionan en absoluto. Pero, independientemente de si funcionan en un principio, adquieres algo más al usar las técnicas y trabajar con ellas. Entras en el proceso de la PNL, en el cual tienes un objetivo, calibras tu entorno y luego ajustas tus conductas en concordancia. Los procesos interactivos de calibración y ajuste serán los que te aportarán mayores beneficios. Las habilidades destacadas aquí son sólo el principio de lo que puedes lograr con ellas.

Dice un viejo proverbio: «Da un pez a un hombre y lo alimentas durante un día. Enseña a un hombre a pescar, y lo alimentas durante una vida». Mi esperanza es que no sólo aprendas esta información sino que también aprendas a desarrollarla y ampliarla. Este es el espíritu que deseo transmitir.

Este espíritu tal vez sea la mayor ventaja de todas. Desarrollas tus propios discernimientos y extraes tus propias conclusiones. Desarrollar el hábito de darte cuenta de lo que funciona y lo que no. Te inculcas a ti mismo el proceso de marcarte un objetivo, de determinar si lo estás alcanzando y luego ajustar tus estrategias y conductas. Estos hábitos te serán más útiles que muchas de las técnicas específicas que tal vez hayas preferido emplear. Estos hábitos son el regalo definitivo.

Empléalos bien y esfuérzate por convertirte en la persona que sabes que eres de verdad.

Apéndice

Repaso general al campo de la PNL

Los cursos de formación tradicional de PNL se definen en los segmentos de Programador, Maestro Programador y Formador Neurolingüístico e implican diversas terapias de PNL y técnicas de hipnosis. La PNL originalmente estaba orientada a la comunidad de profesionales de la psicología y aún se usa en este contexto terapéutico. La PNL tradicional a menudo se promociona como un método capaz de «transformar» la vida de los participantes. Esta afirmación tiene su origen en el doble planteamiento que ofrece a los participantes: la experiencia personal de muchas de las técnicas terapéuticas durante el curso de formación y la enseñanza de técnicas de PNL para su uso posterior.

El contenido de las sesiones de formación es básicamente una combinación de charlas, demostraciones y ejercicios experimentales. A los participantes se les enseña a obtener resultados específicos de los clientes, a observar críticamente e interpretar la información de los clientes. La información de la PNL se enseña con un alto nivel de precisión y se hace gran hincapié en los detalles complejos. Muchos participantes obtienen diplomas en este campo e incorporan la terapia PNL a algún aspecto de su trabajo.

No todos los participantes se apuntan a cursos de PNL para «transformarse» o convertirse en terapeutas de PNL. Muchos acuden porque se han enterado de que la tecnología de la PNL es muy valiosa para la comunicación, las ventas y para destacar en general. Sin embargo, muchos cursos están orientados al modelo terapéutico, por lo que los participantes a veces encuentran dificultades para aprender a aplicar la información de la PNL de forma práctica en sus vidas cotidianas.

Anthony Robbins, uno de los conferenciantes y formadores más motivadores del mundo, plantea esta dificultad. Su presentación de la PNL se aleja del enfoque de formación de terapeutas (creando un impacto sobre las vidas de los clientes) y lo dirige a enseñar a los propios participantes a cómo lograr un impacto máximo en sus propias vidas. Presenta fragmentos claves de la PNL y los enseña de forma poco tradicional, concediendo un énfasis significativo a la motivación. El éxito de Anthony Robbins es un testimonio del valor de la información y el valor de aprenderla desde esta perspectiva no tradicional.

La PNL ha evolucionado y ha empezado a abarcar más descripciones que las tradicionales de Programador, Maestro Programador y Formador. Diversos formadores, incluido el cofundador Richard Bandler, han creado nuevas variaciones y ampliaciones del material, a menudo con nombres diferentes, creativos, pero que aún pretenden cobijarse bajo el paraguas de la PNL. Esta descentralización de la PNL ha empañado los límites entre los que constituye verdaderamente la PNL y lo que constituye el trabajo original de otros. Esta confusión tiene que ver con el hecho de que rara vez se hace referencia a la bibliografía y, por consiguiente, muchas de las contribuciones importantes a esta especialidad a menudo quedan sin reconocimiento por parte de la mayoría de participantes de estas sesiones.

En un esfuerzo por mantener la integridad de su trabajo y crear patentes, muchos de quienes desarrollan la PNL prefieren crear su propia terminología y protegerla con marcas registradas. Como resultado, es fácil encontrar una amplia variedad de términos en el campo de la PNL, algunos de los cuales constituyen una expansión significativa del campo y otros se parecen mucho más a un nuevo etiquetado de la información ya establecida.

Ha habido diversos intentos de regulación y estandarización de la PNL. Puesto que no está regulada por ningún organismo gubernamental ni por ninguna normativa gubernamental pertinente, el potencial para una estandarización y control de calidad está en manos de las organizaciones privadas. Por desgracia, se han establecido varias organizaciones que otorgan diplomas, cada una de ellas con procedimientos y criterios diferentes, y cada una de ellas con tendencia a favorecer a una asociación u otra sobre las demás. Por lo tanto, los intentos de estandarización y unificación del campo han contribuido en muchos sentidos a una fragmentación mayor.

Se ofrecen cursos con «título» a participantes que deseen recibir diplomas por sus conocimientos y la aprobación de una organización específica de PNL. El valor de la certificación depende de la credibilidad de la organización que la otorga, y los títulos se basan en pautas diversas.

Quienes deseen asistir a cursos de PNL tal vez encuentren dificultades a la hora de tomar una decisión documentada sobre a dónde dirigirse. El campo de la PNL está fragmentado, es competitivo, diverso y bastante confuso. Las pautas para dar títulos pueden ser bastante irregulares y los niveles de destreza de los diversos formadores son bastante variados. Suma a eso la amplia variedad de información enseñada en los cursos de PNL y tendrás una amplia selección de opciones posibles. En general, escoger un curso de PNL debería tener en cuenta como mínimo unos pocos elementos claves:

1. Contexto de la formación: ¿Se basa la formación ante todo en terapia, motivación, ventas o alguna otra cosa? La aplicación de la PNL en el entorno laboral puede distar bastante de las situaciones terapéuticas, y organizar la información por contextos no siempre es fácil.

2. Calidad/Experiencia del formador(es): Los buenos formadores marcan diferencias en cualquier situación, incluida la PNL. No obstante, el tiempo que llevan ejerciendo en el campo no siempre es el mejor determinante de la calidad del formador. Muchas organizaciones ofrecen seminarios introductorios en los que puedes hacerte una idea del nivel de habilidad y capacidad como formador del preparador. Además, es importante enterarse de cómo se adapta la experiencia del formador al contexto de formación. Si

el contexto de formación pretende ser el mundo empresarial, es útil saber qué nivel de experiencia real ha tenido el formador en el mundo de la empresa. Es demasiado común encontrar incoherencias al hacer esta comparación.

3. Resultados de los participantes: La cuestión básica en un curso de formación de PNL es si los participantes adquieren conocimientos prácticos como resultado de esta experiencia. Muchas organizaciones pueden remitirte a antiguos participantes. El éxito en sus experiencias a menudo es un indicador del nivel de éxito que puedes esperar obtener.

4. Aplicarse el cuento: La experiencia como formador generalmente mejora cuando el formador y la organización demuestran los principios de la PNL y exhiben su propio éxito. Cuidado con quienes afirman enseñar cosas que aún no han llegado a dominar.

5. Ausencia de preferencias: La fragmentación del campo de PNL ha hecho que algunas organizaciones creen «facciones» en las que ponderan su propia organización y critican otras. Rara vez resulta útil para el participante. Los mejores formadores con buenos historiales de éxito demostrarán profesionalidad y objetividad en este aspecto.

Los institutos de PNL son frecuentes en Norteamérica y Europa, también lo son en cierto sentido en Australia y menos en otras partes del mundo. Las organizaciones de PNL van y vienen, de modo que la lista actual de centros de formación probablemente estará desfasada dentro de unos meses. Se puede encontrar información actual sobre institutos norteamericanos en la revista *Anchor Point* (346 South 500 East, Suite 200, Salt Lake City, UT 84102), y cada vez más en Internet. Además, algunas reconocidas organizaciones de PNL te ayudarán a encontrar la formación adecuada para ti, aunque no sea precisamente la que ellos ofrecen.

Para información sobre otros libros, seminarios, vías para ampliar estudios, consultas o simplemente para contactar con el autor:

John J. Emerick, Jr.
P. O. Box 2880
Kailua-Kona, HI 96745-2880
e-mail: jemerick@ilhawaii.net

Notas

Capítulo 2

1. Esta presuposición de la PNL tiene su origen en el trabajo del lingüista Alfred Korzybski, que empleaba la frase ya en 1933 en *Science and Sanity: An Introduction to Non-Aristotelian Systems and General Semantics* (Ciencia y Sanidad: una introducción a los sistemas no aristotélicos y semántica general), International Non-Aristotelian Library Publishing Company, 1958. La primera edición se publicó en 1933.

Capítulo 3

1. Esta historia, o una muy parecida, se incluyó en una presentación de Wyatt Woodsmall, un respetado formador en el campo de la PNL.
2. Este ejercicio, o uno muy parecido, lo propusieron Jan Marszaleck y John Marszalek, dos respetados formadores de PNL en Dallas, Texas. No estoy seguro de la fuente original del material.
3. *Dateline,* NBC, junio, 1996.
4. Adaptado de *NLP Comprehensive Trainer Training Manual* (Manual de formación general de PNL para formadores), 1992, Apartado V, pág. 6.

Capítulo 4

1. Las actividades de la mente inconsciente se distinguen de las actividades asociadas a la supervivencia fisiológica, como el pulso cardíaco y el proceso respiratorio, que son mantenidas por una parte biológica del cerebro.
2. La definición de manipulación empleada menos habitualmente es la que tiene la connotación positiva. Es el proceso de manejar con habilidad, y es similar a dirigir, influir y persuadir.
3. La PNL emplea el término *estrategia* en varios contextos diferentes. Uno de los usos más comunes se refiere a la secuenciación de los procesos de pensamiento interno que se detectan con ayuda de las claves de acceso ocular. Esta especialización no entra en el ámbito de este libro y no vamos a tratarla. Para más información sobre estas estrategias especializadas de la PNL, te remito a *Neuro Linguistic Programming: Volumen 1, The Study of the Structure of Subjective Experience* (Programación Neurolingüística: volumen 1, El estudio de la estructura de la experiencia subjetiva), Richard Bandler, John Grinder, Robert Dilts, Judith Delozier, Meta Publications, 1980.

Capítulo 5

1. El estado emocional implícito en estas indicaciones físicas no es necesariamente universal; es decir, no todo el que sonríe es feliz. Sin embargo, indica algo. La sonrisa de una persona normalmente será representativa de alguna subserie de estados emocionales en esa persona, sean cuáles fueren esos estados.
2. De Albert Mehrabian y Susan R. Ferris, Universidad de California, Los Ángeles, «Inference and Attitudes from Nonverbal Communication in Two Channels», en *The Journal of Consulting Psychology*, 1967, volumen 31 (3), págs. 248-252. Esta fuente también proporciona la cifra del 38 por ciento para las características tonales y la cifra del 55 por ciento para la comunicación corporal, que en su experimento se centraba de forma específica en las expresiones faciales.

3. Desde un punto de vista formal, el estudio sistemático de la relación entre los movimientos corporales no lingüísticos (como rubores, respingos y movimientos de ojos) y comunicación conocida como *cinesis*.

4. Al igual que con *todas* las generalizaciones, existen excepciones. Los deslices freudianos son una clase de verbalización en la que las palabras pronunciadas parecen representar deseos inconscientes, información que el individuo no pretende transmitir conscientemente. Abundan más los ejemplos de comunicación corporal y comunicación tonal consciente, entre los que se incluye el proceso de actuar. No obstante, sólo muy poca gente es capaz de ampliar el proceso para incluir los subtítulos detectados mediante una buena agudeza sensorial; es decir, muy poca gente sabe crear de manera instantánea un sonrojo, dilatar sus pupilas, hinchar su labio inferior o hacer temblar sus músculos faciales.

5. Puesto que mentir plantea cuestiones de juicio, lo correcto e incorrecto, lo bueno y lo malo, generalmente es mejor dejar estas cuestiones fuera de la discusión sobre calibración y congruencia. En este caso, aunque parezca que esta mujer ha estado mintiendo, es probable que no haya sido consciente de su enfado. Estar enfadado y ser *consciente* de estar enfadado son dos procesos completamente diferentes. En ocasiones cuesta acceder a la conciencia externa cuando los estados emocionales implicados son intensos, sobre todo estados de miedo y furia. Podríamos añadir que la mayor parte de mentiras aportan cierto nivel de incongruencia, si bien muy sutiles, mientras que no toda la incongruencia es indicativa de mentiras.

Capítulo 6

1. *The Structure of Magic* (La estructura de la magia), Richard Bandler y John Grinder, Science and Behaviour Books, 1975, pág. 40; este modelo original se basa parcialmente en el trabajo de Alfred Korzybski.

2. Para quienes deseéis ser rigurosos en vuestros estudios, os re-

mito a parte del material más antiguo, especialmente *The Structure of Magic,* volúmenes 1 y 2, de Richard Bandler y John Grinder, y *Science and Sanity: An Introduction to Non-Aristotelian Systems and General Semantics,* cuarta edición, de Alfred Korzybski, ya citados anteriormente.

3. La definición estricta de nominalización es «una palabra o grupo de palabras que funcionan como un nombre». Las clases de gramática básica definen las nominalizaciones como «verbos convertidos en nombres». En PNL, la definición de nominalizaciones es algo más amplia e incluye diversos nombres intangibles, especialmente los relacionados con sentimientos, emociones y estados mentales.

4. Parte de la terminología empleada en este apartado se ha simplificado a partir de la terminología tradicional de PNL.

5. Adaptado de *NLP Comprehensive Trainer Training Manual,* 1992, capítulo V, pág. 9; esta historia se contaba de John Grinder, uno de los cofundadores de la PNL.

6. Esta discusión se ocupará de los criterios y equivalencias como un grupo, a los que se referirá de forma colectiva como criterios. Para una mayor clarificación, las equivalencias son los sucesos externos que se interpretan con el mismo significado que otra cosa: en este caso, se les da el mismo valor. Por ejemplo: «Cuando alguien te quiere, esa persona te llama a diario». Los criterios son los procesos internos que tienen lugar cuando un valor se satisface, los procesos que te ayudan a saber que el valor se está cumpliendo, por ejemplo: «Sé que alguien me quiere porque noto esta extraña sensación tan especial y única por todo mi cuerpo». Las preguntas inductoras que se mencionan en este apartado a menudo facilitan información de ambos tipos.

Capítulo 9

1. El término «señuelo» se refiere a la parte provocadora de agravio verbal que sirve para apartar la atención de las presuposiciones perjudiciales. Se comentan en el libro de Suzette Haden

Elgin, *The Gentle Art of Verbal Self-Defense* (El delicado arte de la autodefensa verbal), Prentice Hall, 1980, pág. 28, de la edición de 1980 de Dorset Press; pero no es un término empleado en la PNL tradicional.

2. Como antes, estoy utilizando el concepto de presuposiciones de una manera más vaga y general que la enseñada en la PNL. Si quisiéramos ser rigurosos lingüísticamente con la forma de analizar estos intercambios, emplearíamos términos técnicos diversos y la cosa podría complicarse bastante. No obstante, la lingüística no se creó necesariamente para que la gente pudiera aprender a defenderse de los ataques verbales, de modo que me he tomado algunas libertades para que la defensa verbal resulte altamente eficaz, y continuaré haciéndolo a lo largo de la conversación.

Capítulo 10

1. Este proceso para situarse en el futuro es diferente del proceso para situarse en el futuro de la PNL tradicional en contextos terapéuticos. En este libro, se ha adaptado para su aplicación en interacciones cotidianas.

2. Un pequeño porcentaje de gente explica que no es consciente de las imágenes internas. A menudo se supone que esta discrepancia con el modelo de la PNL tiene que ver más con la falta de atención que con la falta de capacidad; esta suposición, sin embargo, es difícil de verificar. Independientemente de la precisión estricta de este modelo, mi experiencia me dice que la comunicación con otras personas basada en este modelo produce resultados similares a los obtenidos con personas que dicen ser conscientes de la visualización (u otros procesos sensoriales internos); en otras palabras, emplear este modelo incrementa la eficacia en la comunicación tanto si el oyente suscribe este modelo como si no.

3. Al sugerir la palabra *azul*, probablemente la representación será predominantemente visual; no obstante, puedes experimentar con la misma facilidad toda una gama de sonidos, sen-

saciones, olores y sabores. Mucha gente informa de una «percepción global» del elemento mencionado.

4. He empleado de forma vaga las palabras *positivo* y *negativo* en este capítulo. Para aclararlo, *positivo* se refiere a cosas que generalmente se consideran agradables, deleitables, bonitas, motivadoras, satisfactorias, reconfortantes y atractivas. *Negativo* se refiere a cosas que generalmente se consideran no gratas: feo, desalentador, poco satisfactorio, inquietante y repulsivo. Como yo las uso en este caso, ninguna palabra se refiere a aspectos que tengan que ver con bueno y malo, correcto e incorrecto o moral e inmoral. Eso implicaría una faceta de juicio en la que no deseo entrar.

5. También comentaremos submodalidades digitales auditivas, que tienen que ver con palabras internas, en una parte posterior de este apartado.

6. Un error que se comete a menudo consiste en intentar clasificar a la gente como visual, auditiva, cinestésica. La gente es gente. Todos tenemos conductas que se incluyen en todas las categorías. A medida que uses esta información, continuarás obteniendo la experiencia específica más beneficiosa para ti.

Capítulo 11

1. Adaptado del modelo desarrollado por Richard Bandler, como lo describe en *Using Your Brain for a Change* (Usando tu cerebro para cambiar), Real People Press, 1985.

2. Parece que muchas fobias están asociadas a un estado emocional tan fuerte que un estímulo similar puede crear un temor abrumador durante el resto de la vida de una persona si no recibe ayuda profesional: la PNL dispone de técnicas excelentes para tratar y resolver estas fobias. En vez de pasar la vida basándonos en viejas anclas, nuestra conciencia ampliada nos puede ayudar a crear una vida emocional mucho más capaz y satisfactoria.